걱정이 많아
걱정입니다

걱정이 많아 걱정입니다

삶을 소진시키는 습관에서 탈출하는 법

그램 데이비 지음
정신아 옮김

세이지

일러두기

책 제목은 겹낫표(『 』), 편명, 논문, 보고서는 홑낫표(「 」), 신문, 잡지는 겹꺾쇠(《 》), 영화, 노래, TV 프로그램 등은 꺾쇠(〈 〉)를 써서 묶었습니다.

어머니 베티,

그리고 두 딸 케이트와 리지에게 이 책을 바친다.

프롤로그

내 안의 걱정기계 끄는 버튼을 찾아서

걱정은 인간에게 흔하게 일어나는 정신 활동이다. 연구에 따르면 우리가 하는 걱정의 91퍼센트는 실제로 일어나지 않는다. 하지만 우리는 왜 쓸데없는 걱정에 매달려 삶의 에너지를 소진시킬까?

걱정은 위협적이거나 심각한 일이 다가오고 있으니 그에 대처할 준비를 하라는 신호다. 이러한 문제를 과연 머릿속 활동만으로 해결할 수 있을까? 대부분의 경우 걱정은 우리가 찾고 싶어 하고 우리에게 위안을 주는 해결책을 제시해주지 못한다. 되레 염려되는 상황에 잠복하고 있던 문제들을 들춰내 더 많은 걱정거리가 추가될 뿐이다. 우리는 이를 '파국적 걱정'이라고 부르며, 파국적 걱정이 바로 이 책의 핵심 주제다.

파국적 걱정은 "~하면 어떡하지?"라는 질문을 스스로에게 끊임없이 던지는 것이 특징이다. 걱정을 종결시켜줄 해결책을 찾기 위해 굳은 마음을 먹고 걱정을 시작하지만, 결국 걱정은 괴물처럼 커지기만 할 뿐이다. 우리는 문제를 파악했던 처음 당시보다 훨씬 더 불안하고 괴로운 상태에 빠지게 된다. 걱정은 멈춰지지 않고 걱정 끝에 기다리고 있는 파국적인 결과는 생각하면 할수록 정말로 일어날 것만 같다. 작은 파도만 했던 걱정거리가 집채만 한 쓰나미라도 된 듯 모든 게 통제 불가능해 보인다.

통제를 벗어난 파국적 걱정은 정신건강과 신체건강에 지대한 영향을 미친다. 일상생활과 업무, 가족의 삶과 인간관계에 훼방을 놓는다. 밤잠을 설치게 만들며 한낮의 집중력을 떨어뜨린다.

그럼에도 우리는 왜 걱정을 내려놓지 못하는 것일까?

이쯤 되면 "나는 태어났을 때부터 걱정이 많은 사람이야"라고 자신을 소개하고 싶을지도 모르겠다. 하지만 이 책에서 나는 '타고난 걱정꾼'은 허상에 불과하다는 주장을 펼쳐보려고 한다. 걱정하는 습관은 후천적으로 학습된 것이다. 그렇기 때문에 평생에 걸쳐 익힌 행동 양식을 학습을 통해 지울 수 있다. 이 책에서는 30여 년에 걸친 연구 성과들을 바탕으로 우리가 걱정하는 이유와 걱정꾼으로 만들어져가는 과정, 그리고 걱정이라는 활동이 왜곡되어 고통스럽고 통제 불가능한 강박적 활동으로 변질되는 과정을 설명할 것이다.

만성적인 걱정 습관에도 해결책은 있다. 본인의 걱정하는 수준을 평가해보고, 해로운 걱정 습관을 개선하며, 문제 해결에 능한 현명한 걱정꾼으로 변화할 수 있도록 각 장 말미에 과학적으로 검증된 심리학 처방을 소개해놓았다. 실제 상담에서 치료로 쓰이는 방법이며, 누구나 부작용 없이 시작할 수 있고 효과적으로 삶을 개선시켜줄 수 있는 방법을 엄선했으니 책을 읽은 후 걱정 완화 워크숍을 잘 활용하길 바란다. 이 책을 통해 파국적 걱정이라는 고통과 혼란의 감옥으로부터 벗어나길 바란다.

그램 데이비

추천의 글

우리 불안에 대해 전복적이며 근본적인 질문을 던져 불안을 마침내 불안하게 하는 책. 반복적이며 재앙적인 걱정들로 쉽게 소진되고 반짝이는 빛을 잃은 이들에게 자기 불안을 마주하는 방법을 일러 생의 에너지를 되찾을 수 있도록 돕는다. 견고하고 체계적인 심리과학적 연구결과가 들어차 있으면서도 불안 질문지, 불안을 다루는 기법, 심지어 음악 플레이리스트까지 빼곡히 수록되어 '불안 실용서'로서의 강력한 역할을 아름답게 해낸다.

– 허지원, 고려대학교 심리학부 교수

내 무능이 탄로날까 봐, 친구를 잃을까 봐, 돈이 없을까 봐 늘 걱정인 우리가 지나친 걸까. 걱정의 91퍼센트는 실제 일어나지 않는다는 말이 위로되지 않는다면 이 책을 펴라. 이 책을 펴는 순간 옷장 속 괴물처럼 숨어 있던 걱정이 실체를 드러내고 사라질 것이다. 그 마법의 문장 중 하나가 "~하면 어떡하지"를 "그럼 이제 뭘 하면 되지?"라는 질문으로 바꾸는 것이다. 여러 권 사서 걱정 많은 내 친구들에게 나눠주고 싶다.

– 백영옥, 소설가

그램 데이비는 걱정에 관한 세계적인 전문가로 널리 인정받고 있다. 걱정이라는 주제에 대해 정확히 다루면서도 쉽게 읽히는 이 책은 걱정의 기원과 본질, 그리고 최신 연구를 기반으로 한 통제 방법을 알려준다. 걱정이라는 마구 날뛰는 감정을 본연의 생존 도구로 제대로 활용하는 법을 배울 수 있을 것이다.

– 데이비드 H 발로, 보스턴대학 심리학 명예교수

불확실성이 증대된 요즘, 걱정 근심에 시달리는 사람들의 수도 갈수록 늘어나고 있다. 이 분야의 선구적 심리학자인 그램 데이비는 무척이나 시의적절한 때에 전문적이면서도 친절하고 부드러운 말투로 걱정의 기원과 근거, 그리고 그 영향을 최소화하기 위한 자구책을 안내해준다. 이 책은 온갖 걱정거리로 마음이 소용돌이치는 사람들에게 따뜻한 구원처가 될 것이다.

–폴 길버트, 더비대학 임상심리학 교수

혹시 걱정이 많은 사람인가? 당신의 머릿속은 미래에 대한 걱정, 건강 걱정, 그리고 사소한 걱정들로 가득 차 있는가? 그렇다면 당신은 재앙적인 걱정을 하는 사람일 수 있다. 그램 데이비의 이 책은 재앙적 걱정을 극복하는 과정을 친절하게 안내해줄 것이다. 이 주제에 관한 최고의 전문가 중 한 명이 쓴 이 책은 당신의 걱정 기계를 멈추고 진짜 삶을 되찾는 데 도움을 줄 것이다.

– 스테판 호프먼, 독일 알렉산더 폰 훔볼트 교수

데이비는 30년 넘게 걱정과 불안에 대한 혁신적인 연구를 해온 전문가다. 이 책에서 그는 우리가 왜 걱정하는지, 무엇이 우리를 과도한 걱정에 빠지게 하는지, 그리고 걱정에서 벗어나기 위해 무엇을 해야 하는지 자신이 평생 해온 까다로운 연구들과 최신 연구들을 바탕으로 설명한다. 이 책은 걱정 분야의 전문가들의 자료를 한데 모은 재앙적인 걱정을 스마트한 걱정으로 바꿀 수 있는 귀중한 자료다.

– 에이드리언 웰스, 영국 맨체스터 대학 정신병리학과 교수

그램 데이비는 걱정과 불안에 대한 수십 년간의 연구를 통해 우리가 왜 걱정하는지, 왜 계속 걱정하는지, 그리고 어떻게 우리의 걱정을 줄일 수 있는지에 대해 실용적이고, 접근하기 쉽고, 매력적으로 알려준다. 이 책은 과학적 증거가 뒷받침되는 전략과 연습을 통해 만족스러운 삶을 살 수 있도록 이끌어줄 것이다. 모든 재능 있는 걱정꾼들은 반드시 읽어야 할 책이다.

—피터 맥어보이, 오스트리아 커틴 대학 임상심리학 교수

이 책은 수십 년간 걱정을 연구해온, 국제적으로 인정받는 전문가에 의해 쓰여진 유쾌하게 접근할 수 있는 책이다. 걱정의 원인 분석부터 독자가 당장 시도할 수 있는 실용적인 방법까지 소개돼 있다. 통제할 수 없고 괴로운 걱정에 부담을 느끼는 독자들과 심리학과 학생들, 정신 건강 전문가들, 그리고 마음이 어떻게 돌아가는지에 관심이 있는 모든 사람들에게 흥미를 주는 책이다.

— 리처드 벤털, 영국 셰필드 대학교 심리학 교수

차례

2부
걱정 멈추기

1부
걱정의 이해

가장 비참한 건
앞날에 대한 불안감으로
이미 불행해져 있는 마음이다.

—세네카

CHAPTER 1

걱정이 나를 파괴하기 전에

이 장의 로드맵

이번 장에서는 걱정이 걱정을 낳아 삶을 고통에 빠뜨리는 '파국적 걱정(catastrophic worrying)'에 대해 소개하고 파국적 걱정을 지속시키고 증폭시키는 다양한 심리 과정에 대해 설명한다. 소개된 예시들 가운데 자신에게 해당하는 사례가 있는지 확인해볼 수 있으며, 장 말미에는 파국적 사고의 정도를 측정할 수 있는 걱정 완화 워크숍도 실어놓았다.

걱정이 지나치면 어디까지 뻗어나갈 수 있을까. 사례를 하나 들어보겠다.

나는 오랫동안 걱정을 달고 살았다. 늘 크고 작은 불행이 닥칠까 봐 두려웠고, 그런 생각이 고개를 들 때면 나의 두뇌는 왠지 일어날 것 같은 끔찍한 장면들을 영화처럼 생생하게 펼쳐내곤 했다.
꼭 걱정거리를 떠올릴 때만 그런 것은 아니었다. 평범한 일상 업무도 불행의 드라마로 빠져드는 촉매제가 되곤 했다. 한번은 회사 대표가 전화로 직접 얘기하자는 메일을 보내온 적이 있다. 남들은 대수롭지 않게 여길 상황이었지만 나는 대표의 메일을 열어보자마자 불행을 향해 달려가는 급행열차에 올라타고 말았다. 나의 두뇌는 그 상황을 이런 식으로 해석하고 있었다.

'뭔가 엄청난 실수를 저지른 게 틀림없어. 회사에 큰 손해를 끼쳤으니 나는 분명 해고를 당하겠지. 실업자에 빈털터리 신세가 되어 부모님 댁 지하 방에 얹혀살게 될 거야.'[1]

인간의 뇌는 매우 정교한 생물학적 장치다. 얼마나 정교한가 하면 회사 대표의 메일을 확인한 순간 수백 킬로미터 떨어진 부모님 댁의 퀴퀴한 지하 방에 틀어박혀 사는 지질한 내 모습을 순식간에 구현해낼 정도다.

평범한 직장인들의 일상적인 업무만으로도 번듯한 직장인에서 형편없는 가난뱅이로 탈바꿈하게 하는 이 모든 과정은 우리의 통제권 밖에서 일어났다.

당신은 걱정을 달고 사는 사람인가? 그렇다면 걱정을 만들고 있는 것은 당신의 뇌이며, 뇌는 어서 돌아오라는 주인의 명령을 무시하고 주인에게서 달아나 공원을 마구 휘젓고 다니는 개나 다름없다. 고삐가 풀려버린 이상 우리는 활개치는 걱정의 폭주를 막을 수 없다.

별것 아닌 일들을 걱정하느라 하루의 에너지를 소진해본 적이 있는가? 슬그머니 머릿속에 들어와 온종일 신경을 긁어대며 당신의 주의를 잡아 끄는 그런 생각 말이다. 살면서 겪는 평범한 일상도 순식간에 신경을 긁는 스트레스가 되기도 한다. 옷에 묻은 작은 얼룩이나 핸드폰 방전으로 인한 지각, 자동차에 살짝 긁힌 흠집 같은 일들은 누구나 겪을 수 있는 일들이고 자세히 뜯어봐야 알 수 있는 정도지만 걱정꾼들은 도저히 그냥 지나칠 수가 없다.

"제 천성이 그런 걸요"

우리를 괴롭히는 이런 생각들은 "~하면 어떡하지?"라는 질문을 시작하도록 압박한다. 가령 다음과 같이 말이다. 카펫에 묻은 얼룩이 지워지지 않으면 어떡하지? 핸드폰 배터리가 금세 방전되면 어떡하지? 자동차에 생긴 긁힌 자국 때문에 차가 녹슬면 어떡하지?

이것이 '파국화(catastrophizing)'라는 것이다. 사람들이 자주 채택하는 비합리적 사고 방식이다. 파국화는 불길한 생각이 또 다른 불길한 생각으로 이어지면서 문제가 눈덩이처럼 불어나는 걱정의 한 형태다. '파국'이라는 단어를 쓰는 이유는 나쁜 생각이 꼬리에 꼬리를 물고 이어질 뿐만 아니라, 그런 생각이 심리적인 고통을 주고 통제 불능 상태로 만들기 때문이다.

어쩌면 자신의 뇌가 애초에 그렇게 설계되어 있어서라고 생각할 수도 있다. 만성적인 걱정꾼들이 "제 천성이 그런걸요"라고 자조적으로 말하는 이유가 여기 있다. 자신의 사고 패턴이 좀처럼 변하지 않는 걸 보고 타고난 특성이라고 결론짓는 것이다.[2]

하지만 당신이 쓸데없는 걱정에 잘 사로잡히는 사람이라면 천성 때문이 아니라 '혹시 ~하면 어떡하지' 같은 사고를 오랫동안 학습해왔기 때문이다. 나도 모르는 사이에 꾸준히 학습의 결과 우리의 뇌는 파국화라는 정신 활동을 힘들이지 않고 수행할 수 있게 되었다. 몸에 밴 루틴처럼 말이다. 물론 이 과정에서 좋은 면도 찾을 수 있다. 파국화 같은 정신 활동이 학습으로 형성된 것이니만큼 학습으로 소거할 수도 있다는 사실이다.

다른 사람들처럼 나도 걱정이 많은 사람이었다. 뜬 눈으로 침대에서 뒤척이며 고민에 휩싸이던 밤, 걱정이 창궐하던 새벽은 나를 가장 괴롭히던 시간이었다.

누구나 그렇듯 잠들기 전에는 보통 평범하기 짝이 없는, 내일 해야 할 일들이 불현듯 떠오른다. 내일은 역까지 차를 몰고 가야 하는데 주차장에 자리가 없으면 어쩌지? 그러다 기차를 놓치는 건 아닐까? 그러면 회의에 늦을지도 모르는데. 요즘 들어 핸드폰 배터리가 금방 닳던데 방전이라도 돼서 늦는다는 전화도 못 하면 어떡하지?

나는 일어날 수 있는 모든 시나리오를 시시각각 떠올리며 가능한 해결책들을 찾고 머릿속에서 시뮬레이션도 돌려본다. 하지만 머릿속에서 펼쳐지는 일들을 분석해보려고 애쓸수록 해결책은 찾을 수 없었고 내 안에서 불안과 괴로움만 증폭될 뿐이다. 이렇듯 걱정은 더 많은 불안을 양산하며 애초의 목적과는 다른 방향으로 흘러가버린다.

하지만 지금 나는 걱정에 휘둘리는 일이 거의 없다.

걱정과 불안을 관리할 수 있게 된다면

대부분의 걱정꾼들과 내가 다른 점이 있다면, 심리학자라는 특권 덕분에 많은 사람들이 걱정에 얽매이는 이유에 대해 30년 넘게 연구를 해올 수 있었다는 점이다. 때문에 나는 다양한 형태의 걱정을 목격하고 그 원인을 깊숙이 들여다볼 수 있었다. 이렇게 찾은 파국적 걱정에 관한 지식들을 답답한 논문 속에 가둬두지 않을 생각이다. 내가 이 책에서 밝히는 지식과 자료 속에는 평생의 불안으로 이어질 수도 있는 걱정을 변화시킬 귀중한 자료와 해결책이 담

겨 있다.

사람들이 삶을 무너뜨릴 정도의 파국적 걱정을 발달시켜온 이유는 사실 좀 복잡하다. 그 이유가 단순했다면 진작에 그 원인을 파헤쳐 쓸데없이 걱정하는 습관을 몽땅 고쳐놨을 것이다. (그랬다면 나는 30년 세월을 실업자 신세로 살았을 테지!)

그래도 우리는 파국적 걱정이 작동하는 방식에 대해 꽤 많은 사실을 알게 되었다. 지금부터 나는 파국적 걱정의 원인에 대해 하나씩 보따리를 풀어갈 생각이다. 여러분은 책을 읽어나가면서 만성적인 걱정에 기름을 붓는 심리적 과정을 이해하고, 책에서 치료 방법으로 제시하는 조언을 통해 도움을 받게 될 것이다.

꼭 명심하길 바란다. 걱정이 만들어지는 과정을 정확히 이해해야 불필요한 걱정에서 해방될 수 있다는 것을. 걱정의 심리적 원인을 이해함으로써 얻은 통찰만으로도 혼자서 충분히 걱정과 불안을 다스릴 수 있게 된다. 그러니 제발 본문을 건너뛰어 '걱정 완화 워크숍'으로 직행하는 일은 없길 바란다.

걱정에 관한 정확한 이해는 당신이 어떻게 노력해야 할지 최선의 방법을 알려줄 뿐만 아니라, 그 어떤 걱정과 불안이 찾아와도 그것은 그저 학습의 산물임을 일깨워줄 것이다. 바라건대 이 책에 담긴 이야기들이 호기심을 불러일으키고, 지금까지 자신이 어떤 잘못된 걱정을 반복적으로 학습해왔는지 이해하는 데 도움이 되길 바란다.

장담하건대 이 책을 다 읽고 나면 당신은 삶을 갉아먹는 '걱정 버튼'을 끌 수 있게 될 것이다. 또 문제에 비효율적으로 골몰하기보다 '똑똑한 고민'을 통해 문제를 해결하게 될 것이다.

지금부터는 삶을 파국에 빠뜨리는 걱정이라는 괴물에 대해 자세히 살펴보려고 한다. 당신이 미처 알지 못했던 걱정의 속성을 소개하는 것으로 그 여정을 시작해보겠다.

내가 자유의 여신상이 된다면 어떤 걱정을 할까?

조금 뜬금없어 보이는 실험을 소개하겠다. 자유의 여신상은 로마신화의 여신 리베르타스를 상징하는 조각상이다. 높이가 91미터에 달하는 신고전주의 양식의 이 조각상은 뉴욕 항 리버티 섬에 우뚝 서 있다. 프랑스 국민들의 모금 운동으로 제작돼 미국에 기부된 것으로 1886년에 완공되었으며 몸통 대부분은 청동으로 주조되어 있고, 머리 위로 횃불을 들어올린 형상을 하고 있다.

자, 이제 당신이 뉴욕 항 입구에 서 있는 여신이 되었다고 상상해보자. 당신이 자유의 여신상이라면 당신은 무엇을 걱정할 것 같은가?

초기에 진행했던 한 연구에서 우리는 실험 참가자들을 '걱정이 많은' 사람들과 '걱정이 별로 없는' 사람들로 나눈 뒤 그들에게 자

유의 여신상이 되었다고 가정하고, 이런 상황에서 걱정되는 바를 떠올려보도록 요청했다.[3] 우리는 참가자들의 상상력이나 역사 지식을 테스트하기 위해 이 실험을 계획한 것은 아니었다. 그보다는 난생 처음 겪는 상황에 대해 걱정해볼 것을 요청했을 때, 두 부류의 참가자들에게 어떤 일이 벌어지는지 알고 싶었다.

자유의 여신상이 되어 서 있게 되면 걱정이 많은 사람들은 걱정이 별로 없는 사람들에 비해 정말로 더 많은 걱정을 할까? 걱정이 지나친 사람들은 그렇지 않은 사람들보다 걱정의 파국화 경향이 정말로 더 두드러질까?

두 집단 참가자들이 자유의 여신상이 된 것에 대해 얼마나 오랫동안 걱정을 이어나갈 수 있는지를 객관적으로 측정하기 위해 우리는 이들을 대상으로 '파국화 인터뷰'를 진행했다. 연구자가 참가자에게 "X(X는 참가자가 걱정하는 주제다)에 대해 걱정되는 점은 무엇인가요?"라고 질문하면서 인터뷰는 시작된다.

가령 참가자가 돈 문제를 염려한다면, 연구자는 "돈 문제에 대해 걱정되는 점은 무엇인가요?"라고 묻는다. 그럼 참가자는 "대출금을 못 갚으면 집이 날아가겠죠"라는 식으로 답할 것이다. 답을 들은 연구자는 참가자에게 되묻는다. "대출금을 갚지 못해 집이 날아가면 무엇이 걱정되나요?" 그럼 참가자는 "가족들을 돌볼 수 없을 테죠"라고 답할 것이다. 우리는 참가자가 답을 더는 생각해낼 수 없을 때까지 "X에 대해 걱정되는 점은 무엇인가요?"라는 질문

을 계속해서 던진다.[4]

이같은 테스트의 장점은 답변이 다 떨어질 때까지 응답자가 총 몇 단계의 질문을 거쳤는지를 수량화할 수 있다는 점이다. 걱정이 만성화된 사람들은 걱정을 덜하는 사람들에 비해 더 오랜 시간 답을 이어나가는 경향이 있었다. 눈에 띌 정도로 말이다.

걱정에 잘 사로잡히는 사람들과 그렇지 않은 사람들에게 '자유의 여신상이 되는 일에 대해 걱정해보라'고 요청하고 파국화 인터뷰를 진행했다. 과연 어떤 일이 벌어졌을까?

다음은 걱정 척도에서 높은 점수를 받은 사람(걱정이 많은 사람)과 낮은 점수를 받은 사람(걱정이 적은 사람)이 자유의 여신상 상황에 대해 내놓은 답변들이다. 표기된 숫자는 파국화 인터뷰에서 응답한 순서를 가리킨다.

실제 진행된 파국화 인터뷰 답변
'자유의 여신상 실험'에서 나온 끝없는 걱정

걱정이 많은 사람

1. 몸을 움직일 수 없다는 것이 걱정된다.
2. 그러면 누군가에게 어떤 식으로든 공격받게 될 것이다.
3. 그러면 제대로 반격할 수 없을 것이다.

4. 그러면 다른 사람이 내게 하는 행동을 막을 수 없을 것이다.

5. 그러면 나 자신이 나약하게 느껴질 것이다.

6. 그러면 다른 사람들이 나를 나약한 사람으로 여길 것이다.

7. 그러면 그들과의 관계에서 나는 제대로 존중받지 못할 것이다.

8. 그러면 나는 그들에게 아무런 영향력도 갖지 못할 것이다.

9. 그러면 다른 사람들이 내 말을 귀담아 듣지 않을 것이다.

10. 그러면 나는 자존감에 상처를 입을 것이다.

11. 자존감의 상실은 사람들과의 관계에 나쁜 영향을 미칠 것이다.

12. 그러면 친구들은 내 곁을 떠날 것이다.

13. 그러면 나는 외톨이가 될 것이다.

14. 그러면 주변에 말 붙일 사람도 없을 것이다.

15. 그 말은 내 생각를 다른 사람들과 공유할 수 없다는 뜻이므로,

16. 그렇게 되면 다른 사람들로부터 조언을 구하기 어려울 것이다.

17. 그러면 내가 가진 문제들이 제대로 정리되지 않을 것이다.

18. 그러면 문제는 문제인 채로 남아 있거나 더 악화될 것이다.

19. 그러면 나는 결국 문제에 잘 대처하지 못할 것이다.

20. 그러면 나는 문제에 끌려다니는 사람이 될 것이다.

21. 그러면 그 문제들로 인해 다른 일이 방해를 받을 것이다.

22. 그러면 새로운 사람을 만나거나 새 친구를 사귈 수 없을 것이다.

23. 그러면 나는 외로워질 것이다.

걱정이 적은 사람

1. 나는 움직일 수 없다.
2. 나는 그런 상태를 받아들이고 즐긴다.

답변이 더는 떠오르지 않을 때까지 참가자가 내놓은 답변 수에서 두 그룹 간에 극명한 차이가 보인다. 걱정이 많은 집단은 23단계로 인터뷰를 마친 반면 걱정이 적은 집단은 두 개의 답변으로 인터뷰가 종결되었다. 걱정 점수를 높게 받은 사람은 그렇지 않은 사람에 비해 걱정하는 주제를 이야기할 때도 훨씬 더 꼼꼼하고 열띠게 설명하는 경향이 있었다.[5]

하지만 걱정하는 주제를 풀어내는 열정과 개수의 차이만 중요한 것이 아니다. 걱정꾼이 내놓은 답변들을 한번 유심히 살펴보길 바란다. 그들은 걱정거리에 대해 고민하는 중에도 스스로를 자책하는 듯한 태도를 보였다.

'자유의 여신상이 된다면?' 같은 허무맹랑한 고민거리에서도 자신이 부족하다는 느낌('나는 제대로 대처하지 못할 거야'), 낮은 자존감('자존감에 상처를 입을 거야'), 그리고 사건에 대한 통제력 부족('결국 나는 그 문제에 휘둘리게 될 거야') 같은 걱정이 보인다. 그리고 이런 과정이 반복되다가 파국적 걱정꾼이 어느 지경으로까지 내몰리게 되는지도 살펴보자. 처음엔 자유의 여신상이 되는 것을 떠올렸을 뿐인데 마지막엔 외톨이가 되어 "새로운 사람을 만날 수도, 그래서 친구를 사귈 수도 없는" 처지가 되고 만다.

우리는 아무리 걱정이 많은 사람이라도 자유의 여신상이 된다는 걱정은 해본 적이 없을 것이고, 이 문제로 과거에 파국적인 상상을 해본 적도 없으리라 가정했다. (망상병 환자의 경우가 아니라면 말이다!) 하지만 걱정꾼들은 생전 처음 해 본 걱정임에도 스무 단계가 넘는 '~하면 어떡하지?' 추론을 거듭하며 그 사이에 온갖 개인의 약점들을 의식의 흐름 속에 밀어 넣고, 상상에 불과했던 것을 실제로 벌어질 수 있는 현실로 탈바꿈시키는 장기를 발휘했다.

걱정의 속성 1. 걱정이 많은 사람들은 그렇지 않은 사람들보다 파국화 사고를 더 오래 지속한다. 새로운 걱정거리가 생겨도 그것은 마찬가지다.

걱정의 속성 2. 걱정이 많은 사람들은 사고 흐름에 자책이 녹아든다. '나는 대처가 서툴다, 나는 자존감이 낮다, 나는 사건을 통제할 힘이 없다' 같은 생각들이 함께 얽히며 파국화를 만들어낸다. 오래된 걱정이든 난생 처음 해본 걱정이든 상관없이 마찬가지 현상이 벌어진다.

"좋은 성적을 받지 못하면… 지옥에 갈 것이다"

옆의 표는 어느 만성적인 걱정꾼이 파국화 인터뷰에서 내놓은 답변이다(오하이오 주립대학 심리학과 교수 마이클 베이지와 펜실베이니아 주립대학 심리학과 명예교수인 토머스 보르코벡의 연구를 정리하여 사용).

고민의 주제는 성적이다. 학창시절을 보낸 걱정꾼들이라면 누구나 성적 때문에 노심초사했던 경험이 있을 것이다. 이 실험을 진행하면서 우리는 참가자들에게 인터뷰 당시의 불안과 고통 수준을 평가하게 했고(척도상에서 0은 '스트레스를 전혀 받지 않는다'를, 100은 '극심한 스트레스를 받는다'를 나타낸다), 답변한 내용이 현실이 될 확률도 함께 평가하게 했다(척도상에서 0은 '일어날 일이 없다'를, 100은 '반드시 일어날 것이다'를 나타낸다).[6]

평소 걱정이 많았던 이 학생의 경우 '좋은 성적을 받을 수 있을까'에 대한 과도한 걱정이 파국화 과정을 거쳐 지옥행(80점)으로 귀결되었다. 성적에 대한 걱정이 약물중독과 신체적 고통, 정신건강 문제로까지 퍼져나갔다. 역시나 이 예시에서도 자책하는 반응, 즉 개인적으로 부족하다는 느낌('평소라면 괜찮았던 일들에 서툴러질 것이다')과 낮은 자존감('나 자신에게 실망할 것이다'), 그리고 사건에 대한 통제력의 부족('나는 나를 제어하지 못하고 정신병을 앓게 될 것이다')이 걱정의 흐름 속에 스며든 것을 볼 수 있다.

걱정꾼을 대상으로 인터뷰한 주제 : 성적

항목	스트레스 정도	실제 일어날 가능성
내 기대 수준에 못 미칠 것이다.	50	30
나 자신에게 실망할 것이다.	60	100
자신감을 잃을 것이다.	70	50
자신감 하락이 삶의 다른 부분에 영향을 줄 것이다.	70	50
원하는 만큼 통제력을 발휘하지 못할 것이다.	75	80
모르는 문제가 나오면 위축될 것이다.	75	100
극도로 불안해질 것이다.	75	100
불안하다는 것은 자기 확신이 떨어진다는 의미다.	75	80
나는 절대로 자신감을 회복하지 못할 것이다.	75	50
내 삶을 통제할 수 없을 것이다.	75	80
평소라면 괜찮았던 일들에 서툴러질 것이다.	75	80
지금보다 더 불안해질 것이다.	80	80
나는 나를 제어하지 못하고 정신병을 앓게 될 것이다.	85	30
나는 평생토록 약물과 치료에 의존하게 될 것이다.	50	30
나는 늘 약물에 의존하게 될 것이다.	85	50
약이 내 몸을 망가뜨릴 것이다.	85	100
나는 죽을 때까지 고통에 시달릴 것이다.	85	100
죽게 될 것이다.	90	80
지옥에 갈 것이다.	95	80

이 연구는 지나치게 걱정이 많은 사람들에 관한 중요한 사실을 알려준다.

첫째, 걱정을 하면 할수록 걱정하는 사람은 점점 더 고통을 받게 된다는 것이다(첫 번째 열). 이는 파국적 걱정에 잘 빠지는 사람들에게 공통적으로 나타나는 현상이다. 내게도 비슷한 경험이 있다. 사실 걱정이라는 활동은 걱정했던 문제가 그리 최악은 아니라는 식으로 자신을 안심시키려는 목적에서, 그리고 문제 해결책을 찾을 목적에서 시작되곤 한다. 하지만 정확히 그 반대 현상이 벌어진다. "난 그 문제를 해결하지 못할 거야"라는 식으로 자기를 설득하고 있거나, 원래 문제를 해결하는 과정에서 튀어나온 다른 문제들을 걱정하게 된다.

결국 걱정을 마쳤을 때는 처음보다 훨씬 더 스트레스를 받은 상태에 놓이게 된다. 대체 어쩌다 이런 일이 생긴 것일까? 분명 당신이 원했던 결과가 아닐 텐데 말이다.

둘째, 파국적으로 걱정하는 사람은 걱정을 눈덩이처럼 불려가는 과정에서 떠오른 안 좋은 일들이 실제로도 벌어질 수 있다고 확신하게 된다(세 번째 열의 점수). 앞의 예시에서도, 파국적 사고에 빠진 사람은 자신이 죽어서 지옥에 가게 되리란 걸 믿어 의심치 않았다(100점 중 80점). 고작 학교에서 좋은 성적을 받을 수 있을까에서 시작한 걱정이었는데도 말이다.

무엇이 걱정꾼들로 하여금 생각했던 나쁜 일들이 실제로 벌어

질 거라고 믿게 만드는 걸까? 아마도 파국적 사고가 진행되는 과정에 다양한 요인이 복합적으로 작용했을 것이다. 가령 파국화 인터뷰를 하는 동안 걱정하는 사람의 입에서 답(대부분 부정적 답변)이 술술 흘러나왔는데, 이는 부정적인 답들이 그 사람의 머리 속에 미리 저장되어 있었다는 증거다(이 점이 답변 한두 개가 전부였던 걱정 없는 사람들과는 매우 다르다는 점을 꼭 기억하길 바란다).

이처럼 모든 부정적 속성들은 틈만 나면 생각의 흐름 속에 투신할 준비를 하고 있으며 개인의 약점, 서툰 대처 능력, 통제력 부족에 대한 기억들을 전면에 소환시킨다. 이렇게 출동한 요인들은 걱정꾼들을 그럴싸하게 속여 마음을 갉아먹는 나쁜 일들이 정말로 일어날 수도 있다고 믿게 만든다.

그뿐인가. 파국화 과정 속에서 부정적인 정보들이 홍수처럼 쏟아져나오게 된다. 때문에 의사 결정을 할 때 '가용성 편향(availability bias, 당장 머릿속에 쉽게 떠오르는 것에 의존하고 그것이 중요하다고 생각하는 경향-옮긴이)'이 일어난다.[7] 이 말은 가령 자동차 도난 사고에 대한 뉴스를 여러 번 접하게 되면 우리 동네에서 자동차 도난 사건이 더 자주 발생할 것 같이 느끼는 현상이다. 가용성 편향은 파국화 과정에서도 일어난다. 파국적 발작이 주로 부정적인 말과 생각들로 구성되어 있을 경우, 걱정하는 부정적 사건이 정말로 일어날 거라고 점점 더 확신하게 된다. 왜냐하면 걱정했던 결과가 현실이 될 거라는 예상은 그 걱정과 관련된 부정적인 생각의 양과 직접적으로 관련이 있기 때문이다.

파국화 사고 과정을 통해 스트레스는 점점 더 커지고 이것이 문제에 불을 지핀다. 걱정하는 사람은 자기도 모르게 계속 자문하게 된다. "내가 이 걱정거리를 제대로(성공적으로) 해결한 걸까?" 그리고 실제로는 아무 근거가 없는데도 그 순간의 감정에 판단을 내맡겨버린다.

걱정이 계속되면 감정은 점점 더 부정적으로 변한다. 부정적인 감정은 걱정꾼에게 "문제는 그대로고 너는 여전히 스트레스를 받고 있으니 계속 걱정하는 게 좋겠어!"라고 한다. 파국적 걱정이 마지막 지점에 이르렀을 때, 부정적이고 고통스러운 기분은 마침내 이렇게 악다구니를 쓴다. "이놈의 나쁜 생각이 도무지 떨쳐지지가 않아!" 나쁜 생각이란 게 성적이 나쁘면 지옥에 간다는 극단적인 것일지라도 말이다.

걱정의 속성 3. 걱정이 많은 사람들은 파국화 사고 과정이 진행될수록 점점 더 많은 불편과 불안을 경험하게 되며, 걱정을 시작할 때보다 더 큰 불안과 스트레스에 시달리기도 한다.

걱정의 속성 4. 걱정이 많은 사람들은 어느 순간 자신이 걱정했던 불행한 일이 실제 일어날 거라 확신하게 된다. 걱정거리에 대한 부정적 생각들이 '가용성 편향'을 일으키기 때문일 수 있다. 이 말은 부정적 생각이 긍정적 생각보다 기억상에서 더 가치가 있다는 뜻이다. 이후 편향된 생각이 고착되어 좋지 않은 일이 좋은 일보다 더 자주, 더 일상적으로 벌어질 거라고 예상하게 된다.

그렇다면 어떤 요인이 파국적 걱정의 원인(당신이 치명적으로 걱정하게 만드는 요인)이고, 어떤 요인이 파국적 걱정의 결과에 해당되는 것일까? 파국적 걱정을 잘 다스리려면 파국적 걱정의 원인과 결과를 잘 파악하고 식별하는 것이 중요하다.

그러려면 다음과 같은 질문이 필요해 보인다. 자신 스스로 부족하다는 느낌이 파국적인 걱정에 사로잡히게 만드는 것일까? 우리가 걱정하는 동안 느끼는 스트레스와 불안감이 우리를 더 오랫동안 파국적 사고에 붙들어두는 것일까? 이 두 가지 요인과 관련된 과학적 근거를 지금부터 살펴보겠다. 문제 해결에 대한 자신감 부족 또는 걱정하면서 느끼는 부정적인 감정 중 어느 것이 정말로 파국적 사고를 강화시키는 걸까?

걱정을 많이 한다고 문제가 잘 해결될까?

심리학자라고 하면 사람들은 흔히 콧잔등에 안경을 걸치고 다리를 꼰 채 내담자 앞에 앉아 있는 치료자를 떠올린다. 하지만 대부분의 심리학자는 풍자만화에 등장하는 정신분석가의 이미지와 거리가 멀다. 우리는 실험을 하는 과학자다. 그리고 대개는 실험실에서 실험을 진행한다.

하지만 놀랄 필요는 없다. 우리는 뇌 속의 '걱정 센터'를 찾기 위해 뇌를 절개하는 해부학자가 아니다. 사실 뇌를 열어도 걱정에 대해 확인할 수 있는 사실은 별로 없다. 임상 분야의 의사들과는 달리 심리학자들은 두뇌로 입력되는 정보와 그 결과로서 출력되는 행동에 더 관심이 많다. 이러한 입출력 관계를 관찰함으로써 우리는 그 중간 지대, 즉 우리 두개골 속에 위치한 잿빛 물질 덩어리, 하

지만 많은 사람들이 마음이라고 부르고 싶어 하는 영역에서 어떤 일이 벌어지고 있는지를 추론해볼 수 있다.

걱정에 관한 연구를 진행하던 초기 시절, 우리가 흥미롭게 눈여겨봤던 부분은 만성적인 걱정꾼들의 문제 해결 능력이었다. 걱정꾼들은 문제 해결에 서툰 사람들일까? 그래서 다른 사람들보다 더 많이 걱정하는 것일까? 삶이 던지는 난제들에 대해 좋은 해결책을 찾을 수만 있다면 사실 걱정할 필요가 없지 않겠는가? 그러나 설령 걱정을 통해 좋은 해결 방안이 떠올랐다 해도 불안의 출현은 문제 해결 과정을 방해한다. 불안은 걱정을 일으키는 감정이기도 하지만, 효과적인 문제 해결을 방해하는 다양한 인지 과정에도 동시에 영향을 미친다.

불안을 느낀다고 해서 우리의 문제 해결 능력이 갑자기 저하되는 것은 아니다. 단지 자신감을 앗아갈 뿐이다. 걱정과 불안의 상관관계는 6장에서 더 자세히 다룰 것이다.

한 연구에서 우리는 대학생 82명에게 걱정의 빈도와 문제 해결 자신감을 측정하는 설문지를 작성해달라고 한 뒤, 그들에게 살면서 겪을 수 있는 문제에 대한 해결책을 제시해달라고 요청했다.[8] 가령 다음과 같은 시나리오였다.

"A씨는 한 모임에 참석해 사람들이 마을의 발전 방향에 대해 이야기하는 것을 듣고 있었다. 그는 중요한 이야기로 모임을 주도하고 리더가 되고 싶었다. … 이야기는 그가 리더로 선출되어 사람들 앞에서 연설하는 장면으로 끝이 난다."

우리는 학생들에게 이야기의 중간 부분을 써달라고 요청했고, 각각의 응답지는 효과성을 기준으로 채점했다.

우리는 만성적인 걱정꾼들이 문제 해결 과제에서 매우 낮은 점수를 받을 것으로 예상했지만 예상은 빗나갔다. 그들은 걱정이 없는 사람들과 마찬가지로 우리가 지어낸 문제 상황에 대해 이상적인 해결 방안을 생각해냈다. 그것도 꽤나 능숙하게 말이다.

그러나 우리가 눈여겨봤던 부분은 문제 해결에 대한 자신감이었다. 만성적으로 걱정하는 사람들은 좋은 해결책을 생각해낼 순 있지만, 그 해결책을 행동으로 옮기는 힘이나 자신감이 부족했다. 이는 파국적인 걱정꾼들의 걱정 흐름에서 보이는 '나 스스로 부적절하고 부족하다는 느낌'을 다시금 상기시킨다.

그렇다면 문제 해결에 대한 자신감 부족이 파국적 사고를 유발하는 것일까? 실험이 중요해지는 건 바로 이 지점에서다. 문제 해결에 대한 자신감 부족이 특별히 파국화를 더 부추기는지 알아보기 위해, 우리는 실험 상황을 조성하고 문제 해결에 대한 자신감이 파국적 사고에 미치는 영향을 측정했다.

참가자들을 무작위로 선발한 뒤, 우리는 참가자 각각을 대상으로 파국화 인터뷰를 진행했다. 참가자가 가지고 있는 고민들 중 하나를 골라, 얼마나 오랫동안 파국적 사고를 이어가는지 알아보려는 목적에서였다.[9]

다만 이 과정을 진행하기 전에 우리는 참가자들이 눈치채기 어려운 방식으로 한 그룹에는 문제 해결 능력에 대한 높은 자신감을 심어주었고, 나머지 그룹에는 자기 능력을 의심하게 만들었다. 그런 다음 모든 참가자들에게 위에서 언급한 실생활 문제 해결 시나리오를 완성하도록 요청했다. 이후 이들 중 절반에게는 '아주 훌륭하다'는 피드백을 주고, 나머지 절반에게는 '형편없다'는 피드백을 주었다(걱정 말라, 우리는 실험 과정 말미에 모든 참가자들에게 실험상의 속임수에 대해 상세히 설명했다).

파국화 인터뷰에서 거짓 피드백으로 문제 해결의 자신감이 약화된 그룹은 문제 해결에 대한 자신감이 강화된 그룹보다 파국화 과제를 더 오래 붙들고 있었다. 문제 해결에 대한 자신감 부족이 실제로 파국적 사고를 더 오래 지속시킨 것이다. 이러한 인과관계를 발견한 것은 매우 의미가 깊다. 문제 해결에 대한 자신감을 키워준다면 걱정꾼이 걱정과 파국적 사고에 쏟는 시간을 단축시킬 수도 있다는 의미이기 때문이다.

그렇다면 이번에는 문제 해결의 자신감 대신 감정을 집어넣어 실험을 진행해보면 어떨까? 실험을 수행하는 과정은 어렵지 않았지만, 결과는 우리의 예상을 완전히 벗어났다.

걱정의 속성 5. 연구에 따르면 파국적 걱정을 하는 사람들은 일상의 문제에 대해 남들만큼 좋은 해결책을 찾고도 문제 해결에 대한 자신감이 부족했다.

걱정의 속성 6. 여러 실험을 통해 파국적 걱정을 하는 사람들의 문제 해결에 대한 자신감 부족이 파국적 사고의 원인으로 작용한다는 사실을 밝혀냈다. 문제 해결에 대한 자신감이 떨어질수록 파국적 걱정이 더 오랜 시간 지속됐다.

걱정을 지속시키는 무의식적 요인, 부정적 감정

우리는 불안이나 스트레스, 우울, 슬픔, 피로, 통증, 분노, 좌절 같은 부정적 감정들을 수도 없이, 그리고 매일같이 경험한다. 오늘날에도 인류가 이런 기분을 경험하는 것은 틀림없이 어떤 진화적 이점이 있기 때문이며, 대개는 인간을 보호하기 위한 기제로 작동된다. 다만 내가 이것들을 '부정적' 감정이라 통칭한 이유는 경험하기에 결코 즐겁지 않은 감정이기 때문이다. 물론 우리의 생존을 돕기는 하지만 말이다.

모든 부정적 감정은 고민의 시작과 고민의 방향에 영향을 미칠 수 있다. 부정적 감정의 영향력은 너무나 미묘하고 우회적이어서 우리가 미처 알아차리지 못할 때도 많다.

당신이 최근에 읽은 기사 제목 하나를 생생하게 떠올려보자. 그 제목을 봤을 때 어떤 기분을 느꼈는가? 아마도 부정적인 감정 반응이 일어났을 확률이 높다. 조사에 의하면 뉴스 기사의 절반 이상이 테러, 범죄, 전쟁, 자연재해, 대규모 총기 난사 사건, 질병, 기근 등 한눈에 보기에도 부정적인 사건 사고에 관한 것이라고 한다. 반면 긍정적인 내용을 다룬 뉴스 기사는 15퍼센트에 불과하다.[10] 지난 코로나 팬데믹 기간 동안에도 비관적 뉴스가 쏟아져나오는 것을 많은 사람들이 경험했을 것이다.

그렇다면 부정적인 뉴스는 우리에게 어떤 영향을 미치는 걸까?

우리는 사람들이 하루에 한 번 이상 뉴스를 확인한다는 가정하에, 부정적인 뉴스가 사람들의 걱정 수준에 얼마만큼 영향을 끼치는지 알아보기로 했다. 결론부터 말하면 부정적인 뉴스를 접한 시청자들이 자신의 문제에 대해 더 많이 염려하는 것으로 나타났다.[11]

우리는 실험을 위해 긴 뉴스 영상들을 골라내 편집한 뒤 14분짜리 뉴스 클립 세 개를 만들었다. 첫 번째 뉴스는 부정적인 사건들로만(전쟁, 범죄, 기근 등), 두 번째 뉴스는 긍정적인 사건들로만(로또 당첨이나 난치병 완치 등), 그리고 마지막 뉴스는 정서적으로 중립적인 내용들로만 구성했다. 이 실험의 목적은 각각의 뉴스가 지닌 감정가(感情價)가 참가자들의 걱정을 파국화하는 데 어떤 영향을 미치는지 알아보는 것이었다.

우리는 세 그룹의 실험 참가자들에게 뉴스 클립을 시청하게 했다. 실험을 시작할 당시 참가자들의 걱정 점수는 세 집단 모두 그리 높지 않았다.

우리는 첫 번째 그룹에는 부정적 뉴스를, 두 번째 그룹에는 긍정적 뉴스를, 세 번째 그룹에는 중립적 뉴스를 시청하게 한 뒤 각 그룹 참가자들과 파국화 인터뷰를 진행했다. 각각의 뉴스가 당시에 참가자들이 가지고 있던 걱정거리를 파국적으로 몰고가는 데 어떤 영향을 미치는지 알아보기 위함이었다.

연구 결과는 꽤 설득력이 있었다. 어떤 일로 부정적인 기분에 사로잡히면 긍정적인 기분을 느낄 때보다 걱정이 더 부풀려지고 더 오래 지속되는 경향이 있었다.[12]

실험에서 우리는 비관적인 뉴스를 활용하여 부정적인 감정을 유발했고 대부분의 피험자들에게서 슬픔이나 불안 같은 부정적 감정이 올라왔다. 또 다른 실험에서는 슬픈 영화나 음악을 통해 부정적 감정을 불러일으켰다. 일상생활에서라면 업무 스트레스나 직장 동료들과의 관계, 연봉 협상 문제, 건강 문제 등이 부정적 감정을 불러일으킬 수 있을 것이다.

이런 일들은 하루가 멀다 하고 당신을 찾아와 함께 머물면서 부정적인 감정 상태를 만들어낼 것이며, 그 순간에 당신 마음에 있던 어떤 걱정은 파국을 향해 질주를 시작할 것이다.

그렇다면 부정적인 감정 상태는 어째서 파국적 사고를 더 오래 지속시키는 것일까? 여기에는 두 가지 이유가 있다. 먼저 꽤 단순해 보이는 다음의 질문에서 출발해보자.

걱정의 속성 7. 스트레스, 불안, 슬픔, 피로, 통증과 같은 부정적 감정은 그가 누구냐에 상관없이 파국적 사고를 오래도록 지속시킨다.

부정적 감정에 의해 활성화되는 정보처리 과정, 걱정

"손이 많이 가고 섬세한 집중력이 필요한 중요한 업무가 있을 때 당신은 어떤 사람에게 그 일을 맡기겠는가?" 기분 좋고 행복해 보이는 사람일까, 아니면 괴롭든 슬프든 화가 났든 기분이 나빠 보이는 사람일까?

답은 작업의 성격이 어떠하냐에 달려 있다. 긍정적 감정을 느끼는 사람은 창의적인 작업에서 훨씬 더 우수한 성과를 보였다. 반면 부정적 감정을 느끼는 사람은 정보 수집과 분석, 문제 해결, 의사결정 같은 분석적 작업에서 더 뛰어난 성과를 보였다.

인디애나 대학의 심리학자 제프리 멜턴은 대학생들을 대상으로 개인의 감정이 논리퍼즐(가령 'A가 전부 B이고 몇몇 B가 C일 때, A 중 몇 개가 C일까요?' 같은 문제)을 푸는 능력에 미치는 영향을 연구했다.[13] 논리퍼즐을 풀기 전에 참가자들의 절반에게는 만화책을 읽게 하거나 개그 프로그램을 시청하게 했고, 나머지 절반에게는 지루한 형용사 목록을 읽게 했다.

결과는 흥미로웠다. 유머러스한 컨텐츠를 보고 기분이 좋아진 참가자들은 지루한 형용사 목록을 읽었던 그룹보다 논리퍼즐 풀기에서 현저히 낮은 성과를 보인 것이다.

물론 기분이 좋다고 해서 분석 능력이 손상되는 것은 아니었다. 대신 부정적인 감정은 정보와 개념을 체계적으로 파악하는 인지 과정을 촉발시킨 반면, 긍정적인 감정은 '휴리스틱'(정보가 제한된 상황에서 사람들이 신속하게 사용하는 어림짐작, 신속한 판단을 내릴 수 있지만 때로는 오류를 범하게 하는 생각의 지름길-옮긴이)이라고 불리는 정신적 단축키를 써서 신속한 결정과 판단을 내리게 했다.

예를 들어 거리에서 웬 자그만 노파가 돈을 빌려달라며 다가왔다고 하자. 기분이 좋지 않은 상태라면 당신은 그녀에 관한 데이터를 꼼꼼히 살펴보고 따져본 후에야 의구심을 거둬들일 가능성이 크다. 하지만 기분이 좋은 상태라면 휴리스틱에 기댈 확률이 높다. 가령 그 노파를 보고 당신의 할머니가 떠올랐다면, 그녀를 할머니처럼 여겨 친절하고 온정적이고 신뢰할 만한 사람이라고 판단할 수도 있다. 그러나 정신적인 단축키에 기대어 타인에 대한 신뢰 여부를 결정게 되면 종종 잘못된 결정을 내리기도 한다.

이것은 전부 파국적 걱정과 관련이 있는데, 걱정은 대부분 감정이 부정적일 때 발생하기 때문이다. 사실 파국적 걱정은 앞에 소개된 실험에서도 볼 수 있듯이 대단히 분석적인 과정이다. 걱정거리란 위협적이거나 도전적인 삶의 과제가 관여된 문제들이어서, 스트레스나 불안 같은 부정적 감정을 느낄 때 고개를 쳐들 가능성이 높다.

부정적 감정은 즉각적으로 체계적 정보처리 기능을 활성화시키는데 이는 의사 결정에 있어 휴리스틱 같은 정신적 단축키의 사용을 억제시키고, 걱정의 세부적인 요소와 사실관계를 철저히 따져보게 하며, 상상할 수 있는 모든 위험한 상황들을 고려하게 한다.

이 모든 사실을 종합해볼 때 '걱정'은 부정적 감정에 의해 활성화되는 특수한 체계적 정보처리의 한 형태다. 이 관점을 뒷받침하는 사실이 있다. 걱정과 체계적인 정보처리 모두 기능적 뇌(functional brain) 특성들을 공유한다는 점이다.[14] 체계적인 정보처리는 정보의 언어적 처리와 각종 의사 결정을 담당하는 좌뇌 전두엽에서 이뤄지는데, 걱정 또한 좌뇌의 활성화 및 정보의 언어적 처리와 연관이 있다.

또한 부정적 감정은 체계적인 정보처리를 활성화시켜 걱정을 불러일으킨다. 체계적 정보처리란 적합하고 완전하게 사고하게 하는 활동인데, 이것이 걱정거리에도 적용되면서 파국적인 시나리오를 만들고 걱정거리에 골몰하는 시간을 연장시킨다.

부정적인 기분은 또 다른 역할을 한다. 기분이 나쁘면 걱정을 멈추기가 더 어려워진다. 그래서 걱정하는 일이 내 의지를 벗어나 통제 밖의 일처럼 느껴지게 된다.

걱정의 속성 8. 부정적인 감정이 파국적 사고를 더 오래 지속하게 만드는 방법 중 하나는 뇌의 체계적인 정보처리 기능을 활성화시키는 것이다. 좌뇌반구가 활성화되면 걱정에 필요한 연료를 공급하기 때문에, 일어날 수 있는 파국적 상황을 실감 나게 조성하고 걱정하는 시간을 늘어나게 한다.

파국적 걱정을 통제하기 어려운 이유

우리가 하는 걱정 대부분은 미래의 문제가 몰고 올 만약의 사태에 대비하고 문제에 대한 해결책을 찾는 데 그 목적이 있다. 그러나 이 목적이 달성되었다는 걸 언제 어떻게 아는 걸까? 앞서 언급한 대로, 걱정꾼들은 문제 해결에 대한 자신감이 부족하기 때문에 이만하면 자신이 걱정하던 문제가 해결되었고 그 해결책을 적절한 때에 실행에 옮길 수 있겠다는, 나름의 객관적 증거와 이유를 찾아내지 못하는 경우가 많다.

그렇다면 걱정꾼들은 과연 어떤 정보를 통해 자기 걱정의 목표가 달성됐는지를 판단할까? 어떤 결정을 내려야 하는데 객관적 정보가 부족할 때, 걱정꾼이 많이 하는 일 중 하나가 바로 '당장의 기분'을 판단의 근거로 설정하는 것이다. 중요한 결정을 기분에 내맡기는 것이다. 걱정꾼들의 경우 지금 당장 기분이 좋다면 목표를 달성했다는 뜻이고 지금 당장 기분이 나쁘다면 아직 목표를 달성하지 못했다는 뜻이다.[15]

보통은 기분이 나쁜 상태에서 걱정이 시작되고 걱정하는 시간 내내 부정적 감정 상태가 지속되게 마련이다. 부정적인 감정은 다음과 같은 강력한 메시지를 우리에게 주고 있는 셈이다.

"봐, 네 마음은 여전히 불쾌하고 초조하고 괴롭잖아. 네 걱정이 목표로 하는 걸 아직 달성하지 못했다는 얘기야. 그러니 걱정을 멈춰선 안 돼!"

이렇게 감정을 판단 근거로 가져다 쓰는 것은 의식적 수준에서 일어나는 일이 아니다. 오랜 세월 동안 자신도 모르는 사이 꾸준한 연습을 통해 다듬어진 자동화 프로세스다. 파국적인 걱정을 통제할 수 없는 것처럼 보이게 만드는 것도 이 프로세스다. 부정적인 감정이 우리에게 보내는 정보 때문에 걱정이 지속되고 있다는 사실을 알아차리지 못하기 때문이다.

'감정을 판단 자료로 사용하는' 이러한 과정을 알아차리는 것은 걱정 다스리기의 출발점이 될 수 있지만, 걱정하는 동안 올라오는 부정적 감정을 통제하려면 사실 더 직접적인 조치가 필요하다. 그 과정을 이 책에서 자세히 알아보자.

걱정의 속성 9. 기분은 내가 걱정에 빠지도록 멍석을 깔아준다. 대부분의 걱정은 부정적 감정에서 피어오른다. 부정적 감정은 다음과 같은 메시지를 우리에게 전달한다. "봐, 네 마음은 여전히 불쾌하고 초조하고 괴롭잖아. 네 걱정이 목표로 하는 걸 아직 달성하지 못했다는 얘기야. 그러니 걱정을 멈춰선 안 돼!"

▼

걱정 완화 워크숍 1

나의 파국적 사고 단계 측정하기

이번 장에서는 파국적 걱정을 유발하는 몇 가지 과정에 관해 설명했다. 걱정을 유발하는 과정은 당신의 걱정이 던지는 '~하면 어떡하지?' 라는 질문에 계속해서 새로운 답을 만들어내면서, 하나의 걱정거리를 끈질기게 물고 늘어진다. 당신은 이번 워크숍을 통해 자신의 걱정을 상세하게 설명할 의향이 얼마나 있는지 확인할 수 있다.

준비물

연필이나 펜

노트 또는 파국화 워크시트(옆의 QR코드에서 다운로드)

워크시트
다운받기

목적

파국화 인터뷰는 내가 걱정거리를 어느 정도로 오랫동안 붙잡고 분석하는지, 그리고 그 결과 최악의 시나리오를 떠올리게 될 가능성은 얼마나 되는지 평가하도록 고안되었다. 이 워크숍은 혼자서도 할 수 있지만 인터뷰어 역할을 해줄 친구나 가족과 함께 진행하는 것이 좋다. 당신이 인터뷰 과정에서 스트레스를 받게 되면 도움을 줄 수 있도록 말이다.

효과

내가 얼마만큼 파국적으로 사고하는지 파악할 수 있다. 이 과정을 마치고 자신이 심한 걱정꾼이라는 생각이 들더라도 너무 좌절하지는 말자. 8장과 9장에서 긍정적인 걱정 습관을 기르는 법에 대해 자세히 설명해줄 것이다.

방법

최근 일주일 동안 나를 괴롭혔던 걱정, 가령 인간관계 문제나 돈 문제 같은 고민들 중 비교적 덜 무거운 고민들 중 하나를 떠올린 뒤 하나의 문장으로 기술해본다('동료가 나를 싫어하는 것 같다', '요즘 계속 몸에 좋지 않은 음식만 먹은 것 같다' 같은).

실제 고민을 다루는 것이 부담된다면 '내가 자유의 여신상이 된다면?' 같은 가상의 고민을 끌어와도 상관없다. 그런 다음 종이 맨 위편에 고민의 주제를 적는다. 만약 자유의 여신상 고민을 선택했다면 '내가 자유의 여신상이 된다면?'이라고 적는다.

인터뷰가 시작되면 당신의 인터뷰어가 순서대로 질문을 던질 것이며, 각각의 질문은 '그것에 대해 걱정되는 점은 무엇인가?'라는 문장으로 시작될 것이다. 질문 아래 '답변' 란에 당신이 떠올린 답을 적는다.

더는 새로운 답을 생각해낼 수 없을 때까지 또는 동일한 답변을 서너 번째 반복하는 상황이 될 때까지 질문과 답변을 이어가라. 워크시트 역시 다음과 같은 형식으로 서술된다.

걱정 주제 ____________________

Q: 어떤 점이 걱정되는가?

A: ____________________

Q: 그것의 어떤 점이 걱정되는가?

A: ____________________

Q: 그것의 어떤 점이 걱정되는가?

A: ____________________

Q: 그것의 어떤 점이 걱정되는가?

A: ____________________

…

Q: 그것의 어떤 점이 걱정되는가?

A: ____________________

파국화 인터뷰를 끝마쳤다면 다음의 질문에 답해보자.

Q: 답변을 멈추기까지 당신은 인터뷰 질문을 몇 단계나 진행했는가?

A: ____________________

Q: 파국화 인터뷰 단계마다 자신이 적었던 답변들을 한번 훑어보자. 사건에 대한 통제력 부족, 자신감 결여, 낮은 자존감과 관련된 응답도 포함되어 있는가? 그렇다면 파국적 사고 과정이 오래 유지될 가능성이 있는 것이다.

A: ____________________

실제 진행한 파국화 인터뷰의 한 사례를 소개한다.

걱정 주제 : 실직

Q: 실직을 한다면 걱정되는 점은 무엇인가요?

A: 돈에 쪼들릴 거예요.

Q: 돈에 쪼들리면 어떤 점이 걱정되나요?

A: 대출금을 갚지 못할 거예요.

Q: 대출금 상환이 어려워지면 무엇이 걱정되나요?

A: 살 집이 없어질 거예요.

Q: 살 집이 없어지면 무엇이 걱정되나요?

A: 길거리로 나앉겠죠. 결국 노숙자 신세가 될 거예요.

…

조언

▶ 연구 결과들을 놓고 볼 때 인터뷰 중단 시점에 이미 12단계 이상을 써내려갔다면, 당신은 크게 걱정하지 않아도 될 일에 과민하게 반응하는 사람일 수 있다. 실제로는 일어나지도 않을 끔찍한 결과를 상상하는 걱정꾼일 수 있다.

▶ 걱정을 하면서 강렬한 불안이나 스트레스를 경험하는 일이 잦다면, 이 인터뷰를 친구나 가족과 함께 해보는 것도 좋다. 그래야 당신이 괴로워지기 시작할 때 그들이 인터뷰를 멈추고 당신을 돕거나 조언을 줄 수 있다.

▶ 생각만 해도 고통스러운 심각한 고민거리는 채택하지 않는다. 대신 '내가 자유의 여신상이 된다면?' 같은 가상의 걱정을 고르자. 걱정이 실제든 아니든 절차상으론 아무런 문제가 없다.

▶ 인터뷰의 여파로 마음이 불안해지거나 괴로워졌다면, 6장의 걱정 완화 워크숍 6과 10장의 걱정 완화 워크숍 16을 활용해 기분을 끌어올리고 스트레스를 가라앉혀보자.

이 장을 마치며

이번 장에서는 파국적 걱정을 유발하는 여러 요인에 대해 살펴보았다. 걱정 유발 요인이 무엇인지 다시 확인하고 싶다면 장 중간에 요약된 '걱정의 속성'들을 참고하길 바란다.

사소한 문제를 크게 부풀려 끔찍한 일로 만드는 것은 병적인 걱정의 매우 흔한 형태로, 이로 인해 걱정꾼들은 걱정을 통제 불가능한 것으로 여기게 된다. 그렇게 걱정이 꼬리에 꼬리를 물수록 걱정꾼들은 더 많은 스트레스에 짓눌리게 된다.

CHAPTER 2

걱정은 선천적인 걸까?

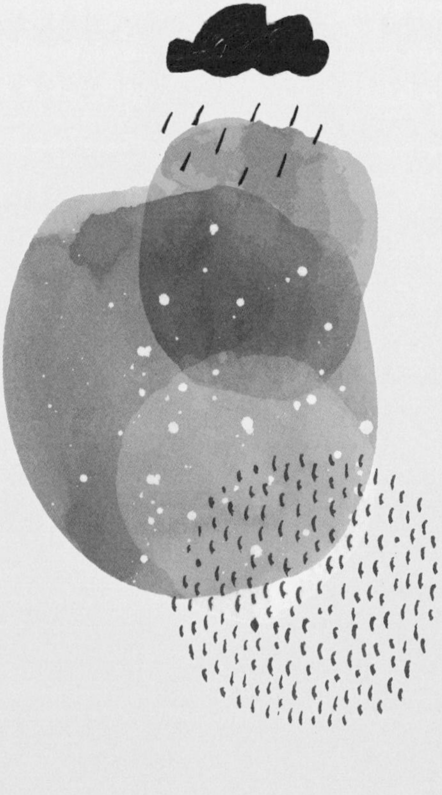

이 장의 로드맵

삶의 에너지를 좀먹는 걱정은 어디에서 비롯되는 것일까? 왜 어떤 사람은 평생 근심 걱정에 시달릴까? 이번 장에서는 "나는 타고나길 걱정이 많은 사람이야"라는 걱정꾼들의 흔한 주장이 정말로 타당한지 자세히 살펴보겠다.

어린 시절 겪은 부정적인 일들이 어떻게 성인이 되어 과도한 걱정을 촉발시키는지 살펴보고, 걱정을 부추기는 뇌 기능과 인지력에 대해서도 살펴볼 것이다. 마지막으로 자녀를 자신감 있고 걱정에 얽매이지 않는 어른으로 키워줄 걱정 완화 워크숍으로 이번 장을 마무리한다.

"나를 잘 알잖아요, 나는 타고나기를 걱정이 많은 사람이에요."

만성적인 걱정꾼들이 가장 즐겨 하는 말이다. 어쩌면 당신도 이런 말을 입에 올린 적이 있을 것이다. 그렇다면 걱정은 정말로 타고나는 것일까?

엄마 배 속에서부터 "어떡하지, 어떡하지……?" 하면서 미간을 잔뜩 찌푸린 채 자궁을 빠져나오는 신생아들이 정말로 존재한단 말인가? 설령 그런 일이 있을지도 모르지만 그렇다고 해도 당신이 걱정을 하기 위해 태어난 존재는 아닐 것이다.

이번 장에서도 살펴보겠지만 과도한 걱정을 유발하는 단일 유전자는 존재하지 않는다. 또 걱정에 관한 유전학 연구에 따르더라도 걱정을 유발하는 유전적 소인은 기껏해야 미미한 수준이다. 지금까지 밝혀진 연구에 따르면 만성적인 걱정은 선천적 특성이 아닌 것으로 드러나고 있다. 오히려 우리가 어린 시절 경험했던 사건이나 어려움이 지나친 걱정의 원인으로 밝혀지고 있다. 양육자와 애착 형성이 어려웠던 경험들, 세상은 위험천만한 곳이어서 늘 철저히 대비하고 있어야 한다고 믿게 만드는 부모의 양육 스타일 등이 자녀의 지나친 걱정을 불러일으켰다.

확실하게 말할 수 있는 사실은 만성적인 걱정꾼들은 자신이 언제부터 걱정이 많아졌는지 잘 기억하지 못한다는 것이다. 그들이 기억하는 한 자신은 늘 걱정이 많은 사람이었다. 하지만 많은 연구를 통해 인생에서 겪은 몇몇 사건과 발달 과정이 만성적이고 파국적인 걱정을 유발한다는 사실이 밝혀졌다. 또 만성적인 걱정은 대부분 유전자가 결정하는 것이 아닌, 전 일생을 통해 습득된다는 사실도 드러났다. 먼저 이에 대한 유전학적 증거를 살펴보겠다.

걱정은 유전되지 않는다

심리적 특성이 유전의 영역인지 학습의 영역인지 판별하기란 결코 쉽지 않다. 유전적 요인이 학습에 영향을 미칠 수 있고, 경험적 요인이 물려받은 유전자의 발현에 영향을 미칠 수 있기 때문이다. 이러한 요인들 간의 복잡한 상호작용으로 인해 심리적 특성이 전적으로 선천적 요인 때문이라거나 후천적 요인 때문이라고 딱

잘라 말하기가 어렵다.

유전율(전체 변이 중에서 유전 변이가 나타나는 비율-옮긴이)은 백분율로 표시될 때가 많다. 그렇다면 걱정하는 형질이 유전될 확률 50퍼센트라는 말은 어떤 뜻일까? 걱정 수준에서 변이(개체별 차이-옮긴이)를 만들 수 있는 가능성, 즉 걱정 수준의 변이성(variability) 가운데 50퍼센트가 유전적 요인에서 기인한다는 의미다.

이는 다소 어려운 개념이기 때문에 예를 들어 설명하겠다. 모든 인간이 유전적으로 동일하다고 가정해보자. 다시 말해 모든 사람이 동일한 유전자 세트에서 복제돼 나온 그런 세상에 우리가 살고 있다고 가정해보자. 그랬는데도 이 멋진 신세계에 사는 개개인이 걱정하는 정도에서 큰 차이를 보인다면 어떻겠는가? 모든 사람이 동일한 유전자를 가지고 있다는 전제를 감안한다면, 걱정 수준에서 차이를 보이는 것은 전부 환경적 요인 때문일 것이다. 이 경우 걱정하기라는 심리적 형질의 유전력은 0이며, 따라서 걱정 수준의 변이성은 우리가 경험하는 환경적 요인에서 기인하게 된다.

이제 조금 다른 방식으로 유전율에 대해 질문해보자. 걱정 수준은 개인마다 다른데, 그렇다면 이 변이성 가운데 몇 퍼센트가 대물림된 유전자의 차이에서 기인하는 것일까?

아직까지 걱정 형질의 유전율을 오랜 기간 동안 구체적으로 조사한 연구는 없으나, 일반적 불안의 유전율과 병리적이고 재앙적인 걱정을 주된 특징으로 하는 범불안장애의 유전율을 조사한 연구는 많다.

다양한 방법론을 통해 밝혀진 불안과 범불안장애의 유전력은 26퍼센트에서 31퍼센트 사이다.[16] 이는 불안 수준의 변이성 가운데 약 30퍼센트가 유전적 요인에서 기인한다는 의미인 동시에, 나머지 대부분의 변이성(70퍼센트)은 환경 및 경험 차이 같은 유전 외 요인에 의해 결정된다는 의미이기도 하다.

불안 수준의 변이성 일부가 유전적 요인에서 기인한다면, 과연 무엇이 유전되는 것일까? '전장 유전체 연관 분석(GWAS, 인간 게놈 프로젝트)'은 다양한 사람들의 게놈(유전체)을 스캔하여 개별 특성들의 존재를 예견하는 유전자를 찾아내는 방법으로, 이 연구를 통해 불안 관련 문제들의 근거가 되는 몇 개 유전자들을 파악해냈다. 그러나 이 유전자들은 매우 일반적인 취약성과 관련이 있는 것으로 드러났다. 가령 일반적인 불안장애 경향성(범불안장애와 같은 특정 불안장애가 아닌)이나 우울(불안과 함께 올 때가 많음), 신경증(불안, 분노, 짜증, 불안정한 정서, 우울 등 일반적으로 부정적 정서를 잘 느끼는 성향)처럼 말이다.[17] 그리고 걱정이 불안이나 일반적인 취약성을 일으키는 별도의 특성으로 언급된 경우는 없었다.

가령 부모 중 한 명이 범불안장애 진단을 받을 경우, 자녀가 불안 문제로 진단을 받을 확률이 조금 더 높아지는 것은 사실이다. 그러나 여러 불안장애들 중 하나를 진단받을지언정 반드시 부모와 똑같은 범불안장애를 진단받는 것은 아니다.

병리적인 걱정과 명확한 연관성을 보이는 유전자는 아직까지 발견되지 않았다. 불안의 경우에도 불안 특성의 변이성 대부분은 발달과정에서의 경험, 개인의 트라우마, 적대적인 사회경제적 조건 등이 반영된 환경적 요인 때문인 것으로 드러나고 있다.

결론적으로 이야기하면 '타고난 걱정꾼'이란 믿음을 뒷받침해 주는 과학적 근거는 존재하지 않는다. 이것이 꼭 나쁜 소식이기만 한 것은 아니다. 파국적 걱정이 유전되는 특성이 아니라 일생을 통해 습득되고 학습된 특성이란 사실을 증명할 수 있다면, 또 다른 학습으로 얼마든지 소거할 수 있기 때문이다. 따라서 파국적 걱정에 시달리는 사람들은 적극적으로 습관을 개선하고, 적절한 심리처방을 받는다면 고통을 덜 수 있을 것이다.

걱정의 속성 1. 현재까지 파국적이고 병리적인 걱정의 유전력을 오랜 기간 조사한 심도 있는 유전학 연구는 아직 없다.

걱정의 속성 2. 그러나 범불안장애(병리적인 걱정을 특징으로 하는 질환, 4장 참조)와 같은 불안과 유사한 특성 및 상태의 유전력은 일관되게 약 30퍼센트였다.

걱정의 속성 3. 불안 관련 특성의 유전력 연구에 따르면, 불안 수준에서 차이를 보이는 이유는 대개 유전적 요인보다는 환경적 요인(경험)

때문인 것으로 드러나고 있다.

어린 시절 잉태되는 걱정꾼의 씨앗

걱정이 유전이 아니라면 대체 어떤 경험들이 사람을 걱정꾼으로 만드는 것일까?

존 볼비는 아동기 발달에 대한 관심과 애착이론에 관한 기념비적 연구로 유명해진 영국의 심리학자다. 그는 아동기의 불안이 부모가 필요할 때 함께 있어주지 못할 거라는 아이의 염려에서 비롯된다고 확신했다.

그 역시도 어린 나이에 부모의 부재와 무시를 허다하게 경험했다. 1907년에 태어난 볼비는 어린 시절 하루에 한 시간밖에 어머니를 볼 수 없었다(자식에게 부모가 너무 많은 사랑을 쏟으면 아이가 버릇없어진다는 것이 당시 영국 상류층들의 통념이었다). 1914년, 그의 아버지는 1차 세계대전에 참전하기 위해 집을 떠났고 1년에 한두 번 집에 돌아와 잠깐씩 머물다 가는 것이 고작이었다.

볼비가 사랑했던 유모 미니도 그가 네 살 때 그의 곁을 떠났는데, 후에 볼비는 이 일을 두고 "어머니를 잃어버린 듯한 비극적 사건"이었다고 기술했다. 그는 그 일이 있고 일곱 살이 되던 해에 기숙학교에 입학하게 되었는데, 후에 자신의 저서 『분리: 불안과 분

노(Separation: Anxiety and Anger)』에서 이 기간을 '끔찍한 시간'으로 묘사했다.[18] 훗날 "나는 일곱 살짜리 아이를 기숙학교에 보내는 일 따위는 하지 않을 것이다. 그것이 설령 강아지여도 말이다"라고 주장할 정도였다. 어린 시절의 혹독한 경험으로 인해 그는 애착과 감정에 지대한 관심을 가지게 되었고, 애정 결핍이 불안과 걱정에 미치는 영향에 대해 연구하기 시작했다.

삶을 위태롭게 만드는 걱정의 원인은 크게 세 가지다. 애착과 연관된 양육 스타일, 부정적인 인생 사건, 그리고 뇌 기능의 손상이다. 아이들은 태어나서 자기가 속한 세상에 어떻게든 빠르게 적응하도록 프로그래밍이 되어 있다. 그렇다면 어린 존 볼비 같은 꼬마들은 애정에 일관성이 없거나 부모가 함께 있어주지 못하는 양육 환경으로부터 어떤 메시지를 받게 될까? 아마도 대개는 "무슨 일이 일어날지 모르니 미리 대비하고 있어야 해!(나쁜 일이 일어날 것을 예상하고 걱정하고 있어야 해!)"일 것이다.

유년기의 애착 문제가 성인의 걱정을 유발한다

인간은 사회적 동물이다. 우리 모두는 자신에게 중요한 타인들에게 애착의 감정을 품는다. 중요한 타인으로는 형제자매, 친구 또는 배우자(연인)가 있지만, 어려서부터 우리를 돌봐주고 키워줬던 부모야말로 인생에서 가장 중요한 타인이라 할 수 있다.

일관성 없는 양육 방식은 불안정 애착과 회피 애착을 낳는다. 불안정, 회피 애착 유형의 아이들은 부모에게 거부당하는 일이 잦고, 거부적인 부모와 불안정한 관계를 맺었던 경험 때문에 타인과의 관계에서도 회피적 태도를 보인다. 이렇게 애착이 불안정한 상태로 자라난 성인은 애착에 손상을 줄 수 있는 위협 단서에 과도하게 경계하고, 타인을 잘 믿지 못하는 경향이 있다. 변덕스러운 양육 환경에서 성장한 아이들은 감정을 조절하는 능력이 떨어지고 자존감이 낮으며 세상의 위협과 불확실성을 스스로 잘 감당하지 못할 거라고 굳게 믿는다.[19]

다음의 애착 불안에서 나타나는 다섯 가지 요인, ① 불안정 애착과 회피 애착의 행동 특성, ② 세상의 위협과 도전을 감당할 수 있다는 자기 확신의 부족, ③ 고통을 인내하는 힘의 부족, ④ 위험 단서에 대한 과경계와 주의 쏠림 현상(편향), ⑤ 불확실성을 잘 참지 못하는 태도는 걱정이 지나쳐 파국적 결론으로 치닫는 사람들(어떤 상황에서든 최악의 상황까지 걱정하는 사람)에게서도 발견된다.

애착 유형 ——

이 책에서 애착은 크게 네 가지 형태를 말한다.

불안정 애착 아이가 부모, 친구 또는 배우자나 연인과의 관계에서 불안을 느끼는 애착 유형. 때로는 부정적이고 가혹한 부모의 태도, 일관성 없는 양육에서 생겨날 수 있다.

회피 애착 부모가 아이들의 필요에 민감하게 반응하지 못할 때 형성되는 애착 유형. 회피형 아이들은 타인과 정서적 교류가 어려워서 신체적으로나 정서적으로나 독립적인 성향을 띤다.

역할 역전 부모와 자녀의 관계가 역전되어 자녀가 부모를 돌보게 되는 애착 유형.

밀착 부모의 존재 의미가 자녀의 행복과 불행, 자녀의 성공과 실패로 결정되는 애착 유형.

이는 우연의 일치일까? 일관성 없는 양육과 아이의 만성적인 걱정 사이에 상관관계가 있음을 과학적으로 밝혀낼 수 있는 것일까?

두 요인 간의 관련성을 규명해낸 연구들은 꽤 많다. 불안정 및 회피 애착이 높은 수준의 걱정과 관련성을 가질 뿐만 아니라, 불확실성을 잘 견디지 못하는 태도와도 꽤 많은 연관성을 가진다는 사실이 최근 연구들에서 드러났다(이 점에 관해서는 7장에서 더 자세히 살펴볼 것이다). '불확실성에 대한 인내력 부족'이란 말은 간단히 말해 확실하지 않은 것에 대한 심리적 거부감을 뜻하는데 이는 만성적이고 파국적인 걱정을 일으키는 중요한 원인이 된다. 걱정하는 사람이 불확실한 요소를 제거하기 위해 걱정을 되풀이할 경우에 말이다.[20]

이러한 견해는 호주 뉴잉글랜드 대학의 개빈 클라크 교수팀이 성인 290명을 대상으로 실시한 연구를 통해 더 많은 지지를 받게 되었다.[21] 이 연구를 통해 애착 문제가 불확실성을 견디는 인내심 부족과 성인의 만성적인 걱정을 이끌어내는 데 영향을 미치며, 일관성 없는 양육 스타일로 자란 성인이 부적응적인 걱정을 불러오는 연결고리가 될 수 있음이 드러났다.

일관성 없는 양육은 어린 시절의 불안과 성인기의 걱정 습관을 형성하는 데 지대한 영향을 끼친다. 부모가 아이 곁을 지키지 않는 양육 외에도 성인기의 지나친 걱정을 일으키는 또 다른 양육 요인

이 있다. 간섭이 심한 양육, 가혹하고 통제적인 양육이 그것이다.[22]

부정적이고 통제적인 양육을 받았고, 집안의 엄격한 규칙과 부모의 높은 기대 속에서 성장한 아이들의 경우, 병적으로 걱정하거나 범불안장애 진단을 받을 가능성이 높았다.[23] 이런 양육 환경에서 자란 아이들은 어른이 되어서도 세상의 도전과 위협을 다룰 능력뿐 아니라 부정적인 사건이 일으키는 감정 반응을 조절할 힘이 자신에게 없다고 믿게 된다. 또 지나치게 통제적인 양육이나 과보호는 아동의 정서 발달을 저해하고, 감정 조절의 어려움과 그로 인한 불안을 불러올 수 있다.[24] 이것들은 성인기에 과도한 걱정을 부추기는 요인이 되기도 한다.

성인기의 걱정 습관으로 이어지는 또 다른 양육 경험은 바로 '역할 역전'과 '밀착'이다.[25] 역할 역전은 부모와 자녀 관계에서 아이가 어른의 자리에 가 있는 경우를 말한다('부모화'로 통칭하기도 한다). 아이가 부모 대신 아픈 가족 구성원을 돌보거나 생활비를 감당하거나 어린 형제나 자매의 부모 역할을 하는 일 등이 역할 역전에 해당된다.

반면 밀착은 자녀의 행복이나 아픔, 성공이나 실패에 의해 부모의 인생과 가치가 결정되는 양육 스타일이다. 자녀는 부모가 살아가는 유일한 이유이자 목표가 된다. 양육 환경에서 역할 역전과 밀착을 경험한 아이들의 경우 모두 타인의 감정에 책임을 지려는 경향이 강했고, 성인이 됐을 때 대인관계에서 문제를 겪었으며, 타인의 신체적 · 정서적 욕구를 저해할 수 있는 위협과 도전에 완벽하게 준비돼 있어야 한다고 느끼곤 했다. 아이에겐 꽤나 짐스러운 걱정거리가 아닐 수 없다.

부모 노릇은 정말이지 극한 직업이니만큼 부모 탓은 이쯤에서 접어두자. 극단적이거나 일관성이 없는 양육은, 실은 부모들로서도 어쩔 수 없는 상황들에서 비롯되었을 가능성이 높다. 가난이나 전쟁, 육체적 질병, 부모가 앓았던 크고 작은 정신질환 등은 양육을 어렵게 하거나 불가능하게 만드는 요인이었을 것이다.

앞서 유년기의 불안정한 애착이 성인이 된 후 만성적인 걱정을 유발하는 요인 중 하나라고 이야기했지만, 어쩌면 불안정한 애착을 만드는 상황적 · 시대적 조건들이 성인이 되고 난 뒤의 불안과 걱정에 더 직접적인 영향을 미치는지도 모른다(우리는 가난이나 전쟁, 기아, 질병 등이 성인의 삶에 미치는 영향력을 과소평가해서는 안 된다). 불안과 걱정에 불을 지피는 위협과 도전이 환경적 요인들 안에 가득한 경우라면 말이다. 부정적인 인생 사건이 끼치는 영향에 대해서는 뒤에서 더 자세히 다루겠다.

영원히 복구할 수 없는 손상이란 없다. 만약 당신이 이러한 발달 과정을 거친 걱정꾼이라 생각한다면, 이 책에서 소개하는 걱정 완화 워크숍을 실천하길 바란다. 병적이고 고통스러운 걱정을 보다 실용적인 문제 해결 접근법으로 탈바꿈시켜줄 것이다.

걱정의 속성 4. 불안정 및 회피 애착은 높은 불안과 관련이 있으며, 대개 일관성 없는 양육과 방임이 그 원인인 것으로 밝혀졌다.

걱정의 속성 5. 성인의 불확실성을 견디는 인내력 부족과 그로 인한 만성적인 걱정의 원인으로 유년기의 애착 문제를 꼽을 수 있다.

과보호하는 부모 밑에서 아이는 걱정꾼으로 자란다

자녀를 양육할 때 부모는 자녀에게 해주고 싶은 게 많아도 여건

상 그렇게 못할 때가 많다. 그로 인해 자녀들의 정신건강에 문제가 생기기도 한다. 반대로 지나치게 성실하고 지나치게 통제하는 부모도 있다. 이 부모들은 자녀를 과보호하며 키우는데, 이런 양육 방식에 노출된 자녀는 불안하고 걱정 많은 아이가 되거나, 자라서 초조하고 걱정 많은 성인이 되는 경우가 많았다.

삶의 수준이 높아지면서 많은 부모들이 자녀의 일상을 세세하게 관리할 수 있는 경제적, 사회적 자본을 갖추게 되었다. 부모는 자녀에게 방과 후 활동을 제공하고, 교우관계를 모니터하며, 식사와 간식을 통제하고, 바깥세상에서 발생할 수 있는 모든 위험들에 맞서 기술적으로 빈틈없이 보호한다. 오늘날 부모들은 아이의 핸드폰에 위치 추적 장치가 제대로 켜져 있는지 확인하며, cctv를 달거나 드론을 띄워 자녀가 학교에 잘 가고 있는지를 극성스럽게 체크하기도 한다.[26]

이렇게 자녀의 일거수일투족을 관리하는 부모를 '헬리콥터 부모'라고 하는데, 이런 양육 방식은 오늘날 흔한 현상이 되어가고 있다. 헬리콥터 부모는 인터넷에서 '더 나은 양육'에 관한 정보를 줄기차게 검색하고, 갖은 기술을 동원하여 자녀의 동태를 살피며, 자녀의 학업 상황을 꼼꼼히 챙긴다. 한편 '제설기 부모'는 헬리콥터 부모에서 한발 더 나아가 자녀들보다 먼저 미래를 내다보고, 자녀가 인생을 살아가면서 맞닥뜨릴 수 있는 각종 장애물을 몸소 제거해주는 부모를 일컫는다.

부모의 이런 행동들이 걱정과 어떤 관계가 있는 걸까? 아이들의 불안과 걱정을 부추길 수 있는 육아 방식 중 하나가 바로 과보호다. 아이를 지나치게 염려하거나 과보호하는 육아는 아이의 자신감을 떨어뜨리고 아이에게 불만족스러운 느낌을 주기 때문이다.

호주 맥쿼리 대학의 심리학자 론 라피 연구팀은 어머니와 자녀가 함께 퍼즐 맞추기 과제를 수행하는 실험을 진행했다. 그러자 자녀를 과보호하거나 심리적으로 불안정한 어머니들은 아이의 스트레스를 덜어주려고 아이들에게 지나치게 참견하고 간섭하는 경향을 보였다. 이러한 어머니의 과도한 개입은 아이들의 위협에 대한 인식을 증가시키고 스스로 위협을 통제하는 능력을 약화시키며 위협을 더 기피하게 만듦으로써 아이들을 불안에 더 취약하게 만들었다.[27] 자식을 위한다고 했던 일이 자식에게 원망을 살 일이 되고 만 것이다.

걱정의 속성 6. 과보호에 길들여진 자녀들은 불안과 걱정에 훨씬 더 취약한 것으로 나타났다. 부모의 과보호가 아이에게 위협에 대한 인식을 증가시키고, 위협을 의식적으로 통제하는 힘을 약화시키며, 위협을 기피하는 경향을 증가시키기 때문이다.

자녀에게 걱정이 대물림되는 이유

론 라피는 아이를 과보호하는 부모들이 무심결에 자녀의 불안과 걱정, 회피하는 행동을 지지하거나 보상해주는 경향이 있다고 주장했다. 가령 아이가 겁을 내며 친구들 모임이나 학교에 가지 않으려 할 때 그냥 집에 있게 한다거나, 아이가 칭얼거릴 때 무작정 받아준다거나, 아이가 개를 무서워할 때 개가 없는 곳으로 빨리 달아나는 등의 행동이 그렇다.

이럴 경우 아이들은 부모로부터 위안을 끌어내거나, 자신이 두려워하는 상황을 피하기 위해 계속해서 불안해한다. 부모의 행동이 아이의 불안을 조장하는 것이다. 만약 당신이 아이를 과보호하는 부모라고 생각된다면, 이 장 마지막에 실린 걱정 완화 워크숍이 도움이 될 것이다.

수십 년의 연구를 통해 우리가 알아낸 사실은 불안이 가족 안에서 대물림되며, 불안 문제를 가진 아이의 부모 중 80퍼센트 이상이 상당한 수준의 불안을 보인다는 것이다.[28] 하지만 생물학적 유전이 불안과 걱정 수준의 차이에 압도적인 영향을 끼치는 게 아니라는 점을 고려하면, 가족 내에서 어떤 식으로든 불안과 걱정이 '전염될 수 있음'을 보여준다.

아동심리학을 연구하는 피터 뮤리스 교수는 한 연구에서 어머니들에게 얼마나 자주 자신의 걱정거리를 자녀 앞에서 이야기했

는지 조사했다. 그 결과 자녀에게 늘 자신의 걱정을 늘어놓는다고 응답한 어머니들의 자녀는 두려움 섞인 걱정을 가장 많이 보이는 것으로 나타났다.

매년 약 1억 3,000만 명의 아이들이 지구촌에 태어난다. 하지만 아이의 부모가 될 사람들은 육아 경험이 일천할 뿐만 아니라, 자기 아이의 정신건강을 지키는 방법에 관해서도 무지한 편이다. 미디어와 인터넷에서 양육 정보가 쏟아지지만 혼란을 가중시킬 뿐이어서 과보호 성향의 부모들은 아이들에게 위험을 다루는 법을 가르쳐주기보다 아이들을 바깥세상의 나쁜 것들로부터 직접 지켜주려고 한다. 그게 더 확실하고 안전한 방법이라고 여기기 때문이다.

이런 식으로 길러진 아이들은 문제 해결 능력이 서툴고 상황에 대한 대처 능력이 떨어져 자신감이 저하된다. 그리고 자녀가 걱정꾼으로 자라나는 원인이 된다.

어린 시절 겪은 불운한 사건이 가져오는 강박

걱정꾼이 되는 데 영향을 미치는 또 다른 중대한 요인으로 부정적인 인생 사건이 있다. 범불안장애 환자들 중에는 과거에 혹독한 일을 겪은 예가 많다. 그들이 경험한 인생 사건이 부정적일수록 걱정 증상의 정도도 심각했으며, 부정적인 인생 사건이 일어난 직후 통제 불가능한 걱정이 더 치솟는 것으로 나타났다.[29] 짐의 사례를 통해 이런 현상을 자세히 살펴보자.

짐은 54세의 남성으로 불안과 우울을 호소하며 병원을 찾았다. 그는 가족 관계나 집, 건강 문제 등 머릿속 걱정을 좀처럼 떨쳐내지 못했다. 자신을 '원래부터 걱정이 많았던 사람'이라고 믿었던 그에게 최근 불운한 사건이 잇따르면서 벼랑 끝에 몰린 신세가 되었다. 시니어 회계사로 일하면서 늘 과중한 업무에 시달렸던 그는 척추 질환으로 직장을 그만두며 사실상 은퇴했다. 설상가상으로 아내마저도 그의 곁을 떠나고, 10대인 딸은 학업에서 손을 뗀 상태였다.

그는 인생의 중요한 결정 앞에서 갈팡질팡했고, 혹시라도 일어날지 모를 일들에 대해 걱정하기 시작했다. 거동이 편한 단독주택으로 이사를 가는 게 맞는지, 아내와의 관계는 어떻게 회복해야 하는지, 은퇴 후에는 뭘 하며 시간을 보내야 하는지, 딸을 다시 공부시키려면 어떻게 해야 하는지 근심 걱정이 이만저만이 아니었다. 이렇게 걱정하다 그대로 미쳐버리거나 중병이 들거나 심각한 우울에 빠지면 어쩌나 두려워했다.[30]

짐은 학업 성적이 좋을 때만 자식을 칭찬했던 무뚝뚝한 아버지와, 늘 큰일이 날 것처럼 불안해했던 어머니 밑에서 유년기와 청소년기를 보냈다. 그는 자신이 사랑받을 수 없는 존재이고, 사람들은 자신에게 비판적이며, 세상은 위험한 곳이라는 신념을 키우며 자라났다. 그리고 성인이 되었을 때 범불안장애 환자로 진단받게 되었다.

얼마나 딱한 인생인가. 심리적으로 불안했던 어머니는 세상에는 온갖 위험들이 도사리고 있다며 아들에게 겁을 주곤 했다. 또 아버지의 냉담한 태도는 자신이 사랑받을 가치가 없으며, 세상은 비판적인 사람들로 가득하다는 믿음을 짐에게 심어주었다. 어른이 되고서는 불운하고 고통스러운 사건들이 그를 찾아와 삽시간에 그의 삶을 폐허로 만들었다. 자신이 부족한 사람이라는 생각 때문에 짐은 자신의 문제에 잘 대처하지 못하고 합당한 해결책도 생각해낼 수 없었다.

이런 짐의 상황에서 걱정에 몰두하는 일은 필요한 활동일 수 있으나, 그것은 한번 시작되면 통제하기도 어렵거니와 생산적이지도 않다. 부정적이고 고통스러운 인생 사건은 이 세상을 '예측이 어려운 위험지대'로 바라보게 하며, 그로부터 걱정거리와 침습적인 강박사고가 생겨나고 강화된다.

보통 세상에 대한 이런 우울한 관점은 얼마간 지속되다가 인생이 꽃피면 자취를 감춘다. 하지만 과거에 심신의 학대나 방임 같은 부정적 인생 사건을 지속적으로 경험했던 만성적 걱정 환자들은 세상은 위험하고 위협적이며 예측이 어려운 곳이어서 결코 경계심을 늦춰서는 안 된다는 생각을 일평생 품고 산다.

걱정의 속성 7. 어린 시절 부정적 일을 많이 겪을수록 만성적인 걱정 습관으로 이어질 수 있다. 유년기에 겪은 부정적이고 고통스러운 인생 사건들은 사고방식을 바꿔놓고, 세상을 예측할 수 없는 위험한 곳으로 바라보게 만든다. 걱정과 침습적인 강박사고는 바로 이런 경험에서 생겨난다.

걱정에 빠질 때 뇌에서 일어나는 일

걱정은 사고가 바탕이 되는 인지 활동이기 때문에 걱정을 제대로 알고 싶다면 먼저 뇌를 알아야 한다. 뇌과학자들은 수십억 원이 넘는 고급 장비를 동원해 뇌의 작동 기제를 연구한다. 그렇다면 이런 장비를 통해 원하는 결과를 쉽게 찾을 수 있을까? 아마 그렇지는 않을 것이다. 연구비를 많이 들인 연구가 늘 가장 좋은 답을 제시해주는 것은 아니다. 걱정과 같은 심리 현상은 뇌의 신경 회로들을 일일이 분석하기보다 오히려 인지나 신념과 관련된 활동을 할 때 뇌의 변화를 측정하는 것이 더 의미 있다.

신경과학에서 몇 가지 증거를 제외하고는 대단스럽게 뭘 밝혀낸 것은 없다. 가령 뇌 스캔 연구를 통해 전전두피질에서 일어나는 활동이 범불안장애 증상과 관련이 있음을 보여준 정도다.[31] 전전두피질은 걱정의 핵심 요소인 계획 수립과 의사 결정 같은 다양하고 복잡한 인지 과정과 관련이 있다.

하지만 이는 그리 놀라운 발견은 못 된다. 전전두피질은 걱정이 발생하는 뇌 부위일 가능성이 높지만, 이러한 연구들은 병적으로 걱정하는 사람들의 걱정이 왜 그토록 극단적이고 고통스러우며 통제가 어려운지를 명확하게 설명해내지 못한다. 다만 병적인 걱정이 왜 이렇게 고통스러운지에 대해 신경과학이 단서를 준 것이 하나 있다면, 범불안장애가 감정 조절 이상과 관련이 있을지 모른다는 것이다. 연구에 따르면 범불안장애를 가진 사람은 감정 조절 능력이 떨어지고[32] 감정 조절의 실패는 위협과 도전에 대한 대처를 어렵게 만들 수 있다.

특히 자폐 스펙트럼 장애 진단을 받은 사람들은 몇 가지 특성들로 인해 병적이고 파국적인 걱정에 더 쉬이 빠져들 수 있다. 대표적으로 상동성(같은 행동을 되풀이하는) 같은 특성이나 정해진 루틴에 대한 선호, 불확실성에 대한 인내력 부족을 초래하는 변화 적응의 어려움 같은 자폐 스펙트럼 장애의 핵심 특성이 고통스러운 병적 걱정의 위험 요인이 될 수 있다는 주장이다.

고기능 자폐 스펙트럼 장애(지적 장애를 동반하지 않는 자폐 스펙트럼)도 불확실성을 잘 견디지 못하게 만드는 뇌의 기능장애와 관련이 있을 수 있다. 이러한 신경학적 기능장애에는 작업 기억 능력 저하(다른 인지 작업을 수행하는 동안 정보를 머릿속에 붙들어두지 못함), 실행 기능장애(계획 수립 및 의사 결정이 어려워짐), 광범위한 정보처리 장애(사건을 맥락 속에 배치하고 '큰 그림'을 파악하는 것이 어려워짐) 등이 있다. 또한 자폐 스펙트럼 장애는 정신적 과정을 '하향식(top-down)'으로 처리하는 문제와도 관련이 있다.(세상을 볼 때 전체보다는 부분에 집착, 즉 정보를 상황보다는 정보 조각들로 받아들이는 경향이 있다.) 따라서 자폐 증상을 보이는 사람들은 정신 활동을 의식적으로 통제하기 어렵고(침습적 사고 등), 생각을 억제하기 어려우며, 그 결과 걱정 같은 정신 활동의 산물인 부정적인 감정을 조절하는 데 애를 먹는 경우가 많다.

따라서 자폐 진단을 받은 사람은 불확실성을 잘 견디지 못하기 때문에 어떤 문제든 모호한 지점이 보이면 그걸 정신적으로 처리하기 위해 온갖 애를 쓰지만, 그들의 시도는 실패로 귀결되기 일

쑤다. 맥락을 살피는 정신 활동을 제대로 컨트롤하지 못하고, (고통을 일으키는) 감정 반응을 조절하는 데 어려움을 겪기 때문이다. 결과적으로 걱정을 해도 성공적으로 처리하지도 못할뿐더러 오히려 괴로움의 원인이 된다. 다행히도 최근 몇 년 사이 자폐 스펙트럼 장애 및 불안 관련 질병에 대한 연구가 활발하게 이뤄지고 있으며, 머지않아 이 질환들의 개선과 호전을 도울 새로운 치료법들이 등장할 것이란 사실은 매우 희망적이다.

물론 걱정을 일으키는 위험 요인이 꼭 자폐 스펙트럼 장애 증상에만 동반되는 것은 아니다. 사고를 통제 및 관리하고 감정 조절 능력을 제한하는 고기능 신경장애는 파국적 걱정을 촉발할 수 있는 위험 요소가 된다. 현재 이에 대한 연구는 미미하지만 앞으로 전 세계에서 진행되는 신경과학 연구를 통해 병리적이고 파국적이며 만성적이고 고통스러운 걱정에 직접적으로 영향을 끼치는 신경계의 문제들이 더 선명하게 밝혀지기를 기대한다.

걱정의 생물학적 원인을 규명하는 작업은 중요해 보인다. 앞서 나는 병적인 걱정의 원인으로 발달적 요인과 경험적 요인을 강조하긴 했으나, 근심 어린 생각을 통제할 수 없고 실패할 수밖에 없으며 괴롭게 만드는 생물학적 요인이 존재할 수도 있기 때문이다. 생물학적 요인이란 것이 꼭 유전을 통해 전해지는 것은 아니다. 환경적 스트레스로 인한 뇌 발달 이상(태내 발달 이상이나 노인의 경우 신경계 기능 저하)에서 오는 경우가 더 많다.[33]

걱정의 속성 8. 뇌과학 연구에 따르면 계획을 수립하거나 의사 결정을 담당하는 전전두피질의 활성화가 범불안장애 및 만성적인 걱정과 관련이 있다.

걱정의 속성 9. 자폐 진단을 받은 사람은 병리적이고 파국적인 걱정에 특히 더 취약하다.

걱정의 속성 10. 고기능 신경장애로 걱정을 제어하고 다스리는 능력이 부족하고 감정 조절 능력이 떨어지는 경우 파국적 걱정을 일으키는 잠재 위험 요인이 될 수 있다.

걱정 없는 아이로 키우는 법

우리는 성인의 만성적인 걱정이 어디에서 유래하는지에 대해 깊이 있게 살펴보았다. 그리고 많은 부분이 부모의 양육 스타일, 그중에서도 특히 과보호와 관련이 있다는 사실을 알게 되었다. 과보호는 아이로 하여금 세상을 위협적인 곳으로 여겨 불안해하고 경계하게 하며 세상의 모든 위험과 위협, 도전으로부터 자녀를 보호함으로써 옳은 일을 하고 있다고 믿는 부모들의 양육 방식이다.

하지만 과보호는 자신감이 부족하고 유용한 대처 전략을 배우지 못하는 아이들을 길러낸다. 부모들이 자녀들로 하여금 삶의 도전에 직접 부딪혀가며 그것들을 다루는 법을 터득할 기회를 주지 않기 때문이다. 스스로의 능력으로 위협과 도전에 맞설 자신이 없는 아이들은 성장하여 결국 초조해하는 걱정꾼이 된다.

그렇다면 부모는 무엇을 할 수 있을까? 많은 불안한 부모들은 '보호하는 양육(좋은 양육)'과 '과보호하는 양육(별로 좋지 않은 양육)'의 경계를 오간 경험이 별로 없기 때문에 정확히 뭘 해야 할지를 알지 못한다.

다음 장의 걱정 완화 워크숍에는 자녀가 자신감 있는 아이로 크는 데 필요한 방법을 담았다. 자녀가 인생의 우여곡절 앞에 주저앉아 걱정만 하지 않고 적극적으로 대처할 수 있도록 안내해주자.

▼

걱정 완화 워크숍 2

걱정에서 자유로운 아이로 키우는 법

서식스 대학에서 나와 함께 공부했던 샘 카트라이트 해턴 교수는 오랜 세월에 걸쳐 자신감 있는 아이로 키워주는 부모교육 프로그램을 개발해왔다. 아이들은 이 프로그램을 통해 부모의 격려 속에서 불안과 걱정을 최소화하는 대처 기술을 익힐 수 있다.

'해턴 교수의 가족상담클리닉(Flourishing Families Clinic)'에서 사용되는 방법 중 몇 가지를 여기 소개한다.[34] 영국 레딩 대학의 임상심리학자 캐시 크레스웰과 루시 윌리츠의 저서 『겁 많고 걱정 많은 자녀를 돕는 법(Helping Your Child with Fears and Worries)』도 참고해볼 만하다.[35] 우리의 자녀를, 걱정에 휘둘리지 않는 독립심 강한 아이로 만들어줄 유용한 팁들이 책 속에 가득하다. 그중 일부를 요약하여 아래와 같이 소개한다.

목적

불안을 잘 느끼는 아이들은 자신감이 부족하고 '나는 뭐든 제대로 하는 게 없다'고 생각하는 경향이 있다. 그렇다면 자신감 있는 아이는 어떤 식으로 생각할까? 이번 워크숍에서는 아이들의 자기 확신과 독립심, 대처할 수 있다는 믿음을 키워줄 수 있는 활동을 안내한다.

효과

위험과 도전을 받아들이고 감당할 자신이 없는 아이들은 자라서 걱정에 시달리는 불안한 성인이 될 수 있다. 아이가 걱정 때문에 노심초사하는 어른이 되는 것을 원치 않는다면 자신감과 문제해결 능력을 길러주는 활동에 아이들을 참여시키는 것이 좋다.

방법

자신감 있는 아이는 자기만의 신념과 생각을 스스로 키워가야 한다. 이것은 주로 다양한 경험을 통해 길러지는 특성이다. 아이에게 이런 경험을 제공하기에 부모만큼 좋은 사람이 없다는 사실을 기억하면서, 아이들에게 제공할 수 있는 활동의 예를 적어놓았다. 이 활동들을 어떻게 가족의 일상에 통합시킬 수 있을지 고민해보자.

1. 자녀가 스스로 어른스럽고 독립적이라고 느낄 수 있도록 매일의 일과나 활동을 해보게 한다. 어린 자녀(6세 또는 7세 정도)라면 방 정리, 식사 때 숟가락 놓기, 식기세척기에 그릇 넣기, 반려동물 돌보기 같은 과제를 줄 수 있다. 더 큰 자녀(11세 이상)라면, 인터넷에서 가족여행 정보를 찾거나 동네 마트에서 장을 보는 등의 일을 맡겨보자. 이런 과정은 아이의 독립심과 자신감을 키워준다.

2. 대처가 필요한 상황에 직접 부딪혀보는 것만큼 중요한 것은 대처할 수 있다는 자기확신을 키우는 일이다. 부모는 다양한 방법으로 이를 도울 수 있다. 우선 칭찬을 해주는 것이다. 자녀가 했던 시도들에 대해 칭찬의 말을 건네고, 부모가 아이에게 맡겼던 과제에 대해 어떤 생각을 하는지 반드시 물어본다. 그렇게 함으로써 아이는 성공적인 결과를 내면화할 수 있게 된다("혼자 옆집에 가서 드라이버를 빌려오다니 아주 장한걸!").

3. 예상치 못한 상황이 닥쳐도 잘 대처할 수 있다는 믿음을 키워주는 두 번째 방법은 자녀가 존중받는다는 느낌을 받게 해주는 것이다. 존중받는다는 느낌은 정신건강에도 이롭지만 특히 아이의 대처력을 키우는 데 도움이 된다. 이때 부모는 유쾌한 목소리와 긍정적인 언어를 사용해야 한다. 자녀가 뭘 하거나 얘기하는 도중에 끼어들지 않음으로써 존중의 본보기가 될 수 있다. 우울한 얘기나 부정적인 감정이 전달되지 않도록 하자.

4. 자녀들은 학업에서든 교우관계에서든 고민거리가 생기게 마련이다. 이때 부모는 아이의 고민을 문제 해결로 전환시킬 수 있다. 자녀가 고민하는 내용이 무엇이든, 걱정했던 일이 실제로 벌어졌을 때 어떻게 대처할지 계획을 세우도록 하자(걱정의 대부분이 실제로는 일어나지 않는다는 사실도 잊지 말자! 5장 참조). 종이에 적어 보는 것도 좋

다. 1장의 실험처럼 부모가 자녀의 걱정을 공유하고 문제 해결 방법을 함께 찾다 보면 아이들은 부모로부터 "걱정 좀 그만해!"라는 말만 들었을 때보다 내가 걱정을 통제할 수 있다는 자신감을 더 많이 느낄 수 있다. 반대로 부모로부터 "걱정 좀 그만해!"라는 말을 듣는다면 아이들은 자신이 걱정하는 문제 속에 홀로 남겨지는 듯한 느낌을 받을 수 있다.

5. 세상 경험이 부족한 아이들은 여러 불확실한 상황들을 맞닥뜨렸을 때 혼란스러워할 수 있다. 아이들의 눈에는 세상이 불확실함으로 가득 찬 곳처럼 보일 것이다. 7장에서 자세히 설명하겠지만, 불확실성에 대한 인내력 부족은 파국적 걱정을 불러올 수 있는 중대한 위험 요인이어서, 자녀가 감당 가능한 불확실성을 견디고 스스로 처리할 수 있도록 지켜보는 일은 매우 중요하다.

6. 아이에게 갑작스럽게 요구하지 않는다. 그렇지 않으면 아이는 나쁜 일은 경고도 없이 불시에 들이닥칠 수 있다는 믿음을 키워갈 것이다. 이미 확립된 루틴에 새로운 요소를 도입함으로써, 아이들이 불확실성에 차차 익숙해질 수 있도록 이끌어주는 것이 좋다(가령 학교에서 집에 올 때 다른 길로 와보게 한다든가, 도시락 가방을 새로 바꿔주는 식으로 말이다). 유쾌한 새로움은 불확실성을 스트레스가 아닌 긍정적인 방식으로 받아들일 수 있게 해준다.

조언

아이가 혼자서도 잘할 수 있게 도와주는 팁들은 다음과 같다.

▶ 아이가 앞으로 경험하게 될 활동에 대해 아이들에게 먼저 충분히 설명해준다. 아이들이 뭘 해야 하는지 직접 시범을 보여줘도 좋다.

▶ 아이들이 성공적으로 마친 활동이 있다면 아이들과 함께 기록해둔다.

▶ 어려운 과제의 경우 실행 단계를 잘게 쪼갠다.

▶ 평정심을 유지하자. 아이가 스트레스를 받고 있어도 부모는 아이에게 초조함을 드러내지 않아야 한다.

▶ 아이가 과제를 수행할 때 성공적으로 끝마친 부분이 있다면 칭찬해준다.

▶ 아이를 과보호하지 않는다. 아이가 과제를 잘 수행하는 중이라면 도중에 끼어들어 아이의 집중력을 깨뜨리지 말아야 한다.

▶ "조심해야지!", "그러다 다치겠다"처럼 아이를 지나치게 싸고도는 말들은 가급적 쓰지 않는다.

이 장을 마치며, 걱정꾼은 후천적으로 만들어진다

지금까지 밝혀진 연구결과에 따르면 걱정꾼들에게 유전은 기여도가 높지 않은 요인으로, 걱정하는 사람들이 입버릇처럼 말하는 '타고난 걱정꾼'이 아닐 가능성이 높다. 그 대신 성인기에 병적인 걱정을 일으키는 중요한 원인으로 발달 요인과 경험 요인이 있다.

이번 장에서 우리는 불안정 애착과 회피 애착 문제, 방임, 일관성 없는 돌봄, 과보호 같은 양육이 미치는 영향에 대해 확인해보았다. 살면서 부정적인 사건을 경험하는 것 역시 만성적인 걱정을 일으키는 요인이었다. 불운한 사건을 겪은 후, 아니면 신체적 · 정신적 학대를 받거나 부모가 오랜 시간 방임하는 등 부정적인 삶의 이력이 있는 경우 병적인 걱정에 더 취약했다.

현재까지 밝혀진 신경과학 연구에서 병적이고 파국적인 걱정의 기원을 지지해줄 유전적 · 생리학적 증거들은 찾기 어렵다. 다만 생각을 효과적으로 제어하고 관리하는 능력, 감정을 조절하는 능력, 그리고 효과적인 계획을 수립하고 의사를 결정하는 능력에 영향을 미치는 뇌 기능의 손상이 만성적이고 부적응적인 걱정 습관의 원인이 될 수 있다.

CHAPTER 3

나는 왜 세상 걱정에 잠 못 드는가

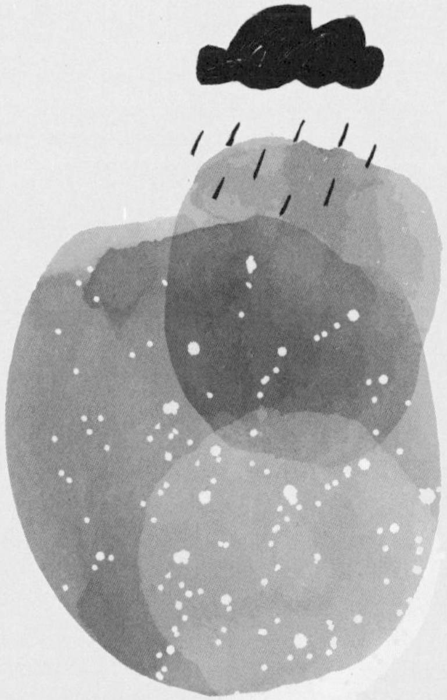

이 장의 로드맵

만성적인 걱정꾼들은 걱정 없는 사람들에 비해 그 무엇이든 더 오래, 더 많이 걱정한다. 이번 장에서는 걱정꾼들의 꾸준한 걱정거리인 건강과 재정, 일, 인간관계 같은 주제들에 대해 살펴본다. 또 짧은 시간 동안 우리 일상에 자리잡은 잡다한 골칫거리를 파국화하는 과정에 대해서도 살펴볼 것이다. 마지막으로 인터넷과 소셜미디어, 24시간 뉴스 소비 등 초연결 기술이 가져온 현시대의 걱정거리들에 대해 논의할 것이다. 이번 걱정 완화 워크숍에서는 WDQ 질문지를 통해 걱정 수준을 측정해볼 수 있다. 또 매일같이 쏟아지는 부정적인 뉴스와 그것이 양산하는 걱정거리들에 압도당할 때 도움이 될 만한 뉴스 소비 관리법도 소개한다.

물이 새는 보일러, 핵전쟁, 주차 문제의 공통점은 무엇일까?

그렇다. 언제 누군가가 한 번쯤 해봤을 걱정이다. 할리우드 배우 제니퍼 로런스는 자신의 개인 정보가 대중들에게 새어나갈까 걱정이고, 어맨다 사이프리드는 반려견이 창밖으로 뛰쳐나갈까봐 걱정이며, 가수 아델은 공연 전에 헛구역질을 할 정도로 무대에 오르는 것이 걱정이다.

나는 우리 집 누수 문제로 걱정이다. 보일러 누수를 걱정하느라 뜬눈으로 밤을 지새우는 일만큼 고역스러운 일은 없다(영국은 대부분 보일러로 물을 데워 난방하는 시스템이다). 하지만 새벽녘의 고요한 어둠 속에서 누수만 걱정하는 것만으로는 성에 차지 않는다. 나의 '~하면 어떡하지?' 뇌는 이 걱정을 파국으로 몰고 가 내 서재의 천장과 책을 적시고, 누전을 일으켜 컴퓨터와 그 안에 저장된 소중한 논문 자료들을 망가뜨려놓는다. 오, 세상에. 보일러 누수가 이런 대참사를 불러올 줄이야! 그런데 잠깐 생각해보면 주위에서 누수 때문에 집이 엉망이 됐다는 얘기를 들어본 적이 없는데도 나는 그런 일이 벌어질지 모른다는 걱정을 멈출 수가 없다.

실제로 보일러 배관에서 물이 흘러넘치는 일은 드물고, 혹여 물이 새더라도 보통은 조짐을 금세 알아차리고 배관공을 불러 물바다가 되기 전에 누수를 해결한다. 하지만 새벽 3시까지 나의 걱정하는 두뇌가 '~하면 어떡하지?' 시나리오를 쏟아내기 시작하면 현실이 제공해주는 통계적 정보는 맥을 못 추고 무너진다.

과거 경험들이 건네주는 조언을 감사히 받을 줄 모르는 우리의 배은망덕은 문득 H씨(남성)를 떠오르게 한다. 그는 30년이 넘는 세월 동안 하루도 빠짐없이 핵폭발로 인한 인류의 멸망을 걱정했던 사람이다. 그는 뉴스나 신문 기사 제목을 볼 때마다 핵전쟁이 터질지 모른다는 파국적 걱정에 사로잡혔다. 누가 러시아나 중국이란 단어만 입에 올려도 그는 공황발작을 일으켰고, 지금 당장이라도 핵전쟁이 발발하여 핵 공격의 뜨거운 화염 속에 집어삼켜질 거라 믿었다. 핵전쟁에 대한 불안감을 부추기는 기사 제목들로 인해 그는 매일같이 고통에 시달렸지만 30년 내내 매일같이 살아남았고, 그다음 날이면 어김없이 걱정 근심에 빠져들었다.

걱정은 살면서 터득한 지혜와 경험을 존중하지 않는다. 인생을 매일 새로 경험하는 사람처럼 걱정은 현실을 무시한 채 당신의 뇌를 늘 새로운 파국적 사고에 빠져들게 한다. 영화 〈사랑의 블랙홀〉에서 더 나은 사람으로 거듭나는 기상캐스터 필 코너스는 매일 반복되는 성촉절(groundhog day, 마멋이 겨울잠에서 깨어난다는 날로, 이 날 해가 나서 자기 그림자를 보면 다시 동면 상태로 돌아가기 때문에 변함없이 반복되는 날을 뜻하기도 한다-옮긴이) 경험 속에서 교훈을 얻게 되지만, 만성적인 걱정꾼들은 많은 경우에 그 반대다.

무지의 영역에서 걱정의 싹이 튼다

그렇다면 우리가 과거에 겪어본 적 없는 가상의 걱정들은 왜 끊임없이 우리를 괴롭히는 것일까? 대부분은 우리가 일상의 위험성을 제대로 평가할 만큼 그 문젯거리에 대해 충분히 알고 있지 못하기 때문이다.

내가 배관 설비에 무지하기 때문에 천장을 살짝 적신 누수가 수년간 써온 내 논문을 망가뜨릴 물 폭탄이 될지 어떨지를 판단할 길이 없는 것이다. 배관에 관한 지식이 어느 정도 있다면 천장에 살짝 생긴 누수 얼룩을 보고 두려움에 떠는 일은 없을 것이다. 하지만 배관공이 와서 시큰둥하게 몇 군데를 손보기 전까지 걱정꾼들은 끔찍한 두려움에 매일 사로잡혀 잠을 이루지 못한다.

마찬가지로 H씨는 뉴스만 봐도 겁을 먹는 사람이었기 때문에 기사 제목 아래 내용은 확인조차 하지 않았다. 걱정도 많은 데다 뭐든 피하고 보는 태도 때문에 그는 정작 국제정세에 대해 아는 바가 별로 없었고, 그 때문에 핵전쟁이 일어날 수 있는 맥락을 전혀 짚어내지 못했다.

자신이 지나치게 걱정을 달고 사는 사람이고, 또 실제로 걱정되는 것이 있다면 먼저 그 주제를 제대로 파악하려고 노력해야 한다. 그리고 야기될 위험성에 대해 이성적으로 평가하는 방식으로 걱정거리를 해결할 방안을 찾아야 한다. 대출을 받아야 하는데 대출을 받지 못할까 걱정하는 것보다 당장 은행에 찾아가 상담을 받는 것이 과도한 걱정을 막는 방법이다. 이것이야말로 지혜로운 걱정과 현명한 문제 해결의 핵심인데, 과도한 걱정을 다스리는 해결책에 관해서는 9장에서 자세히 설명할 것이다.

이처럼 걱정은 실재하는 위협보다 더 부풀려지는 경향이 있다. 특히 불안장애가 있는 사람들, 공포증이나 강박장애, 사회불안, 공황 증상처럼 특정 불안이 내재되어 있다면 더 흔하게 발생한다. 불안장애를 가진 사람들은 병리적 걱정의 수위가 턱까지 차올라 있는 경우가 많다. 모든 걸 잠재적 위협으로 여기기 때문에 불안이 잘 건드려지고, 그것이 과도한 걱정을 유발한다.[36]

다음 장에서 불안장애에 대해 더 자세히 다루겠지만, 당신이 불안장애를 앓고 있다면 그 장애의 먹잇감인 공포와 두려움이 근심

어린 생각의 대부분을 차지하고 있을 것이다. 그러면 당신은 이러한 걱정들을 파국으로 끌고 가 가상의 파국적 결과를 도출해낼 것이고, 그로 인해 이 걱정거리들이 지닌 진짜 위험성을 객관적으로 평가하기 어려워질 것이다.

다행스럽게도 대부분의 불안장애는 인지행동치료(CBT, cognitive-behavior therapy, 환자 스스로 생각을 조절하여 문제의 본질을 파악하고 해결하는 훈련을 할 수 있도록 도움을 주는 전문적인 심리치료 방법-옮긴이) 같은 치료기법에 잘 반응한다. 인지행동치료에서는 심리치료사가 걱정에 내포된 위험성을 객관적으로 파악할 수 있도록 내담자를 훈련시켜 불안을 다스린다. 보통 내담자들이 걱정하는 위험한 상황은 거의 혹은 전혀 일어나지 않는다. 객관적인 위험 평가 훈련은 자신의 불안과 공포가 비합리적이란 사실을 잘 알고 있는 환자에게 도움이 된다.

걱정의 속성 1. 만성적인 걱정꾼들은 사소한 걱정도 끔찍한 재난으로 만들 수 있다. 이는 걱정이 야기할 위험성을 객관적으로 평가할 지식이 부족하기 때문이다.

걱정의 속성 2. 불안장애를 진단받은 사람들은 걱정 수준이 월등히 높은데, 이는 보통 불안을 부추기는 '두려움'이 걱정의 주된 연료가 되기 때문이다.

사람들은 크게 다섯 가지 영역의 걱정을 한다

걱정이 많은 사람들은 어떤 걸 가지고도 걱정거리를 만들어낼 수 있다. 1장에서 자유의 여신상 실험에 참여했던 만성적 걱정꾼들은 실험이 시작되자 정말로 걱정에 빠져들었다. 그들은 걱정 없는 사람에 비해 걱정하는 데 더 많은 시간을 쏟았고, 자신이 자유의 여신상이 됐을 때 어떤 부정적 결과들이 있을지를 끈질기게 찾아냈으며, 그 과정에서 자신의 부족함과 낮은 자존감을 끌고와 자기 자신을 괴롭히기도 했다. 평생 자유의 여신상이 될 일이 없는데도 말이다.

그렇다면 사람들이 유독 더 걱정하는 주제들이 있는 걸까? 심리학자와 정신과 의사들은 사람들이 주로 뭘 걱정하는지에 대해 늘 호기심을 가져왔다. 저마다 각기 다른 사람들이 정신과 진료실로 들고 오는 것도 결국은 다 비슷한 걱정거리가 아닌가.

1939년, 콜롬비아 대학교의 루돌프 핀트너와 조지프 레브는 당시의 아이들이 걱정했던 내용들을 기반으로 '만년필 분실', '유령' 같은 걱정 항목이 포함된 아동용 걱정 척도를 개발했다. 그들은 수집된 걱정들을 학교생활, 가족생활, 경제(돈), 개인 건강과 복지, 사회 적응력 등의 범주로 나누었는데, 이는 오늘날에도 여전히 적용할 수 있는 유효한 분류다.[37]

1986년에는 매사추세츠 대학교 퍼트리샤 위소키 연구팀이 노인용 걱정 척도를 발표했다.[38] 이 척도는 재정 문제, 건강, 사회생활이라는 세 가지 영역으로 걱정의 주제를 분류해놓았는데, 이전의 핀트너와 레브 연구에서 보인 아이들의 걱정 주제와 겹치는 부분이 있음을 알 수 있다. 연령대와 상관없이 우리가 많은 부분에서 유사한 걱정을 하며 산다는 이야기다.

1990년대에는 나는 친한 동료이자 임상심리학자인 프랭크 탤리스와 함께 걱정 영역 질문지(Worry Domains Questionnaire, 이하 WDQ)를 개발했다. 이 질문지는 사람들이 무엇을 걱정하는지를 세부적이며 객관적으로 측정할 목적으로 설계되었다. 우리는 대규모로 모집된 사람들에게 주로 하는 걱정이 무엇인지 알려달라고 한 뒤, 수집된 걱정거리들을 의미가 비슷한 것들끼리 분류하는 작업에 착수했다. 그 결과 다양한 걱정거리들을 크게 다섯 가지 범주로 분류할 수 있었다.

1. **인간관계** | 좋은 관계를 잃을까 봐
2. **자신감 결여** | 불안한 느낌이 들어서
3. **목적 없는 미래** | 내 꿈을 이루지 못할까 봐
4. **일에서의 무능** | 일에서 실수할까 봐
5. **재정 문제** | 돈이 부족할까 봐

걱정꾼들에게는 그리 놀라울 것도 없는 걱정들일 것이다. 이것

들은 우리가 인생을 살면서 맞닥뜨리는 매우 중요한 주제들이며, 여러 현실적 문제와 그에 대한 우리의 심리적 반응이 이 주제들을 통해 드러난다.

사회 그룹에 따라 걱정이 몰리는 영역도 달랐다. 학생들은 일(학업, 학생들에게는 학업이 일이므로) 영역에서 걱정이 많은 반면 직장인들은 재정 문제 영역에서 걱정이 많았다.

흥미롭게도 범불안장애나 강박장애 등의 불안장애를 진단받은 사람들은 설문지 총점이 비임상군에 비해 훨씬 더 높았다. 동일한 주제를 고민하더라도 불안장애를 가진 개인이 건강한 사람들에 비해 훨씬 더 많이 걱정한다는 것을 알 수 있었다.[39] 여러분도 걱정 완화 워크숍 3의 WDQ를 통해 자신이 어떤 걱정 영역에서 어느 정도로 걱정하고 있는지 확인해볼 수 있다.

위 연구들과 WDQ를 보면 사람들의 걱정이 주로 인간관계, 재정 문제, 일과 건강 같은 친숙한 영역에 집중되어 있음을 알 수 있다.[40] 이 걱정들에는 세부 항목에는 사랑과 결혼생활, 외로움, 가난, 실업, 경제적 지위, 장애 같은 주제에서 비롯된 불안이 담겨 있다. 이 걱정들은 인류의 오랜 불안 저장고에서 비롯되었으며 따라서 이전 세대와 그보다 앞선 조상들도 품고 살았을 걱정들이다.

걱정의 속성 3. 보통 걱정거리들은 인간관계, 재정 문제, 일과 건강 같은 친숙한 영역에 집중되어 있다.

걱정의 속성 4. 걱정은 결혼이나 이직 등 우리를 둘러싼 주변 세상이 변화함에 따라 그 성격이 진화하고 변화하며, 우리의 걱정거리를 새로운 각도에서 바라볼 수 있게 해준다.

최근 사회적으로 대두되는 걱정들, 지위 불안과 건강

나의 책 『불안이라는 전염병(The Anxiety Epidemic)』에서 밝혔듯이 걱정의 주제는 예전과 크게 달라지지 않았지만 각각의 걱정 주제 안에서는 미묘한 변화가 일어났다. 지난 몇십 년에 걸쳐 친숙한 걱정들에 대한 새로운 관점들이 서서히 등장하고 있다.

가령 2007년~2008년의 금융위기는 고용시장에 엄청난 타격을 주었으며 그 결과 미국 내 실업률은 2007년 5.8퍼센트에서 2010년 9.6퍼센트로 껑충 뛰어올랐다. 2007년 이후에 급증한 자살률이 2007년~2008년도 금융위기와 직접적인 연관이 있음을 밝힌 연구들도 여럿 나왔다.[41] 실업은 그 자체로 치명타가 되는 경험이며, 일자리를 찾지 못하면 재정적인 면에서뿐만 아니라 자존감 및 생산성 면에서도 큰 타격을 입는다.

실업으로 인한 재정적 어려움만 걱정을 유발하는 것은 아니다. 오늘날은 구직 과정 자체가 불안을 유발한다. 더 나아가 기술의 발전은 실직과 구직을 더 괴롭고 근심 가득한 과정으로 만드는 데 일조한다. 새로운 기술의 등장으로 구직자들은 울며 겨자먹기로 지원서를 끊임없이 다듬어야 하고, 더 나은 기술을 연마해야 하며, 새로운 채용 정보를 부지런히 긁어모아야 한다.

애닯게도 이 취업 활동은 이력서만 낸다고 끝나는 것이 아니다. 한 취업전문업체의 발표에 따르면 오늘날 구직자들은 최종 입사 통보를 받기까지 평균 14회의 면접을 봐야 하는 것으로 드러났다. 현시대의 구직자들은 실직과 관련된 우울감뿐만 아니라 뻔질나게 이력서를 다듬고, 면접 전날 벼락치기를 하고, 점점 더 많아지는 불합격 통지를 감내하는 일 따위의 불안을 유발하는 걱정들을 감내해야 한다.

또 다른 걱정 단골 메뉴는 재정 문제다. 최근 몇 년 사이에 돈에 대한 사람들의 불안과 걱정이 큰 폭으로 증가했는데 코로나19 팬데믹의 영향도 컸다.[42] 누구나 돈 걱정에서 벗어나고 싶어 하지만 우리는 여전히 돈과 경제적 지위에 대해 더 미묘한 형태의 걱정거리에 시달리고 있다.[43] 빈부격차가 큰 국가에서라면 특히 더 말이다. '지위 불안'은 소득 불평등의 결과로 생겨난, 비교적 새로운 형태의 걱정이다.

암스테르담 대학의 마리 파스코브 연구팀은 GINI(심화된 불평등의 영향, Growing Inequalities Impact-옮긴이) 프로젝트에 관한 보고서에서 소득 불평등이 전 유럽 국가에 끼친 영향을 분석했다.[44] 연

구팀은 높은 지위를 갈망하는 사회일수록 소득 불평등이 크다는 사실을 발견했다. 소득 불평등이 극심한 계층구조 속에 있을 때 사람들은 자신의 지위에 대해 더 많이 걱정하는 경향을 보였다.

흥미로운 사실은 지위에 대한 염려와 지위 상승에 대한 열망이 비단 저소득층에서만 나타나는 현상이 아니라는 점이다. 부유한 계층의 사람들 역시 불평등한 사회에서는 자신의 지위에 대해 불안을 느꼈다. 부유해질수록 소득과 직결된 걱정은 어느 정도 감소했지만, 소득 불평등에서 오는 '지위 불안' 걱정은 전 소득 계층에서 점차 증가하는 추세다.

한편 전 연령층에서 가장 자주 등장하는 걱정거리는 바로 건강 문제다. 심장병, 뇌졸중, 암, 당뇨병, 비만, 관절염 같은 만성질환이 있으면 불안증이나 우울증에 더 잘 걸릴 수 있다는 사실은 익히 알려진 사실이다. 하지만 선진국의 경우 첨단의학의 발전에 힘입어 사람들의 기대수명이 늘어나고 있는 추세다.

그렇다면 의학이 발달할수록 건강에 대한 사람들의 걱정은 줄어들었을까? 꼭 그렇지만도 않았는데, 그 이유가 꽤 미묘하다. 가령 2018년에 미국에서 발표한 연구 통계자료 「미국 건강상태(The State of US Health, 1990~2016)」에 따르면 미국인의 기대수명은 1990년 75.5세에서 2016년 78.9세로 증가했으며, 사망률은 전 연령대에서 감소한 것으로 나타났다. 미국이 건강 개선에 있어 상당한 진전을 이뤘다는 것이 보고서의 결론이었다.[45] 그러나 보고서는 '개별 주(州)들에서 장애를 감소시키는 데 한계가 있었다'고 언급하고 있다. 여기에서 말하는 장애(disability)란 1990년부터 2016년 사이에 유병률이 크게 증가했던 약물 사용, 우울, 불안 등으로 인한 장애를 의미한다.

이 보고서를 통해 확인할 수 있는 사실은 미국이 건강 개선과 기대수명 향상 면에서 상당한 진전을 이뤘다는 점이다. 사망률이 떨어지면서 더 많은 사람들이 더 오래 살게 된 건 사실이지만, 엄밀히 말해 만성질환과 장애를 가진 채로 더 오래 살게 되었다. 우리는 장애를 가지고 살아가는 것이 얼마나 많은 정신적 고통과 근심을 가져오는지 잘 알고 있다. 장애가 없는 사람에 비해 4.6배나 그

러하다.[46]

위 이야기들은 우리를 둘러싼 환경이 발전하고 변화함에 따라 우리가 전통적으로 해온 걱정의 성격이 어떻게 미묘하게 변화하는지를 보여준다. 이제 이어지는 걱정 완화 워크숍 3을 통해 당신이 주로 걱정하는 영역과 내용이 무엇인지 파악해보자.

▼

걱정 완화 워크숍 3

내가 주로 걱정하는 분야 파악하기, WDQ

사람들이 주로 하는 걱정은 인간관계나 재정 문제, 일, 건강 같은 익숙한 영역에 집중되는 경향이 있다. 거기에 사랑이나 결혼생활, 외로움, 가난, 실업, 경제적 지위, 심신 장애 등 큰 걱정거리에서 파생된 세부적 불안이 걱정을 만든다. 이것들은 전통적인 불안의 공급처로, 누구나 삶의 어느 시기에 한 번쯤은 했을 법한 걱정들이다. 이번 워크숍에서는 자신이 주로 어떤 분야에서 걱정을 하게 되는지 파악할 수 있을 것이다.

준비물

연필이나 펜

WDQ

워크시트
다운받기

목적

이번 워크숍에서는 WDQ를 작성하고 인간관계, 일, 재정 문제, 자신감 등의 걱정 분야에서 나는 어떤 항목 때문에 어떤 정도로 걱정하고 있는지 비교하고 살펴본다. 내가 주로 걱정하는 주제가 무엇인지 확인할 수 있을 뿐 아니라, 이 걱정 영역들에서 다른 그룹 사람들의 평균 점수와 자신의 점수를 비교해볼 수 있다.

방법

아래 WDQ나 QR코드의 워크시트에 있는 WDQ 질문지에 항목별로 0~4까지 점수를 매긴다. 맞거나 틀린 답은 없으니 솔직하게 답하길 바란다.

0점=전혀 그렇지 않다

1점=약간 그렇다

2점=그런 편이다

3점=꽤 그렇다

4점=매우 그렇다

WDQ

________ 1. 돈이 바닥나면 어쩌나 걱정이다. (재정 문제)

________ 2. 사람들과 어울릴 때 내가 해야 할 얘기를 제대로 하지 못하면 어쩌나 걱정이다. (자신감 결여)

________ 3. 좋은 직장을 구하지 못하면 어쩌나 걱정이다. (목적 없는 미래)

________ 4. 가족이 나에게 화를 내거나 내가 하는 일을 인정해주지

않는 것 같아 걱정이다. (인간관계)

_________ 5. 내 뜻을 이루지 못하면 어쩌나 걱정이다. (목적 없는 미래)

_________ 6. 일을 정해진 기한 내에 끝마치지 못하면 어쩌나 걱정이다. (일에서의 무능)

_________ 7. 돈 문제로 휴가를 못 가거나 제대로 여행하지 못하면 어쩌나 걱정이다. (재정 문제)

_________ 8. 집중력이 떨어진 것 같아 걱정이다. (목적 없는 미래)

_________ 9. 생필품을 살 수 있는 형편이 못 되면 어쩌나 걱정이다. (재정 문제)

_________ 10. 불안해하고 우유부단하면 어쩌나 걱정이다. (자신감 결여)

_________ 11. 계속 날아오는 청구서를 결제하지 못하면 어쩌나 걱정이다. (재정 문제)

_________ 12. 내 생활 수준이 여의치 않으면 어쩌나 걱정이다. (재정 문제)

_________ 13. 인생 목표가 없어서 걱정이다. (목적 없는 미래)

_________ 14. 내가 열심히 일하고 있지 않으면 왠지 걱정이 된다. (일에서의 무능)

_________ 15. 다른 사람들이 나를 인정해주지 않으면 어쩌나 걱정이다. (자신감 결여)

________ 16. 안정적으로 사람을 사귀는 것이 어렵게 느껴져 걱정이다. (인간관계)

________ 17. 일을 끝마치지 않은 채로 그냥 내버려두는 편이어서 걱정이다. (자신감 결여)

________ 18. 자신감이 부족해서 걱정이다. (자신감 결여)

________ 19. 내가 매력이 없는 것 같아 걱정이다. (인간관계)

________ 20. 바보 같은 행동을 할까 봐 걱정이다. (자신감 결여)

________ 21. 친한 친구들을 잃게 될까 봐 걱정이다. (인간관계)

________ 22. 성취가 별로 없는 삶을 사는 것 같아 걱정이다. (목적 없는 미래)

________ 23. 사랑받지 못하는 것 같아 걱정이다. (인간관계)

________ 24. 약속 시간에 늦을까 봐 걱정이다. (일에서의 무능)

________ 25. 일을 할 때 실수를 해서 걱정이다. (일에서의 무능)

WDQ는 크게 다섯 가지 영역, 즉 인간관계, 자신감 결여, 목적 없는 미래, 일에서의 무능, 재정 문제로 이루어져 있다. 다음 장의 표에서 제시하는 각 영역별 항목에 매긴 점수를 더하면 각 분야별 걱정 점수를 알 수 있다.

걱정 영역	설문 항목	총합
인간관계	4, 16, 19, 21, 23	
자신감 결여	2, 10, 15, 18, 20	
목적 없는 미래	3, 5, 8, 13, 22	
일에서의 무능	6, 14, 17, 24, 25	
재정 문제	1, 7, 9, 11, 12	

각 분야별 걱정 점수를 비교해보자. 점수가 월등히 높은 영역이 있는가? 그렇다면 그 이유가 뭔지 생각해보자.

조언

▶ 현재 하는 일에 따라 다섯 가지 영역의 점수는 달라진다. 대체로 직장인들은 재정 문제 영역에서, 대학생들은 일에서의 무능 영역(학업 활동)에서 점수가 높게 나타났다.

▶ 연구에 따르면, 평균적으로 일반인들(비임상군)의 WDQ 총점은 23점에서 27점 정도다(학생이든 직장인이든 상관없이).[48] 여러분의 점수는 평균과 비교해서 어떤가? 더 높은가, 더 낮은가? 여기 제시한

평균 점수는 20여 년 전 자료에서 가져왔다는 사실을 꼭 기억하기 바란다. 최근 몇십 년 사이에 특정 그룹 사람들의 걱정 수준이 큰 폭으로 상승했다. 만약 총점이 위의 평균을 상회한다 해도, 현재 기준에 비춰 볼 때 걱정 수준은 여전히 평균 범위에 드는 것으로 본다.

▶ 평균적으로 불안 관련 장애로 진단할 수 있는 사람들의 WDQ 총점은 비임상군의 총점에 비해 월등히 높으며, 범불안장애나 강박장애 증상이 있는 사람들의 평균 총점은 40점 이상이다. 만약 점수가 40점 이상이고 걱정으로 인한 고통이 크다면 의사나 심리치료사를 만나보는 것이 좋다. WDQ에서 높은 점수를 받았다고 해서 반드시 불안장애가 있다는 것은 아니지만 관리는 필요하다.

우리는 사소한 걱정에 많은 에너지를 쓴다

2015년, 보험업체 다이렉트라인은 성인 2,025명에게 자신의 일상에 영향을 미치는 스트레스 요인이 무엇인지를 설문조사한 뒤, 그 결과를 발표했다.[49] 다음은 상위 10위를 차지한 일상적 걱정거리들을 순위별로 나열한 것이다.

① 잠을 못 자는 것, ② 열쇠를 잃어버리는 것, ③ 지각한 상태에서 겪는 교통체증, ④ 중요한 서류나 문서를 잃어버리는 것, ⑤ 주차할 곳이 없는 것, ⑥ 인쇄를 해야 하는데 프린터가 작동하지 않는 것, ⑦ 외출 중 핸드폰 배터리가 방전되는 것, ⑧ 볼일을 보는데 화장지가 떨어진 것, ⑨ 인터넷 회원가입을 하는 것, ⑩ 물건을 사는데 신용카드를 챙겨오지 않은 것이다.

이 목록에서 눈에 띄는 점은 여기 일상적 골칫거리들 가운데 적어도 서너 가지는 한 세대 전에는 일어나지 않을 일들이었다. 신기술이나 21세기 생활양식과 관련이 있기 때문이다.

사실 한밤중에 우리를 깨어 있게 하는 것은 돈이나 건강, 인간관계 같은 장기적 걱정만이 아니다. 주차 문제, 핸드폰 충전, 프린터 고장, 교통체증처럼 내일 하루를 망칠 수 있는 잡다한 일상사 역시 우리를 걱정에 빠지게 한다. 이러한 잡다한 걱정은 장기적으로 이어지는 전형적인 걱정거리들만큼이나 강렬하게 마음을 흔들어놓고 밤잠을 설치게 한다. 현대인의 주된 걱정거리 가운데 하나가 불면이라고 하니 아이러니가 아닐 수 없다. 어쩌다가 우리는 이토록 완벽한 악순환에 빠져들게 되었을까?

런던 골드스미스 대학의 조너선 프리먼 교수는 일어날지도 모를 일에 만반의 대비를 하고 사는 현대인들의 걱정거리와 성가신 일상사를 설명하기 위해 '공포캐스팅'이란 신조어를 만들었다. 프리먼 교수는 "매일 벌어지는 돌발상황을 처리하는 과정이 스트레스와 걱정의 주된 촉발 요인일 거라고는 전혀 예상치 못했다"고 기술하고 있다.

여러분은 기차역으로 가는 택시 안에서 교통체증에 발이 묶인 채 앉아 있다. 미터기 요금은 올라가는데 예약했던 기차를 놓치고 새로 표를 사야 한다는 생각에 짜증이 솟구친다. 우리는 미래의 인생 사건이 어떤 식으로 펼쳐질지에 관해서만 고민하는 것이 아니다. 너무나 분주한 삶 속에서 우리의 뇌는 기차 열차 시간, 지각, 주차 문제, 핸드폰 방전, 열쇠 분실, 교통체증 같은 일상의 골칫거리를 어떻게 처리할 것인지 끊임없이 점검하고 계획을 세운다. 물론 걱정했던 일이 실제로 일어나는 경우는 많지 않지만 말이다. 이것이 일상적 차원에서 진행되는 전형적인 파국화다.

걱정의 속성 5. 오늘날 우리는 길게 이어지는 걱정거리들만큼이나 매일 터지는 사소한 골칫거리를 걱정하는 데 많은 시간을 쓴다.

SNS 연결의 저주

인류의 역사를 획기적으로 바꿔놓은 발명품 중 하나가 인터넷이다. 하지만 대부분의 기술이 그러하듯 인터넷에는 좋은 면과 나쁜 면이 모두 존재하며, 소셜미디어도 그 점에서는 마찬가지다.

처음에 사람들은 페이스북이나 트위터, 인스타그램과 같은 SNS가 다른 사람들과의 관계를 돈독히 해주고, 활동과 소식을 공유하며, 옛 친구나 새로운 친구들과의 만남을 제공하는 좋은 수단이 될 거라 생각했다. 하지만 소셜 미디어를 통해 예상치 못했던 문제가 발생하고 있다.

소셜미디어는 오늘날 우리가 하는 걱정의 많은 부분에 책임이 있다. 특히 끊임없이 사람들과 연결되는 소셜미디어를 통해 처음으로 강렬하게 몰입된 인간관계를 배우는 청소년들의 걱정에 대해서는 더더욱 그러하다. 오늘날의 소셜미디어는 우정을 노골적으로 수량화해주고, 다른 사람들의 인간관계망을 자기 것과 비교해볼 수 있게 해주며, 사회에서 벌어진 일들에 대해 즉각적으로 정보를 제공해줌으로써 고독감과 불안, 걱정을 심화시킨다. 끊임없이 자신의 인기 정도와 또래들의 인기 정도를 견주어보게 하고, 인간관계에서 벌어지는 일들을 지속적으로 모니터링함으로써 뒤처지거나 소외되는 두려움(FOMO, fear of missing out-옮긴이)에서 벗어나려고 애쓰게 한다.

홍미롭게도 2019년부터 시작된 코로나 팬데믹은 소셜미디어를 통한 연결이 물리적인 만남을 얼마나 효과적으로 대체하는지 실험해볼 수 있는 완벽한 조건을 마련해주었다. 팬데믹 기간 동안 인터넷은 개인들을 연결하는 중요한 소통 창구였다. 하지만 최근 연구에 따르면 팬데믹 기간 동안의 SNS 사용량은 개인이 느끼는 행복감과 반비례하는 것으로 나타났다.[51]

이런 상관관계를 뒷받침하는 한 가지 가설은 SNS가 사회적 비교를 부추긴다는 것이다. 사람들은 SNS에 사진과 글을 올릴 때 자기 삶을 미화하는 경향이 있다. 이로 인해 SNS 이웃들은 완벽한 인생처럼 보이게 되고 마음속에는 '저 사람들에 비해 내 삶은 너무

재미없고 따분하다'는 걱정이 스며든다.[52]

이러한 영향은 특히 젊은 층과 다른 사람의 게시물을 소비만 하는 수동적 구독자들 사이에서 두드러진다. 우리는 연결되기 위해 SNS에 접속하지만, 오히려 그 때문에 더 외로워지거나 단절되는 것은 아닐까 염려하게 된다. 전 세계 페이스북 사용자의 절반 이상이 그러하듯 여러분이 매일 페이스북에 접속하고 수동적인 유저이기까지 하다면 되려 단절감과 소외감만 강화될 것이다.

콜로라도 주 리지스 대학의 제이 캠피시 연구팀이 진행한 대학생들의 페이스북 사용에 관한 연구를 보면 거의 모든 응답자들이 어떤 형태로든 페이스북 스트레스를 경험했으며, 이 스트레스가 상기도감염(기도 중 상부에 해당하는 코, 인두, 목구멍, 후두 등에 발생한 감염-옮긴이)과 같은 신체건강상의 문제와 직접적인 연관이 있음을 밝혀냈다.[53]

흥미로웠던 점은 응답자의 SNS 관계망 규모가 어느 정도냐에 따라 스트레스 수준이 달라진다는 것이었다. 페이스북상의 관계망이 크면 클수록 스트레스와 걱정도 덩달아 많아졌다. SNS에서 많은 친구들을 두는 것은 오늘날 젊은이들에게 또 다른 스트레스와 걱정의 원인이 될 수 있다.

대형 소셜네트워크에서 증폭되는 스트레스와 불안은 하버드 대학 줄리 모린 메이저 연구팀의 연구에서도 잘 드러난다.[54] 성별, 나이, 각성 시간, 지각된 스트레스, 사회적 지지 같은 다른 관련 요인들을 통제한 후 진행한 실험에서 얻은 결론은 다음과 같았다.

페이스북 네트워크가 크면 클수록 낮 시간간에 코르티솔(부신 피질에서 분비되는 스트레스 호르몬-옮긴이) 분비가 증가했으며, 각성 코르티솔 수치가 높을수록 만성적 스트레스와 걱정, 번아웃과의 관련성이 증가하고 우울증에도 취약해지는 것으로 드러났다. 이 연구의 저자들은 페이스북 친구의 수가 어느 정도까지는 긍정적이고 사회적 안정과 지지를 제공해주지만, 최적의 선을 넘어서면 사회적 지지가 압박으로 뒤바뀌어 스트레스가 증가하고 걱정이 많아지며 코르티솔 수치가 상승할 수 있다고 경고했다.

기술로 인한 끊임없는 연결이 가져온 또 다른 문제는 바로 우리가 소비하는 뉴스가 전달되는 방식과, 뉴스가 우리의 스트레스와 걱정을 자극하는 방식이다. 인터넷, 상시 연결성, 24시간 뉴스 채널, 뉴스 알림 서비스, 소셜미디어의 등장으로 뉴스의 생태계가 바뀌었다. 이제 우리는 원하든 원치 않든 24시간 내내 뉴스를 접할 수 있다. 그리고 우리 중 많은 이들이 원치 않으면서도 끊임없이 스마트폰으로 뉴스를 확인한다.

뉴스 제공 방식에서 가장 위험한 변화는 뉴스를 상시로 접할 수 있다는 사실이 아니다. 새로운 기술로 인해 뉴스의 어조가 점점 더 자극적으로 변해가고, 매체는 어떻게든 충격을 주기 위해 시각 자료를 퍼부어대며, 논평은 점점 더 극단으로 치달아 사람들의 두려움을 자극한다.

마크 듀즈가 그의 저서 『미디어 라이프(Media Life)』에서 언급했듯, 현대 사회에서 뉴스미디어는 어디에나 존재하고 광범위하게 퍼져 있으며 전원을 꺼둘 수 없는 존재가 되었다. 전 세계에서 벌어지는 사건을 매일같이 실시간으로 접하는 일은 일상이 되었다. 디지털 시대가 뉴스 보도에 끼친 더 중대한 영향이라면 바로 시각적 이미지, 특히 시청자가 직접 찍거나 기자가 SNS에서 수집한 동영상 자료가 뉴스에 도입된 것이다. 이런 새로운 보도 현실은 2004년 남아시아 대지진, 2005년 런던 지하철 폭탄 테러, 2013년 보스턴 마라톤 테러가 발생했을 때 등장하기 시작했다. 그리고 사람들이 이러한 사건을 CCTV나 온라인 중계를 통해 실시간으로 시청할 수 있게 되었다.[55]

이제 뉴스는 공포와 위험, 흥분을 생생하게 전달하기 위해 다양한 출처에서 따온 이미지들과 버무려지며 점점 더 시각화되어가고 있다.[56] 이제 실시간 이미지는 즉석에서 뉴스 시청자들을 사건 현장으로 소환시켜 눈앞의 고통스러운 사건과 그 파급력에 곧바로 접속시켜준다. "미디어는 현장 보도를 넘어서 현장과 액션의 일부가 된다."[57]

현재 미국인의 절반 이상이 뉴스가 스트레스, 불안, 걱정을 유발하고 있다고 답했지만, 열 명 중 한 명은 적어도 한 시간에 한 번씩 뉴스를 체크하고, 다섯 명 중 한 명은 SNS에서 최근에 뜬 기사 제

목을 틈틈이 검색한다고 답했다.[58]

분명한 것은 부정적인 뉴스가 선정적이든 감상적이든 추측성 논평이든 정치적 동기에 의한 가짜 뉴스든 간에, 뉴스가 불안과 걱정에 미치는 심리적 영향과 뉴스 소비자의 정신건강에 미치는 영향은 점점 더 커지고 있고, 뉴스가 점점 더 피하기 어려운 매체가 되어가면서 그 영향력은 더욱 더 해로워지고 있다.[59] 여러분이 만약 부정적인 뉴스와 뉴스로 인해 생겨나는 걱정거리에 압도된다고 느낀다면, 걱정 완화 워크숍 4를 통해 뉴스 소비 관리에 도움을 받길 바란다.

걱정의 속성 6. 인터넷 같은 기술의 발전으로 인해 이전 세대가 경험하지 못한 새로운 걱정거리들이 탄생하고 있다.

걱정의 속성 7. 최근 등장한 걱정거리들은 SNS의 광범위한 사용과 연중무휴로 이어지는 뉴스 소비로 인해 발생한다. 이는 피하기 어렵고 점점 더 시각화되어가고 있으며 그 내용은 갈수록 충격적이고 부정적이며 사람들의 두려움을 강하게 자극한다.

걱정 완화 워크숍 4

걱정 많은 사람들을 위한 뉴스 보는 법

많은 걱정꾼들이 세상 돌아가는 일로 고통받으면서도 뉴스에 빠져 산다. 분쟁, 테러, 정치 분열, 기근, 지연재해와 같은 부정적 사건들이 시각적 이미지로 전달될 때 특히 더 그러하다. 1장에서 부정적인 뉴스의 영향에 관한 연구에 대해 이야기했다. 부정적 뉴스에 노출된 사람들은 불안과 우울을 더 많이 느낄 뿐만 아니라 자신의 걱정을 파국으로 몰고 갈 가능성도 높았다.[60] 이번 워크숍은 뉴스가 범람하는 시대에 뉴스 소비를 관리하고 부정적인 뉴스 때문에 생겨나는 걱정을 다스릴 수 있도록 만들어졌다.

준비물

연필이나 펜

노트

뉴스 기사(만약 필요하다면)

목적

뉴스는 여러 채널을 통해 연중무휴로 제공되기 때문에 적극적으로 조치를 취하지 않는 한 쏟아지는 뉴스를 피하기가 어렵다. 뉴스를 언제, 얼마나, 자주 소비하는지보다 어떤 종류의 뉴스를 소비하는가가 중요하다. 이번 워크숍에서는 매일 정해진 '뉴스 시간'에만 뉴스를 소비하는 전략에 관해 소개할 것이다.

방법

'뉴스 시간'은 뉴스를 보기 위해 매일 따로 설정해둔 시간이다. 뉴스 시청 시간(가령 30분)과 뉴스를 보기에 편리한 시간대(가령 퇴근 후 초저녁이나 저녁 식사 전)를 정한다. 뉴스를 보는 방식에 따라 오전에 뉴스를 볼 수도 있고 신문을 읽을 수도 있고 관심사를 상세하게 다루는 웹사이트를 방문할 수도 있다. 나와 관련 있는 특정 뉴스(가령 우리 지역의 홍수 관련 뉴스)에 접속해야 하는 경우가 아니라면, 가급적 매일 정해진 시간에만 뉴스를 소비하도록 한다. '뉴스 시간'에 해야 할 일과 하지 말아야 할 일은 다음과 같다.

▶ 기사 제목만 훑지 않는다. 실제로 일어날 가능성이 없는 일을 극단적으로 부풀려 생각하는 일이 없도록 전후 맥락이 제공되는 뉴스를 찾아본다. 가령 다우지수 붕괴라는 자극적인 헤드라인만 보는 것보다 주가가 폭락한 인과관계를 설명해주는 뉴스가 좋다.

▶ 잠자리에 들기 직전에는 뉴스를 보지 않는다. 뉴스를 보고 든 걱정

스러운 생각이 잠자리로 이어질 수 있다.

▶ 필요한 경우를 대비해, 뉴스를 접한 후 가라앉은 기분을 회복시킬 방법을 생각해놓는다(6장의 걱정 완화 워크숍 6 참조).

▶ 뉴스에서 나오는 동영상 이미지가 고통스럽다면, TV나 인터넷 뉴스 대신 신문을 읽거나 라디오 뉴스를 듣는다.

▶ 어떤 뉴스를 접한 후 걱정이 떨쳐지지 않는다면, 걱정되는 바를 적어놓고 '뉴스 시간'에 확인한다. 그 시간에 걱정거리를 해결할 수 있고, 더 정확한 정보를 찾아서 걱정이 기우였음을 확인할 수도 있다.

▶ 위협적이거나 불안해지는 뉴스거리를 발견하면 다음과 같이 생각해본다. 뉴스에 언급된 사건이 나에게 실질적으로 영향을 미칠 수 있는지 따져보라. 부정적인 뉴스는 대부분 불안을 조장하지만, 뉴스에 나오는 사건이 나에게 직접 타격을 줄 가능성은 많지 않다는 사실을 기억하자(가령 타 지역에서 발생한 살인사건 뉴스를 봤다고 해서, 내가 같은 피해를 당할 가능성이 더 높아지는 것은 아니다).

▶ 예정된 시간이 끝나면 뉴스를 끈다. 그리고 저녁 식사, 산책, 재미있는 쇼 프로그램 시청 등 뉴스 시간 후에 기분 전환을 위한 활동들을

마련해둔다.

조언

▶ 걱정이 많은 사람이라면 24시간 제공되는 뉴스 채널은 피하는 것이 좋다. '무슨 끔찍한 사건이 벌어지지는 않았나' 확인하기 위해 수시로 채널에 접속하는 일은 피하는 것이 좋다. 자극적인 뉴스를 뒤져볼 생각으로 뉴스 채널에 접속하면 반드시 그런 뉴스를 접하게 될 것이다. 시청률만 좇아 자극적이고 부정적인 편견을 반영해 제작된 뉴스가 반드시 있다.

▶ 뉴스 헤드라인을 읽는 경우, 단편적이고 선정적인 헤드라인을 확대해석하는 일이 없도록 맥락을 제공하는 장편의 기사, 심층적 논평, 다큐멘터리 등을 찾아본다. 만약 어떤 나라에서 전쟁이 터졌다면 사건이 발발하게 된 큰 줄기를 파악해볼 필요가 있다.

▶ 특정 뉴스 주제에 관심이 있다면 이 주제와 관련하여 가장 신뢰할 만한 정보 출처가 어디인지 생각해본다. 가령 코로나19에 관한 사실이 궁금하다면 뉴스나 SNS 정보 대신 세계보건기구나 자국 보건복지부에서 공식적으로 발표한 보도자료를 찾아보는 것이 훨씬 유익하다.

▶ 뉴스를 접하고 기분이 안 좋아졌다면, 6장 워크숍 6에 소개된 기분 전환 전략을 사용해본다. 자신에게 잘 맞는 전환 전략을 채택하면 기분이 효과적으로 바뀔 수 있다.

▶ 특정 뉴스를 보고 걱정이나 불안, 괴로움을 느꼈다면 8장의 걱정 완화 워크숍 13을 참고하여 걱정을 인지적으로 하향 조정할 수 있다. 이 워크숍에 소개된 인지 중화 전략은 불안을 덜어내는 방향으로 사건을 바라보게 해주는 다양한 문장들이 소개되어 있다.

이 장을 마치며, 21세기 새로운 걱정의 탄생

걱정꾼들은 어떤 주제를 놓고도 밤새 걱정할 수 있다. 그 주제가 무엇이든 처음 걱정을 시작했을 때보다 더 나쁜 방향으로 몰고 갈 수도 있고, 벌어나지도 않을 끔찍한 결과들을 마구 지어낼 수도 있으며, 그 과정에서 자기 자신을 망가뜨리기도 한다.

걱정은 대부분 건강과 재정, 일과 인간관계 같은 삶의 문제에 집중되는 경향이 있다. 하지만 같은 고민이어도 세대마다 그 양상이 다르며, 사회가 발전함에 따라 전통적인 고민을 바라보는 시각도 달라진다.

새로운 세대의 등장과 함께 이전 세대에는 없던 완전히 새로운 걱정거리가 등장하기도 한다. 새로운 걱정거리 중 상당수는 현대적 삶의 핵심 인프라를 구성하는 신기술과 관련이 있다. 기술은 서로 소통하는 방식과 세상을 배우는 방식에 영향을 미친다. 따로따로 떼놓고 보면 해로운 기술은 없다. 하지만 기술이 합쳐지는 순간 멈출 줄 모르는 초연결망이 열린다. 그 말은 우리가 끊임없이 쏟아지는 정보에 시달리고, 친구의 시시콜콜한 자랑과 세계 뉴스로부터 벗어나기 어려워진다는 뜻이기도 하다. 스마트폰 터치 한 번으로 알고자 하는 모든 정보를 손에 넣을 수 있는 현실도 현대인의 걱정거리를 늘리는 원인이다.

CHAPTER 4

걱정돼 죽겠고 이러다 죽겠다

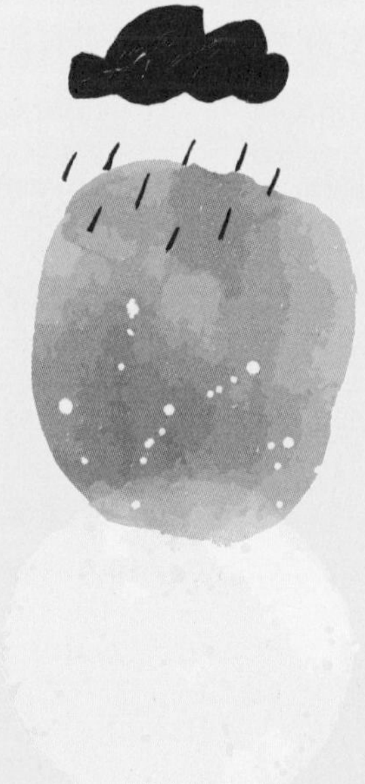

이 장의 로드맵

사람들은 종종 "걱정돼 죽겠어"라고 말한다. 걱정을 많이 하면 죽을 수도 있을까? 이번 장에서는 걱정이 실제로 정신건강과 신체에 어떤 해악을 끼치는지 알아보겠다. 특히 병적인 걱정이 불안장애와 범불안장애, 불면증 및 각종 수면 문제에 있어 어떤 역할을 하는지 설명할 것이다. 장 후반부에서는 만성적인 걱정이 신체건강에 어떤 영향을 미치는지 그리고 어떻게 심혈관 질환, 신체 증상 장애, 내분비계 문제, 기회감염의 위험 요인이 되는 생리적 스트레스 반응을 유발하는지 살펴보겠다.

1992년 초 뉴욕 대학교 스트레스 및 불안장애 센터의 임상심리학자 티머시 브라운과 마틴 앤터니, 데이비드 발로는 불안장애 환자 436명의 걱정 수준을 측정했다.[62] 그 결과 불안장애 진단을 받은 사람들은 건강한 대조군 참가자들에 비해 걱정 수준이 현저히 높은 것으로 드러났다. 이 집단에는 공황장애, 사회불안장애, 특정공포증, 강박장애, 범불안장애 등의 불안 문제를 가진 것으로 진단받은 사람들이 다수 포함되어 있었다.

불안장애는 경험하고 싶지 않은 불쾌한 상태다. 불안장애 진단기준 중에는 그것을 경험하는 사람에게 심각한 고통과 장애를 유발해야 한다는 항목이 있을 정도다. 뿐만 아니라 불안장애에는 병적인 걱정이라는 추가적 문제들이 동반되는 경우가 많다. 모든 불안장애가 높은 위협 편향을 동반한다는 사실을 고려하면, 불안장애와 걱정 간의 이런 상관관계는 그리 놀랍지 않다.

불안장애를 가진 사람은 삶에서 늘 심각한 위협과 도전을 읽어내기 때문에 불안해진다. 이러한 위협은 실제 일어날 수도 있고 상상에 불과할 수도 있지만 그것과 상관없이 만성적인 걱정의 불씨가 된다.

파국적 걱정의 지독한 파트너, 회피

거미공포증이 있는 사람을 예로 들어보자. 거미공포증이 있는 사람들은 대부분 거미를 뺀 나머지 것들에 대해서는 별로 불안을 느끼지 않는다. 이들은 거미가 위협적이거나 위험하다는 특정 신념을 발전시키면서 거미공포증을 갖게 된 것이다. 이러한 신념은 일반적으로 피해를 입을 거라는 믿음('거미가 가까이 있으면 나를 물 거야'), 예측이 불가할 거라는 믿음('거미와 마주쳤을 때 거미가 어디로 도망칠지 모르겠어'), 침범해올 거라는 믿음('거미가 내 옷 속으로 기어 들어올지도 몰라'), 반응하게 되리라는 믿음('거미를 보면 나는 기절하겠지') 같은 것들이 있다.

이러한 믿음은 혹시라도 거미와 맞닥뜨릴 수 있는 상황에 대해 계속해서 파국적인 상상을 하게 만드는 마중물이 된다. 이런 걱정이 현실에서 끔찍한 결과로 이어지는 경우는 거의 없지만 말이다.

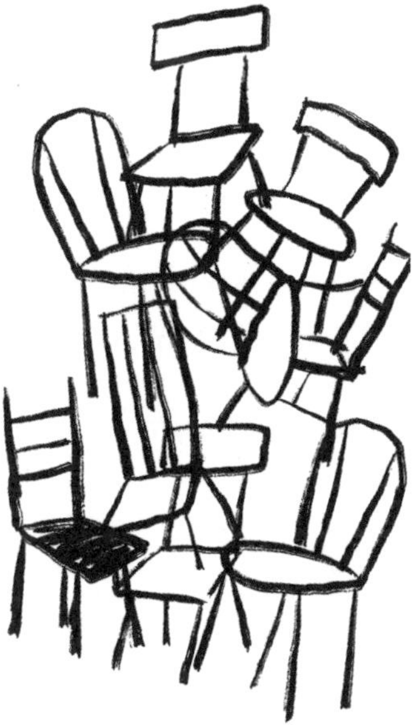

다른 불안장애를 가진 사람들도 자신의 과장된 공포 신념을 파국화하기는 마찬가지다. 이러한 인지 과정은 불안장애를 가진 사람들의 높은 걱정 수준을 설명해준다.

불안장애가 걱정을 유발한다는 것은 틀림없는 사실이다. 그렇다면 거꾸로 걱정이 불안장애를 일으킬 수도 있을까?

첫째, 우리는 파국적 걱정이 불안을 일으킨다는 사실을 1장에서 확인한 바 있다. 걱정이 진행되는 과정에서 불안과 스트레스의 원인이 되는 온갖 끔찍한 시나리오가 계속 쏟아져나오는데, 걱정이 오래 지속될수록 파국적 걱정을 하는 사람은 점점 더 괴로워진다는 사실이 여러 연구를 통해 수시로 밝혀지고 있다.[63]

둘째, 앞의 거미공포증처럼 위험한 일이 일어나고 말거라는 지나친 자기 확신의 출처 중 하나가 파국적 걱정이다. "~하면 어떡하지?" 하면서 걱정을 계속 하다 보면 가상의 위협적인 상황이나 두려운 결과들이 줄줄이 떠오르게 되고, 그중 어떤 것들은 오랫동안 머릿속에 들러붙어 있게 된다.

많은 사람들은 파국적 걱정과 경직된 회피 행동을 결합시켜(굉장이 유해하지만 너무나 강력한 조합!) 불안장애를 일으키는 완벽한 전략을 채택한다. 머릿속에서 끔찍한 결과를 몇 가지 그려낸 뒤, 나머지 시간 동안 이를 피해보려고 애쓰는 것이다.

파국적 걱정의 또 다른 악성 파트너로는 회피(avoidance)가 있다. 걱정을 뭉게뭉게 키워가는 과정에서 여러 위협적인 결론을 예상하게 되는데, 회피 행동은 그 위협이 실재하지 않는다는 사실을 알아차리지 못하게 방해할 수 있다. 완벽하지 않은가? 불안장애를 만들어내는 데 이보다 더 체계적인 시스템은 없다.

쉽게 설명해보겠다. 거미공포증의 경우를 보자. 거미를 보는 순간 끔찍한 결과가 닥쳐올 거라는 신념들이 파국적인 걱정과 함께 떠오르지만, 공포증 환자들은 거미줄 비슷한 것만 봐도 도망치기 때문에 이 같은 신념이 틀렸다는 걸 확인할 기회조차 갖지 못한다. 그래서 거미에 대한 공포가 평생 유지되는 경우가 많다.

옷장 안에 틀림없이 괴물이 있다고 믿고 있지만, 겁에 질려 옷장

문을 열지 못한다면 옷장 괴물에 대한 공포는 결코 사라지지 않는다. 일상적으로 하는 파국적 걱정이 경직된 회피 행동과 한데 묶여 만성적인 불안 장애를 일으키는 것이다.

모든 불안장애의 이면에는 두려워하는 대상에 대해 왜곡되고 역기능적인 신념들이 깔려 있다. 이러한 신념의 몇 가지 예를 아래 표에 정리해두었다. 극단적이고 비합리적인 신념이 어떻게 파국적인 걱정을 통해 덩치를 키워가는지 이해할 수 있을 것이다.

불안장애에서 나타나는 비합리적인 신념의 사례

불안장애	비합리적인 공포 신념의 사례
특정공포증	"높은 발코니에 올라가면 떨어져 죽을 거야." "거미가 근처에 있으면 내 옷 속으로 기어 들어올 거야."
사회불안장애	"친구들 앞에서 바보같이 굴었을까 봐 걱정돼." "내가 한 발표를 듣고 안 좋게 생각할 거야."
공황장애	"심장이 왜 빨리 뛰기 시작하지? 심장마비로 죽는 거 아니야?" "갑자기 사람들이 보는 앞에서 쓰러질 수도 있어. 그러니 사람들이 붐비는 곳엔 가지 말아야지."
범불안장애	"언제 어디서든 책임을 다해야 해, 안 그러면 나는 실패자야." "안 좋은 일이 닥치기 전에 불확실한 것들은 다 없애야 해."
강박장애	"내게 묻어온 병균이 가족들에게 퍼질 수 있으니, 공중화장실에는 절대 가면 안 돼." "가스 불을 확인하지 않으면 가스가 폭발해서 사람이 죽을 수도 있어."

표에 소개된 공포 신념(fear belief)들은 불안장애를 치료하는 인지행동치료에서 자주 만날 수 있는 내용들이다. 삶에서 겪은 충격적인 사건으로 인해 정신적인 문제가 발생한 경우, 파국적 걱정과 과거를 곱씹는 반추 사고는 처음의 충격적 원인이 사라진 후에도 정신건강 문제를 지속시킬 수 있다.

캘리포니아 대학의 앨리슨 홀먼 연구팀은 9.11 테러 사건 직후 성인 2,729명을 대상으로 급성 스트레스 반응을 평가한 뒤, 이후 2~3년에 걸쳐 이들을 추적 관찰했다.[64] 연구진은 많은 수가 몇 년이 흐른 뒤에도 여전히 급성 스트레스 반응을 경험하고 있었으며, 이들 대부분이 그때까지도 테러를 걱정하고 있음을 확인했다. 9.11 테러 사건에 대해 끊임없이 걱정하고 반추하던 습관이 사건 발생 후로도 수년 동안 스트레스 반응을 지속시킨 것이다.

이 연구에서 가장 중요한 사실은 걱정을 반복하는 경향성이 신체건강 문제와도 깊은 관련이 있다는 것인데, 여기에 관해서는 이 장 후반부에서 자세히 설명하겠다.

걱정의 속성 1. 불안장애 진단을 받은 사람은 걱정 수준이 유의미할 정도로 높다.

걱정의 속성 2. 파국적인 걱정은 불안장애를 지속시키는 비합리적 신념을 강화시킬 수 있다.

걱정의 속성 3. 불안장애를 경험하는 사람들은 파국적 걱정과 경직된 회피 행동을 한 세트로 사용하는데, 이 잘못된 조합은 시간이 갈수록 불안장애를 강화시킨다.

걱정의 속성 4. 어떤 사건이나 경험으로 인해 정신건강 문제가 발생했을 경우, 그 사건에 대해 계속 걱정하고 곱씹게 되면 촉발 사건이 사라진 후로도 오래도록 정신건강 문제가 지속될 수 있다.

걱정이 많으면 불면증도 따라온다, 범불안장애

파국적 걱정과 가장 관련이 많은 정신 장애로 범불안장애를 들 수 있다. 2장에서 소개한 54세의 남성 짐을 기억하는가? 그는 삶에서 평지풍파를 겪은 후로 근심 걱정을 떨쳐버리지 못하게 되었고, 그런 식으로 걱정하다 '미쳐버릴 것 같은' 상태에 빠졌다. 그는 결국 범불안장애를 진단받았다.

현재 가장 공신력 있는 정신건강 진단 매뉴얼인 DSM-5에는 범불안장애 진단을 위한 기준이 명시되어 있다. 이 진단에서 우리가 주목해야 할 부분은 장애를 진단하는 중요한 기준이 '걱정'이라는 점이다. 지나친 걱정이 최소 6개월 이상 지속되어야 하며, 걱정이 하나에 국한되지 않고 다양한 사건이나 주제와 얽혀 있어야 한다.

또한 걱정이 통제하기 어렵다고 느껴지고 사회생활이나 직장생활, 가정 생활에 심각한 고통이나 손상을 초래해야 한다.[65]

범불안장애는 사람들 사이에서 꽤 광범위하게 퍼져 있는 정신장애다. 인구의 3.7퍼센트가 일생에 한 번은 범불안장애를 진단받는다.[66] 그뿐인가. 진단 기준에는 미치지 못하지만 근심 걱정으로 인해 장애와 스트레스를 경험한 이들의 수가 무려 인구의 12퍼센트에 육박한다.[67] 미국 인구로 치면 대략 4천만 명에 달하는 사람들이 일생 중 한 번 이상 병적인 걱정으로 인해 장애와 괴로움을 경험한다는 얘기다.

그러나 범불안장애는 단순히 걱정만으로 인한 장애가 아니란 걸 명심해야 한다. 걱정 외에도 지속적인 초조감, 집중력 저하, 과민성, 근육의 긴장, 수면 장해 같은 스트레스 증상들도 포함되어야 범불안장애로 진단내릴 수 있다. 이 신체 증상 중 상당수는 통제되지 않는 걱정에서 기인했을 수 있다. 특히 긴장감과 초조감, 안절부절못하는 행동, 불면증 등이 걱정에서 오는 대표 증상이다. 미래에 닥칠지 모르는 위협과 도전에 대해 노심초사하느라 많은 시간을 긴장과 경계 태세 속에서 보내야 하는 범불안장애 환자들을 생각하면, 위의 증상은 자연스러운 것인지도 모른다(5장 참조).

심리학자들이 걱정과 불면증의 연관성에 관심을 갖게 된 것은 비교적 최근의 일이다. 진부한 비유를 빌리자면 범불안장애와 불면증은 짝꿍이다. 범불안장애 환자의 최대 90퍼센트가 수면이 만

족스럽지 못하다고 보고하고 있으며, 최대 68퍼센트가 중등도 혹은 중증 불면에 시달리는 것으로 분류된다. 범불안장애가 심해질수록 밤에 깨어 있는 시간은 늘어나고, 수면의 질과 총 수면 시간은 줄어든다.

연구에 따르면 걱정과 불면증은 서로 동반하여 발생하며 상호 부정적 영향을 미치는 것으로 나타났다. 독일 뮌스터 대학의 카롤린 티엘슈 연구팀은 범불안장애 진단을 받은 56명의 행동을 추적 관찰했다.[68]

연구팀은 참가자들에게 일주일 동안 휴대용 수면 모니터링 기기를 들고 다니게 하고, 참가자들은 하루 네 번 수면의 질에 따른 몸 상태와 걱정의 정도를 기록했다. 연구 결과, 수면의 질이 떨어지면 다음 날 아침에 기상해서 그다음 날까지 종일 걱정 수준이 증가하는 것으로 나타났다. 정반대의 관계도 관찰되었다. 걱정을 하며 잠자리에 들면 이후 수면의 질이 떨어졌다.

걱정으로 고통받는 사람이라면 이 같은 연구 결과가 크게 놀랍지 않을 것이다. 우리는 한 번쯤 걱정으로 골머리가 썩는 하루를 보낸 뒤 밤잠을 설쳐보기도 하고, 어수선한 불면의 밤을 보낸 뒤 수면 부족과 불어난 고민들로 엉망인 하루를 보낸 적도 있다. 범불안장애가 있는 사람들에게는 고질적인 습관이 되기도 한다.

불면증과 선잠은 걱정의 원인이기만 한 것이 아니다. 최근 불면증은 불안, 우울증, 양극성 장애, 외상후스트레스 장애, 약물 사용 장애, 자살 등 다양한 정신질환을 일으키는 중대한 위험 요인으로 떠오르고 있다.[69] 이는 불면증과 그 원인을 치료하는 것이 유용한 정신건강 예방책이 될 수 있음을 시사한다.

오늘날 많은 치료법들이 범불안장애 치료에 불면증 치료를 포함시키도록 권고하고 있다. 다음 장에서 소개할 걱정 완화 워크숍에서는 밤 시간대 불청객처럼 찾아오는 걱정을 관리하는 방법과 최신 인지행동치료의 불면 완화 기법에서 얻은 방법을 소개한다. 걱정을 줄이기 위해서는 불면증을 관리하고 건강한 수면 패턴을 만들어가는 것이 매우 중요하다.

걱정의 속성 5. 범불안장애의 중요한 진단 기준은 과도한 걱정이 최소 6개월 이상 지속되어야 한다는 점이다.

걱정의 속성 6. 범불안장애는 비교적 흔하게 발병하며 평생 유병률 추정치는 3.7퍼센트다.

걱정의 속성 7. 범불안장애는 집중력 저하, 과민성, 근육의 긴장, 수면 장해와 같은 스트레스 관련 증상과 관련이 있다.

걱정의 속성 8. 병적인 걱정과 불면증은 높은 상관관계를 보인다.

▼

걱정 완화 워크숍 5

걱정꾼들을 위한 불면 다스리는 법

밤이야말로 걱정이 왕성해지는 시간이다. 이번 워크숍에서 밤 시간대의 걱정을 디스리고 걱정으로 잠이 오지 않을 때 눈 붙일 수 있는 방법을 소개한다.

하루 종일 우리를 괴롭히는 걱정들을 모았다가 매일 정해진 시간에만 걱정에 집중해보자. 8장에서 소개할 걱정일지를 작성하거나, 매일 걱정을 위한 시간을 따로 마련하는 등 낮 시간대에서부터 걱정 관리를 시작하는 것이다. 잠이 들 무렵 걱정거리가 떠오르면 워크시트에 내용을 적고 잔다. 그리고 이튿날 걱정을 위한 시간이 될 때까지 걱정을 미뤄둠으로써 걱정을 놓아 보내는 훈련이다. 만약 다시 잠자리에 들기 어렵다면 10장에 소개한 걱정 완화 워크숍을 활용해보자.

준비물

연필이나 펜

종이나 공책

걱정을 위한 시간 워크시트(11쪽)

워크시트
다운받기

방법

빈 종이나 걱정을 위한 시간 워크시트를 침대맡에 두고 밤 시간에 자신를 괴롭히는 걱정이 떠오르거든 뭐든 간단히 옮겨 적는다. 걱정을 종이에 적어두고 걱정을 다음 날로 미루는 것은 걱정을 '내려놓는' 데 도움이 된다.

걱정을 무시하라는 뜻이 아니다. 이렇게 함으로써 더 적절한 시점에, 더 효율적으로 고민할 수 있게 된다. 걱정을 워크시트에 적어놓으면 잊어버리지도 않을 것이다. 그래도 밤에 다시 잠자리에 들기 어렵다면 다음의 방법을 시도해본다.

1. 호흡에 주의를 기울이면서 지금 내 몸에 집중해본다. 발가락이 꼼지락대는 느낌이나 베개의 감촉에 집중해도 좋다.
2. 잠자리에 들 때나 자다가 깼을 때는 일부러 시계를 보지 않는다. 시계를 보면 잠을 푹 자지 못했다는 생각에 걱정하게 되고, 걱정하면 긴장하고 스트레스가 늘어 잠이 더 달아나게 된다.
3. 10장의 워크숍 16에 소개된 마음챙김 조언을 활용한다.
4. 잠자리에 누워 15분~20분이 지났는데도 잠이 오지 않거든 침대에서 빠져나와 다른 장소로 옮긴 뒤 10장에 수록된 걱정 완화 워크숍의 명상을 시도해본다. 충분히 이완되거나 잠이 오기 시작하면 다시 잠자리로 돌아온다.

조언

불면은 우리 몸과 뇌에 혼란을 일으키고 수면을 방해하는 나쁜 습관 때문에 발생한다. 수면 문제를 관리하는 데 도움이 되는, 인지행동치료에 기반한 불면증 치료법 일부를 소개한다.[70]

▶ 잠이 올 때만 침대로 간다. 졸리지 않을 때 억지로 잠을 청하지 않는다.

▶ 잠자리에 들기 3~6시간 전 커피나 홍차, 콜라, 에너지 드링크 같은 카페인 음료는 삼간다.

▶ 잠이 든 시각에 상관없이 매일 일정한 시간에 일어난다. 이 원칙을 지키면 규칙적인 수면 습관이 생긴다.

▶ 침대는 취침 시간 이외에는 눕지 않고 침실에서 독서, TV 시청, 식사, 문자 전송, 인터넷 검색 등 수면을 방해하는 활동을 하지 않는다. 이런 활동을 떠올리게 하는 잠자리 환경은 수면을 방해할 수 있다(섹스는 무방하다!).

▶ 숙면하지 못한 날이라도 약속을 취소하지 않는다. 약속을 취소하

면 죄책감과 불안감 때문에 다음 수면에 영향을 줄 수 있다. 반대로 약속을 지키면 몸은 힘들었지만 어려움을 잘 이겨냈다는 경험을 얻게 된다.

▶ 불면증으로 고통받는 사람들은 대체로 잠들기까지의 시간은 과장하고 잠을 잔 시간은 축소해서 인식하는 경향이 있다. 이런 생각은 잠이 충분하지 않다는 불안감을 지속시킨다. 잠을 자놓고도 거의 못 잤다고 느끼는 이 신념을 바꾸고 싶다면, 매일 아침 일어나자마자 수면 일지를 작성한다. 수면 일지에는 입면까지 걸린 시간, 밤에 깨어 있었던 시간, 잠을 잔 총 시간을 기록한다. 생각했던 것보다 자신이 더 많이 잤다는 사실을 알게 될 것이다.

걱정은 실제로 건강에 어떤 영향을 미칠까?

만성적인 걱정과 정신건강이 밀접하게 연관되어 있다는 사실은 거의 정설로 받아들여지고 있다. 그렇다면 걱정과 신체건강은 어떨까? 앞서 언급했듯, 불안과 스트레스와 신체건강이 연관관계가 있음을 지지해주는 증거들은 꽤나 많다. 이런 연관성은 다양하게 드러나는데, 스트레스는 면역 기능을 악화시켜 감기나 독감 같은 기회감염(건강한 사람에게 감염이 되지 않지만 쇠약해지거나 면역 기능이 떨어진 사람에게는 감염 증상을 일으키는 것-옮긴이)이나 질병에 걸릴 위험성을 높이고, 회복을 방해하기도 한다.

또한 스트레스는 통증이나 동통, 두통 같은 신체 증상과 심혈관 질환, 통증 지각의 위험성을 증가시키는 것으로 알려져 있다. 스트레스가 직접적인 암 유발인자라는 증거는 아직 확실하진 않지만, 스트레스 호르몬이 휴면 중인 암세포를 깨워 성공적인 치료 후에도 암을 재발시킬 수 있다는 증거들이 속속 등장하고 있다.[71]

특히 걱정과 스트레스 사이에 밀접한 상관관계가 있음을 고려할 때, 걱정과 스트레스 또한 신체적 질병과 연관되어 있음을 알 수 있다. 3장에서 나는 현대인의 걱정거리 대부분이 '일상의 골칫거리들'로 통칭되는 잡다한 스트레스들을 끊임없이 곱씹고 과장한 결과임을 지적한 바 있다. 그것들은 대체로 물건 분실, 교통체증, 악천후, 말다툼, 실망스러운 처사, 수면 부족 등 매일 주변 환경

과 맞닥뜨리면서 경험하는 좌절과 짜증 나는 불편한 상황들이 빚어낸 스트레스였다.[72]

심리학자 아서 스톤은 일상의 골칫거리와 감기 증상 간의 연관성을 연구한 학자다. 그는 감기 증상이 시작되기 사나흘 전부터 일상의 골칫거리가 빈발한다는 사실을 발견했다.[73] 연구팀은 일상의 골칫거리들로 인한 스트레스가 면역 기능을 저하시켜 감기 증상이 발현되었을 수 있다고 결론내렸으며 이와 동일한 결과는 후속 연구들에서도 반복적으로 확인되었다.

연구에 따르면 번거롭고 귀찮은 일이 많아질수록 걱정하는 빈도도 늘어나는 것으로 나타났다. 걱정하는 사람 대부분은 주로 사소한 일들이 가져올 결과나 미래에 벌어질 골칫거리에 대해 걱정한다는 점에서 충분히 예상할 수 있는 결과다.[74] 이 결과는 스트레스와 걱정, 그리고 번거로운 일상사와 걱정 사이에 밀접한 관계가 있음을 보여주긴 하지만, 그렇다고 걱정 자체가 건강에 직접적으로 해악을 끼친다는 의미는 아니다.

건강에 끼치는 걱정의 영향은 간접적일 수도 있다. 걱정은 귀찮은 일상사들이 얼마나 심각한 정도인지 인지기능을 활성화시켜 코르티솔 같은 스트레스 호르몬의 방출을 촉진하는지도 모른다. 만성 스트레스로 인해 코르티솔이 장기간 분비되면 면역체계에 이상이 올 수도 있다.

걱정은 대체로 기분이 나쁠 때 잘 떠오르며, 부정적인 감정이 면역반응을 감소시킨다는 증거는 차고 넘친다.[75] 걱정은 면역 기능을 해치고 신체 질병을 불러오는 부정적 감정 및 스트레스를 끌어들이는 시스템의 한 부분을 차지한다. 이 모든 연관성을 이렇게 풀든 저렇게 풀든 간에, 걱정은 늘 그 원인 제공자로 끌려 들어오게 되어 있다.

만성적 걱정은 심혈관 질환의 위험을 높인다

네덜란드 라이덴 대학의 바르트 페르퀼과 요스 브로스호트, 오하이오 주립대학의 줄리언 세이어는 한 걸음 더 나아가 스트레스가 신체건강의 문제를 일으키는 과정에 걱정이 직접적으로 관여한다고 주장했다. 스트레스는 인체를 '마모'시키는 결과를 낳는데, 걱정은 인체가 이런 스트레스의 영향 속에 있는 시간을 늘려놓는다.[76] 말하자면 걱정을 하는 동안 우리는 코르티솔 같은 스트레스 호르몬이 체내에 뿜어져나오게 하고 면역반응을 손상시키는 시간을 늘리고 있는 셈이다.

만성적인 걱정이 어떻게 신체건강을 즉각적으로 타격하는지 밝힌 다른 연구들도 있다. 먼저 하버드 공중보건대학의 로라 쿠브잔스키 연구팀은 1975년부터 1995년까지 남성 노인 1,759명을 대상으로 걱정과 관상동맥질환과의 관계를 추적 조사했다.[77]

연구팀은 연구 착수 시점에 걱정 수준이 높았던 사람들이 20년 사이에 관상동맥질환에 더 잘 걸린다는 사실을 발견했다. 뿐만 아니라 만성적인 걱정이 관상동맥질환의 위험성을 즉각적으로 높일 수 있다는 결론에 도달했다. 9.11 테러로 인한 급성 스트레스의 영향력을 탐구한, 앞서의 앨리슨 홀먼 연구팀에서도 유사한 결과가 확인됐다. 테러가 또 일어날 수 있다는 지속적인 염려가 신체 테러를 일으켜 2~3년 뒤 심혈관 문제를 일으킬 수 있다는 것이다.

페르퀼과 브로스호트, 세이어에 따르면 이러한 연구 결과는 지속적인 걱정이 스트레스를 연장시킨다는 사실에서 기인한다고 판단했다. 9.11 연구의 경우 9.11 스트레스의 영향이 테러 이후에도 지속되어 개인의 면역체계와 신체건강에 장기간 부담을 주었다. 극단적으로 표현하면 사람들의 머릿속에서 일어나는 일이 실제 발생하는 스트레스 요인보다 몸에 더 안 좋은 영향을 끼칠 수 있다는 얘기다. 즉 스트레스 요인에 대한 걱정이나 걱정을 되새기는 활동이 오랜 시간 동안 생리적 스트레스 반응으로 이어져 심혈관 및 내분비계 활동과 관련된 신체건강에 해를 끼치는 것이다.[78]

파국적 걱정처럼 오래 이어지는 부정적 사고가 신체 건강에 직접적인 영향을 끼친다는 증거들이 축적되면서 이러한 관점은 점차 정설로 받아들여지고 있다. 파국적 걱정은 심혈관계와 자율신경계, 신경내분비계에 영향을 주어 질병과 건강 악화로 이어질 수 있으며, 그런 점에서 우리는 정말로 '걱정병'에 걸릴 수 있다.[79]

만성적인 걱정이 신체건강에 휘두르는 역할이 명백해진 이상, 우리는 괴로운 인생 경험에 따라붙는 파국적 걱정에 어떻게든 개입하여 스트레스를 줄여야 한다.

걱정을 줄이기 위한 노력은 사별이나 중병, 의학적 문제, 대인관계 위기, 재정 파탄, 실직처럼 살면서 누구나 한 번쯤 겪는 스트레스 상황 이후나 또는 외상후스트레스(PTSD)나 급성 스트레스 증상을 일으킬 수 있는 위급한 트라우마 상황 직후에 신속하게 적용해볼 수 있다.

걱정의 속성 9. 면역체계를 위협할 정도로 스트레스가 되는 일상의 골칫거리들과 걱정 사이에는 강력한 상관관계가 있다.

걱정의 속성 10. 걱정하는 만큼 스트레스로 인해 인체가 손상된다.

걱정의 속성 11. 스트레스 요인에 대해 걱정하면 요인이 사라진 후에도 그 영향이 오래도록 지속되며, 그 결과 심혈관계나 내분비계 등을 손상시키는 생리적 스트레스 반응이 연장된다.

이 장을 마치며, 걱정은 정말 우리를 병들게 한다

지금까지 만성적인 걱정이 불러올 수 있는, 한층 더 심각한 영향들에 대해 알아보았다. 병적인 걱정과 심신의 문제가 어떤 식으로든 연관되어 있다는 사실은 미뤄 짐작하고 있었지만, 자세히 살펴볼수록 그 둘의 상관관계가 유의미하다는 것을 많은 연구에서 확인할 수 있었다.

병적인 걱정은 몸과 마음 건강에 영향을 미치는 데서 그치지 않는다. 걱정은 명확한 경로로 정신장애 및 신체질환의 발병에 직접적인 영향을 미칠 수 있다. 또 파국적인 걱정은 '두려움과 관련된 신념'을 낳는다. 불안장애 외의 다른 많은 정신건강 문제에서도 높은 수준의 걱정이 발견된다.

또 파국적인 걱정은 스트레스 요인이 사라진 후에도 스트레스 상태를 오래도록 지속시켰다. 걱정이 미래에 닥쳐올지도 모를 끔찍하고 고통스러운 결과들을 상상해냄으로써 스트레스 요인이 머릿속에서 계속 '살아 있게' 만든다. 이러한 생각의 부정적 효과는 심혈관 질환, 신체적 불만, 내분비계 문제, 기회감염 등의 위험 요인인 생리적 스트레스 반응을 촉발한다.

이렇게 병적인 걱정은 머릿속에서 일어나는 불편한 활동으로 끝나지 않는다. 온몸 곳곳에 걱정의 부정적인 영향이 퍼지게 된다.

2부
걱정 멈추기

걱정은 흔들의자와 같다.
계속 움직이지만 아무 데도 가지 않는다.

—윌 로저스, 미국 정치인

CHAPTER 5

걱정이 습관이 되기 전에

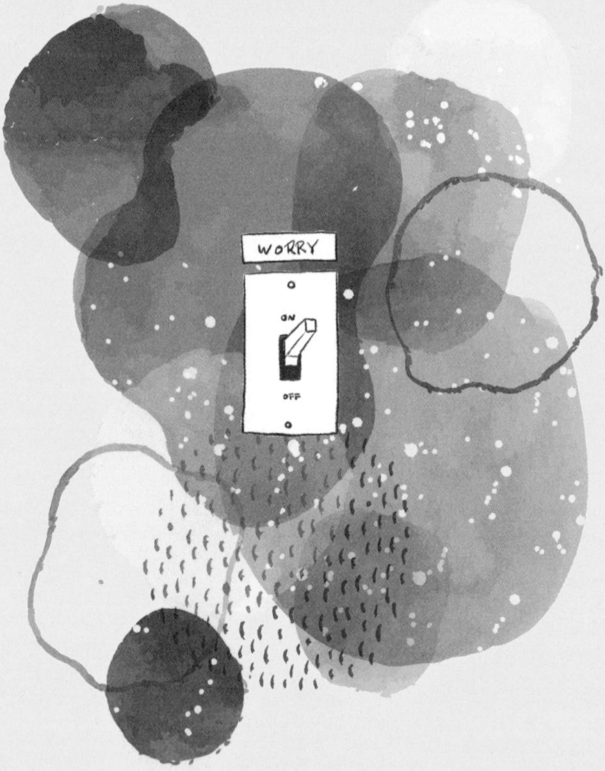

이 장의 로드맵

우리가 걱정하는 일들 대부분은 현실에서 일어나지 않는다. 그런데도 많은 사람들이 걱정에 매달려 사는 이유는 무엇일까? 이번 장에서는 만성적인 걱정꾼들에게 근심 걱정이 어떻게 떨쳐내지 못하는 강박으로 자리 잡는지 설명한다.

파국화 사고에 길들여진 사람이라면 걱정이 시간을 잡아먹는 하마란 사실을 잘 알고 있을 것이다. "~하면 어떡하지?"라는 질문이 끝도 없이 이어지는 바람에 해야 할 일을 날려버렸던 적도 많았을 것이다. 다가올 미래가 적대적이고 두렵게 느껴지기도 한다.

이번 장에서는 우리가 붙들고 있는 걱정 가운데 시간과 노력을 바칠 만한 걱정은 과연 얼마나 되는지 살펴볼 것이다. 걱정 대부분이 노력할 가치가 없을 뿐만 아니라 걱정거리 10개 중 9개는 실제로 일어나지 않는데도 우리는 왜 이토록 걱정에 붙들려 사는지, 그 수수께끼에 대한 답을 찾아보고자 한다.

걱정이 강박적 습관이 되는 세 가지 절차는 다음과 같다. ① 미신적 강화, ② 더 괴로운 걱정이 의식에 진입하는 것을 막기 위한 걱정, ③ 걱정이 유익하다는 신념이 그것이다.

걱정하는 일이 실제 일어나지 않을 가능성, 91%

프랑스 철학에서 출발해보자. 16세기 르네상스 시대를 주름잡았던 프랑스 철학자들 가운데 미셸 드 몽테뉴란 인물이 있다. 그는 『수상록』 외에도 수많은 에세이를 통해 다양한 일화와 아포리즘을 남겼다. 그를 유명하게 만든 건 "Que sais-je?"라는 문장이다. 즉 "내가 아는 것은 과연 무엇일까?"라는 회의적 질문이었다.

하지만 그 질문보다 더 심오한 것은 인생 후반부에 이어진 그의 인생 성찰이었다. "내 인생은 끔찍한 불행으로 가득 차 있는데, 그 중 대부분은 일어나지도 않은 일이었다!" 언뜻 보면 완벽한 모순으로 들리는 말이다. 하지만 다시 보면 미래에 대한 불안에 사로잡혀 살다가 불현듯 그것이 다 허상이었음을 깨닫게 되는, 어느 지독한 걱정꾼의 비극을 완벽하게 그린 문장이다.

아마 다음과 같은 경험이 다들 있을 것이다. 평소라면 집에 돌아올 시간에 배우자가 귀가하지 않는다. 뭔가 큰일이 일어난 게 틀림없다. 사고를 당했나? 병원에 실려간 건 아닐까? 전화도 받지 않는다. 혹시 모르니까 병원에 전화를 돌려봐야겠다. 그러고 보니 타이어가 말썽이긴 했다. 고속도로에서 타이어가 펴졌으면 어떡하지? 병원에서 하룻밤을 자야 하면 강아지는 누구에게 맡겨야 하나? 그러던 찰나에 배우자가 현관으로 걸어 들어온다. "오늘 저녁엔 맛있는 걸 만들어 먹고 싶어서 잠시 마트에 들렀어. 전화 못 해서 미안. 핸드폰이 방전됐지 뭐야!" 당신은 그 말에 안도하면서도, 동시에 늦게 들어온 배우자에게 화를 내고 싶은 마음이 든다. 이때 대조되는 두 가지 감정에 주목해보자. 여기에는 우리의 생각보다 훨씬 더 중요한 함의가 있다.

구글 검색창에 '걱정하던 일이 실제로 일어나지 않을 확률은 몇 퍼센트인가?'를 입력하면 단박에 85퍼센트라는 수치가 뜬다. 2020년에 펜실베이니아 주립대학교의 미셸 뉴먼 연구팀이 진행한 연구에 따르면 구글이 내놓은 85퍼센트라는 수치는 심지어 과소평가된 수치라고 한다. 이 연구에서는 걱정이 만성화된 사람들에게 걱정일지를 쓰게 한 결과, 걱정했던 일들의 91퍼센트가 실제로는 일어나지 않은 것으로 밝혀졌다. 기록했던 걱정거리가 단 한 개도 현실화되지 않았던 참가자들도 많았다.[81]

"~하면 어떡하지?"라는 파국적 걱정꾼의 질문은 마음속에서 생생하게 경험되지만 막상 현실에서는 실현되지 않는, 수많은 가상 시나리오를 만들어내기에 제격인 문장이다.

걱정꾼들의 걱정거리 대부분이 실제로 일어나지 않음에도 사람들은 왜 그토록 걱정하는 것일까? 그럴 만한 가치가 있는 것일까? 글쎄, 이런 질문을 던져봤자 걱정꾼의 걱정을 멈추게 하지는 못할 것 같다. 대신 걱정할 때의 정신적, 감정적 변화가 걱정하는 일의 가치에 대한 부분적 답이 될 수 있을 듯하다. 앞서 배우자가 귀가

시간이 지나도록 돌아오지 않았던 에피소드에서 답을 찾아보자.

걱정은 대번에 배우자가 사고를 당하고 병원에 입원해 있는 장면을 만들었다. 그러고 나서 부상이 심한 배우자와 함께 병원에서 하룻밤을 보내기 위해 처리해야 할 세부 내용을 고민하는 단계로 옮겨갔다.

하지만 정작 우리가 눈여겨봐야 할 대목은 이 모든 과정의 말미에 벌어지는 일이다. 두 가지 정반대의 감정이 올라온 것 말이다. 첫 감정은 배우자가 안전하다는 사실을 알게 된 직후 밀려드는 커다란 안도감이다. 하지만 처음의 안도감은 배우자에게 화를 내고 싶은 마음에 금세 자리를 내준다. 걱정하는 사람은 '나는 원래 걱정 많은 사람'이니 앞으로는 늦게 올 것 같으면 미리 꼭 알려달라고 황당한 주장을 하며 화를 낼 가능성이 높다.

걱정은 미신처럼 들러붙어 떨어지지 않고

걱정했던 일이 벌어지지 않았을 때 느끼는 안도감은 크다. 걱정하며 속 끓이던 시간에 대한 보상이 될 수 있다. 이 안도감이 어떻게 보상이 될 수 있는지 한 가지 일화를 통해 설명해보겠다.

오랫동안 걱정을 연구해왔던 에이드리언 웰스는 영국 맨체스터 대학교의 임상심리학 교수다. 그는 병적인 걱정에 관한 현대인들의 인식에 관해 큰 공헌을 한 인물로, 항상 귀가 번쩍 뜨이는 서두로 발표를 시작한다.

"저는 매일 아침 코끼리 떼에 밟혀 죽으면 어쩌나 하는 걱정으로 하루를 시작합니다."

청중은 당황한 기색이 역력하다. 코끼리 떼라니? 맨체스터에서? 잠시 후 그의 말이 이어진다.

"하지만 아직까지 코끼리 떼에 밟혀 죽은 적은 없었어요. 걱정했던 게 효과가 있었던 게죠!"

조금은 극단적으로 들리는 예시지만, 그의 말은 핵심을 찌른다. 걱정을 하면 나쁜 일을 예방할 수 있다고 믿고, 나쁜 일이 정말로 일어나지 않게 하기 위해 걱정은 할 만한 가치가 있는 활동으로 여기기 때문이다. 여기에는 두 가지 요인이 작용한다.

첫째, 당신의 걱정이 괜한 것이었음을 깨달았을 때 느껴지는 안도감은 이전의 걱정을 의미 있는 과정으로 만들어준다. 이것은 일종의 조건화로, 불안이 해소되었을 때 찾아오는 행복감 때문에 걱정하길 잘했다는 생각이 드는 것이다.[82] 이때 뇌의 쾌락 중추인 흑질핵에서 신경전달물질인 도파민이 분비되고, 행복감을 느끼기 직전의 '활동'이 이후로도 계속 일어날 가능성이 높아진다. 여기서 '활동'이란 바로 걱정하기다.

이는 '미신적 강화(superstitious reinforcement)'라는 역할과 매우 흡사한 형태를 띤다. 지금으로부터 50여 년 전, 저명한 행동주의 심리학자 B. F. 스키너는 미신적 강화에 관한 고전적 연구를 진행했다. 그는 허기진 비둘기들을 상자에 넣고 60초마다 먹이를 줬다. 그렇게 비둘기들을 30분가량 상자 안에 넣고 먹이를 주자, 비둘기들이 원을 그리며 뱅뱅 돌거나 벽을 쪼아대는 등 매우 정형화된 행동을 보이기 시작했다.

그는 이를 '미신적 강화'라고 불렀는데, 비둘기들이 먹이가 배달될 때 우연히 하고 있던 행동을 반복하기 시작했기 때문이다. 그 행동과 먹이 배달 사이에는 아무런 인과관계가 없었음에도 비둘기들은 먹이가 배달될 시점에 하고 있던 행동을 먹이와 연결 지었다. 마찬가지로 나쁜 일이 일어나지 않는 것과 걱정 사이에는 아무런 연관성이 없다. 하지만 걱정했던 일이 일어나지 않았을 때 찾아오는 안도감 바로 직전에 걱정을 했었다는 이유로 근심 어린 생각이 강화되는 것이다.

걱정을 했다가 걱정했던 사건이 일어나지 않는 일이 자주 반복되면 걱정이 유용하다는 믿음, 특히 걱정은 나쁜 일이 발생하는 것을 막기 위해 꼭 해야 하는 가치 있는 일이란 신념이 만들어질 수 있다. 이러한 신념은 오랜 시간에 걸쳐 서서히 굳어지기 때문에 의식 차원에서 알아차리기 어렵다. 연구에 따르면 파국적인 걱정을 하는 사람들에게서 이런 신념이 자주 발견된다.[83]

걱정의 속성 1. 우리가 걱정하는 문제와 사건들 대부분은 현실에서 일어나지 않으며, 연구에 따르면 걱정하는 내용의 90퍼센트 이상이 현실화되지 않았다.

걱정의 속성 2. 예상했던 나쁜 일이 벌어지지 않았을 때 경험하는 안도감 때문에 걱정하는 행동이 강화되고 반복될 수 있다.

왜 걱정꾼들은 심박수가 낮을까?

누군가에게 걱정이라는 활동이 삶에서 확고하게 자리 잡은 이유는 무엇일까? 단순히 미래의 문제를 파악하고 해결하는 것 외에 다른 숨겨진 목적들이 있어서 그런 것은 아닐까? 연구자들은 다음과 같은 가설을 제시했다.

걱정이 너무 많아 범불안장애(GAD, 4장 참조) 같은 중증 불안장애를 진단받을 수 있는 사람들에 관한 의외의 사실이 있다. 보통은 걱정꾼들이 두려운 미래 시나리오를 계속 떠올려서 교감신경계를 연거푸 흥분시키기 때문에 걱정꾼들의 심박수 변동성이 높을 거라고 예상한다. 여기서 심박수 변동성이란 심장박동이 느린 상태에서 빠른 상태로, 또는 빠른 상태에서 느린 상태로 빠르게 변환되는 비율을 의미한다.

그러나 예상과 달리 걱정꾼들의 심박수 변동성은 매우 낮았고 근육 긴장도는 높았다.[84] 펜실베이니아 주립대학교 심리학과 명예 교수인 토머스 보르코벡 연구팀은 걱정꾼들의 심박수 변동성이 낮은 것은 생리적으로 '얼어붙은(freezing)' 상태에 있기 때문이라고 주장했다. 얼어붙는 상태는 극한의 위기 상황에 처한 동물들이 보이는 '싸움-공포-도주' 과정에서 나타나는 반응이다. 걱정을 지속하다 보면 생리적으로 얼어붙은 상태가 되고, 걱정하는 사람을 일정한 긴장 상태 속에 머물게 하여 심박수가 일정하게 유지되게 한다. 지속적인 걱정은 위협적이거나 무서운 이미지의 감정적 처리를 방해함으로써 자율신경계의 유연성을 떨어뜨리고 교감신경계의 활성화를 억압한다.

걱정은 기본적으로 언어적, 서사적 활동이다. 걱정할 때 우리는 언어를 사용해 걱정하며, 자신의 문제에 대해 혼잣말로 중얼거리기도 한다. 보르코벡 교수는 이처럼 내면에서 끊임없이 이어지는 언어의 흐름이 혐오스럽거나 무서운 이미지가 의식에 들어오는 걸 막아준다고 말한다.[85] 하나의 병리적 활동(걱정)이 다른 병리적 활동(고통스러운 이미지와 기억을 처리하는 것)을 억제하는 데 사용된다는 식의 이런 해석은 꽤나 프로이트적이다.

말하자면 가상의 위험을 걱정하느라 눈앞에서 벌어지는 위험을 다루지 않아도 되는 것이다. 걱정이 고통스러운 이미지의 처리를 방해하는 데 쓰인다면 걱정하는 내용이 실제든 상상이든 상관없이 걱정은 하나의 의미 있는 활동으로 유지된다는 것을 알 수 있

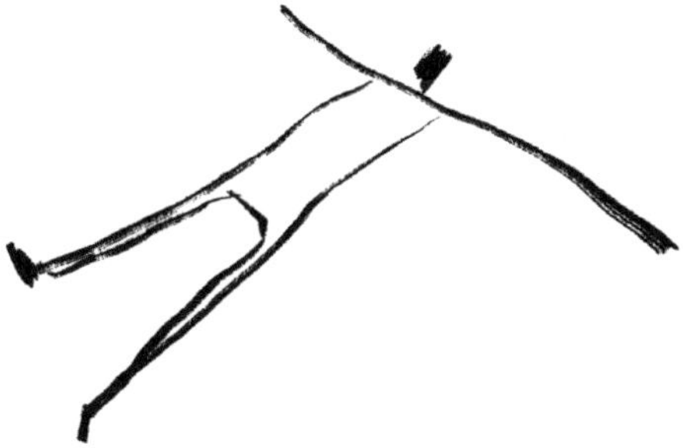

다. 걱정의 목적이 힘들고 고통스러운 이미지가 의식에 진입하는 것을 막는 것이라면, 사람들은 그것이 걱정을 가능한 한 많이 해야 하는 이유라고 생각할 것이다.

펜실베이니아 주립대학의 미셸 뉴먼은 걱정이 만성화된 사람들의 심박수 변동성이 낮은 이유에 대해 조금 다르게 설명한다. 걱정을 많이 하는 사람들은 불안이 높아 예상치 못한 위협과 도전에 늘 취약하다고 느끼기 때문에 심박수 변동성이 낮다고 주장한다.

뉴먼 교수에 따르면 걱정꾼들은 고통스러운 기억과 이미지를 처리하는 것을 막기 위해서가 아니라, 예기치 않은 위협에 대해 경계하는 감정 상태를 지속하기 위해 걱정하고 또 걱정한다고 주장한다. 이런 끊임없는 경계 태세와 각성이 심박수 변동성을 떨어뜨리고 근육 긴장도를 높이면서 상대적으로 높은 심박수를 유발한다는 것이다.[86]

불안이 높은 걱정꾼은 예상하지 못한 위협에 언제든 대처할 준비가 되어 있길 바라며, 조금이라도 위협적이거나 도전적인 상황이 감지되면 즉시 걱정 모드로 자동 전환된다. 하지만 이렇게 경계하며 걱정하는 상태가 일종의 생존 기능으로 작용하여 위기 상황을 헤쳐나가는 데 도움이 될지는 몰라도, 그 과정에서 머릿속에만 있을 뿐 실제로 일어날 가능성이 없는 위협에 대해 불필요하게 걱정하는 일이 빈번해지는 것은 큰 문제가 아닐 수 없다.

위에 소개한 두 가지 연구 결과 모두 걱정이 문제를 파악하고 해결하는 것 이외의 목적으로 유발될 수 있으며, 이것이 일어날 것 같지 않은 일에 대해 우리가 그토록 겁먹고 걱정하게 되는 이유라고 주장한다.

이들 연구에 따르면 걱정꾼들에게 중요한 것은 걱정하는 내용이 아니라 걱정하고 있다는 사실 자체다. 당신은 어떤가? 걱정할 일이 없는데도 괜히 노심초사하면서 부랴부랴 걱정거리를 찾아나서지는 않는가?

걱정의 속성 3. 걱정은 문제를 파악하고 해결하는 본래의 목적과 다르게 작용하기도 한다. 이 과정에서 걱정이 만성이 될 수 있다. 걱정은 머릿속에서 고통스럽거나 무서운 상황을 정리하는 과정을 방해하고, 예기치 못한 위기 상황에 대처하기 위해 걱정하면서 경계하는 각성 상태를 유지시킨다.

걱정은 오랜 세월 갈고닦아온 후천적 활동

"나는 원래부터 걱정이 많은 사람이야"라는 말을 들어봤을 것이다. 만성적인 걱정꾼들이 걸핏하면 입에 올리는 말이다. 2장에서 설명했듯 나는 걱정하는 성격은 타고나는 것이 아니라 평생에 걸쳐 만들어지는 것이라고 주장해왔고, 앞으로도 그럴 생각이다. 그렇다면 걱정하는 사람들은 왜 그토록 열띠게 자신을 '타고난 걱정꾼'이라고 믿고 싶어하는 것일까?

나의 어머니는 근심 걱정을 달고 사는 불안한 분이었다. 근심 걱정이 올림픽 종목이라면 어머니의 캐비닛은 금메달로 차고 넘쳤을 것이다. 자식들은 어머니가 걱정하는 일들은 일어나지 않을 거라고 어머니를 안심시키곤 했지만, 돌아오는 대답은 한결같았다.

"나는 타고나길 걱정이 많은 사람이잖니."

어머니를 비롯해 많은 걱정꾼들이 자신을 정의내릴 때 하는 말인데, 완곡한 저항에 가까운 이 말은 많은 생각을 하게 한다. 내가 어떤 얘기를 건네든 어머니는 얼마 안 가 또다시 걱정을 끌어안고 살아갈 것이며, 그 말은 어머니의 유전자 속에는 죽어도 바꿀 수 없는 뭔가가 존재한다는 뜻이기 때문이다.

하지만 걱정에만 관여하는 독립적인 유전자는 존재하지 않는다. 이번 장에서 설명하겠지만 걱정은 다양한 요인들이 복합적으로 작용하여 오랜 세월 만들어져온 활동이다. 습관화된 걱정을 유발하는 요인이 워낙 복합적이기 때문에, 걱정이 많은 사람들은 자신이 왜 그렇게 걱정이 많은지 원인을 찾기 어렵고, 때문에 걱정은 통제할 수 없는 것처럼 보인다.

"나는 원래부터 걱정이 많은 사람이잖아"라는 말은 걱정의 이유를 파악하지 못하고 걱정을 통제하지 못하는 사람이 떠올릴 수 있는, 딴에는 나름 가장 신뢰할 만한 항변인 셈이다. 하지만 오류가 많은 추론이다.

지금부터 나는 걱정하는 행위를 고수하고 미래를 걱정하는 것이 합당한 활동이라고 주장하는 이들의 고집에서 드러나는 특별한 측면, 그러니까 걱정하는 과정에 대해 그들이 은연중에 품고 있을 수 있는 신념에 초점을 맞춰보고자 한다.

걱정꾼들이 걱정을 대하는 이중적인 태도

만성적인 걱정꾼들은 걱정이 삶에 쓸모있고 중요한 일일 뿐만 아니라, 나쁜 일을 미연에 방지하는 데 특히 도움이 된다고 믿는다. 걱정에 대한 이런 긍정적 신념들은 앞서 이야기한 몇몇 과정에서 생겨날 수 있다. 예를 들어 미리 걱정을 해두었기 때문에 걱정했던 일이 일어나지 않은 거라고 생각할 수 있으며, 이때 느꼈던 안도감이 '걱정하는 것은 좋은 일'이란 신념을 심어줄 수 있다.

이러한 사실은 우리 팀이 진행한 연구에서도 여실히 드러났다. 걱정을 많이 하는 사람들에게 걱정하기에 대해 질문한 결과, 걱정이 매우 유용하다는 긍정적 신념이 파국적 걱정꾼들에게서 두드러지게 나타났다.[87]

이 신념은 크게 두 가지로 분류할 수 있다. ① 걱정은 동기를 불러일으킨다('일을 완수하려면 걱정을 해야 한다'), ② 걱정은 분석적 사고를 돕는다('걱정은 평소 행복할 때는 하지 않았던 질문을 던지게 하여 삶을 돌아보게 한다'). 이러한 신념은 나름 논리적이고 삶의 문제에 접근하는 현명한 방법처럼 보일 수도 있지만 어딘가 찜찜한 구석이 있어 보인다.

첫째, 위의 연구를 통해 우리는 걱정을 좋은 것이라고 여기는 걱정꾼일수록 불안과 우울, 병적인 걱정, 정서 중심 대처(emotion-focused coping, 상황 자체를 바꾸기보다 상황과 관련된 감정을 관리해 스트레스 상황을 해소하려는 대처 방식) 등 정신병리 측정 검사들에서 높은 점수를 받을 가능성이 더 높다는 사실을 발견했다.

둘째, 많은 걱정꾼들이 걱정을 긍정적으로 바라보면서도 동시에 걱정이 부정적 결과를 가져온다는 생각을 강하게 가지고 있다는 점도 특이한 결과였다. 그들이 가진 걱정에 대한 부정적 신념에는 다음과 같은 것들이 있다. ① 걱정은 효과적인 업무 수행을 방해한다, ② 걱정은 문제를 부풀린다, ③ 걱정은 정서적 불편을 유발한다.

여기서 발생하는 내적 갈등을 한번 생각해보자. 걱정꾼들은 긍정적인 신념에 이끌려 걱정을 시작하지만, 걱정이 고통과 슬픔을 불러온다는 사실 또한 훤히 알고 있다. 걱정에 대한 긍정적 신념과 부정적 신념 둘 다 강한 사람들은 실제로 불안과 우울 같은 정신건강 문제에 취약한 것으로 드러났다. 이들은 나쁜 일을 예방하려면 걱정이 꼭 필요하다고 믿으면서도, 걱정이 자신의 문제를 과장하고 자신을 괴롭힌다는 사실 또한 잘 알고 있었다.

걱정이 유용하다는 긍정적인 신념이 확고하다고 해서 걱정이 건설적이거나 문제 해결에 도움이 되는 것도 아니었다. 그 신념이 징크스나 미신적 성격을 띠는 경우엔 더더욱 그렇다.

가령 걱정꾼들은 걱정하는 행위 자체가 상황을 더 좋게 만든다는 논리('걱정을 하면 일어날 수 있는 최악의 상황에 대해 고민하게 되고, 그래서 걱정했던 일이 벌어지지 않으면 상황은 더 좋아진 셈이다')를 들며 걱

정의 긍정적인 측면을 강조한다. 뿐만 아니라 미래에 부정적 사건들이 닥쳐올지 모르니 상황이 괜찮을 때 미리 걱정해둘 필요가 있다고 믿는 경우도 있다('걱정은 평소 행복할 때 하지 않았던 질문을 던지게 하여 삶을 돌아보게 한다').

걱정을 좋게 바라보는 관점이 실제 문제를 해결하는 데 도움이 되지 않음에도, 비가 오나 눈이 오나 걱정이 삶의 중심에 자리잡는 라이프스타일을 만들어가는 것이 걱정꾼의 초상인 셈이다.

이제 물어야 할 것이 명확해졌다. 걱정에 대한 긍정적 신념은 대체 어디에서 비롯된 것일까? 걱정할 일이 없는데도 걱정이 필요하다고 부추기고, 걱정을 문제 해결 도구가 아닌 강박으로 변질시킨다는 점에서 삶을 피곤하게 만드는 데 말이다.

이러한 신념은 어린 시절의 경험(2장 참조)에서 온 것일 수도 있고, 우리가 걱정하는 일 대부분이 일어나지 않는다는 경험에서 비롯된 것일 수도 있다. 이러한 경험들이 걱정을 했기 때문에 행복한 결말이 가능하다는 신념을 미신처럼 맹목적으로 믿게 만든다. 그러나 이 신념의 본모습을 제대로 알게 되면 얼마나 그릇된 습관이었는지 깨닫게 되어 삶에 더 유용한 신념으로 갈아 끼울 수 있다.

파국적 걱정에 빠지는 사람들은 자신의 등에 불필요한 짐을 얹은 것과 같다. 걱정하는 사람은 자기가 하는 걱정이 하나같이 요긴하다고 믿지만, 괜한 걱정으로 있지도 않는 문제를 찾아 헤매고 자신이 통제할 수 없는 문제를 해결하려고 허우적댈 때가 많다. 이것이 파국적인 걱정의 주된 특징이다.

걱정의 속성 4. 파국적인 걱정꾼들은 걱정이 안 좋은 일을 미연에 방지하는 데 꼭 필요하고 중요한 활동이라는 신념이 강하다.

걱정의 속성 5. 파국적인 걱정꾼들 가운데 일부는 걱정을 하면 도움이 된다는 신념과 걱정이 부정적인 결과를 초래할 것이라는 부정적 신념을 함께 키워간다. 그래서 이들은 불안이나 우울 같은 정신건강 문제에 매우 취약하다.

"불확실한 것을 완전히 없애고 싶은데 왜 안 될까?"

걱정을 꼭 해야 할 일이라고 믿게 되면 그것은 걱정을 넘어 강박이 될 가능성이 높다. 그리고 이 강박을 만족시키기 위해 걱정거리를 샅샅이 찾는 데 시간을 허비하기도 한다. 도박꾼이 끊임없이 내기 할 기회를 찾는 것처럼, 걱정꾼은 걱정하고 싶은 충동을 채우기 위해 아무것도 아닌 일에서조차 가상의 위협을 만들어낼 수 있다. 걱정이 강박이 된다는 게 바로 이런 경우다.

만성적인 걱정은 많은 시간을 잡아먹고 괴롭기까지 한 활동이지만, 거기에 강박적 성격까지 덧붙여지면 또 다른 문제를 일으킨다. 강박은 걱정을 무한대로 확장시키기 때문이다. 주위에 해결을 봐야 할 중대한 문제가 없을 때에도 걱정 충동은 더 세세한 먹잇감을 찾아나서고 그것을 괴물로 만들어버린다. 거기에 강박은 작은 모래성을 태산으로 바꾸고 가상의 걱정을 무차별적으로 생성해낸다. 그리하여 애초에 해결할 수 없는 문제를 붙들고 해결책을 찾느라 뇌가 팽팽 돌아간다.

이렇게 파국적 걱정꾼들은 이렇듯 별별 걱정거리를 소환하고 창조해내는데, 이 걱정 잔치를 잠재우기 위한 심리치료 과정을 살펴보자. 먼저 걱정거리를 세 가지 유형, 즉 ① 중요하지 않은 걱정, ② 중요하면서 해결할 수 있는 걱정, ③ 중요하지만 해결할 수 없는 걱정으로 나누는 것이다.

걱정을 평가적 관점에서 바라보면서 위의 세 가지 범주에 맞춰 분류해보는 것이 중요하다(8장 참조). 미리 고민해두면 모든 걸 통제할 수 있다고 믿는 걱정꾼이 있는가 하면, 자기 힘으로 통제할 수 있는 것이 하나도 없다고 믿어서 미리 걱정을 하게 된 걱정꾼도 있다. 극단에 있는 이 두 경우 모두 도움이 되지 않는다. 따라서 걱정을 문자화하여 시각적으로 나열하고 실용적인 범주로 분류하게 되면 문제에 대한 균형 잡힌 관점을 얻을 수 있다.

걱정의 속성 6. 파국적인 걱정꾼들은 자신이 영향을 미치지 못하거나 자신의 능력으로 바꿀 수 없는 사건과 상황에 대해 자주 걱정한다. 또, 지나간 일이나 내가 결정할 수 없었던 일 따위의 걱정을 굳이 끄집어내 괴로워한다.

왜 걱정 많은 사람은 타인을 통제하는가

물론 쉽게 해결이 안 되는 걱정 유형들이 존재하는 것은 사실이다. 대표적 예가 "~하면 어떡하지?" 하는 가상의 걱정이다. 아직 일어나지 않은 일이지만 일어날지도 모른다는 불안감에 사로잡혀 있는 경우다.

가령 당신 딸이 친구들과 어울려 술집을 자주 드나든다고 하자.

당신은 딸이 술을 마시다 사고를 쳐서 직장에서 쫓겨나는 건 아닐까 걱정이 이만저만이 아니다. 이런 상황에서 두 가지 평가가 꼭 필요하다.

1. **위험성은 어느 정도인가** "내 딸이 술을 마시다 사고를 일으킬 가능성은 얼마나 될까?"
2. **내 걱정이 타인의 행동에 의해 결정될 가능성은 얼마나 될까** "걱정하는 이 문제를 나는 어느 선까지 해결할 수 있는가?"

걱정꾼들은 대부분 자신이 만든 걱정 시나리오에 대해 평가를 하지 않지만, 한다고 해도 그 평가가 객관적인 현실과 상당한 차이를 보이곤 한다. 1장에서 '학교에서 좋은 성적을 거두는 것'에 관한 질문에서 걱정이 지나쳐 자신을 지옥의 수렁까지 몰고 갔던 남자를 떠올려보자. 자신에게 안 좋은 일이 일어날 거라는 그의 추측이 얼마나 터무니없이 부풀려졌는지에 대해서는 다들 이견이 없을 것이다.

하지만 걱정꾼들에게 정말로 중요한 것은 위험한 일이 실제로 일어날 가능성이 아니다. 걱정꾼은 위험성이 완벽하게 제거되기를 바라며, 걱정이라는 활동으로 그 위험성을 0으로 떨어뜨려주기를 바라는 것이다. '불확실성에 대한 인내력 부족'이라 불리는 이 성향은 만성적인 걱정꾼들이 공통적으로 보이는 특성이다.

걱정꾼들은 모든 종류의 불확실성을 혐오하는 사람들이기 때문에 삶의 문제를 둘러싸고 있는 불확실성을 뿌리 뽑으려는 충동에 부단히 이끌린다. 하지만 할머니가 내게 자주 하셨던 말씀처럼 '인생에서 유일하게 확실한 것은 인생은 불확실하다는 사실뿐'이다! 따라서 안 좋은 일이 일어날 위험성을 0으로 만들기 위해 애쓰는 일은 터무니없고 또 실현 불가능한 일이다.

그러나 많은 걱정꾼들은 안 좋은 일이 일어날 위험성을 최소화하기 위해 여전히 광범위한 전술을 구사하고 있으며, 이 전략에는 다른 사람의 행동에 영향을 끼치려는 시도가 필연적으로 포함되어 있다. 술집에서 친구들과 어울려 노는 딸에게 술을 끊으라고 잔소리하는 것도 위험 제거 전략 중 하나로, 때로 감정적 협박이 가미되기도 한다.

"그렇게 술집에 들락거리고 술에 취해 다니면 내가 얼마나 걱정할지 너도 잘 알잖아."

걱정은 걱정꾼들로 하여금 다른 사람을 자꾸 통제하게 만들고 그로 인해 타인과의 관계가 틀어지기도 한다. 하지만 위의 예시에서처럼 가상의 걱정이 해결되지 않을 경우 걱정꾼들은 정말로 고통을 받기 때문에, 걱정하는 사람을 단순히 타인을 조종하려는 사람으로만 치부해서도 안 된다.

이 문제를 풀 수 있는 해결책이 있다. 혼자서는 쉽게 해결할 수 없는 가상의 걱정을 '놓아버리는' 훈련을 하는 것이다(도움말은 8장

에 나와 있다). "~하면 어떡하지?" 같은 가상의 걱정 외에도 해결할 가능성이 없어 보이는 걱정이 있다. 지나간 과거에 대한 걱정과 다른 사람들이 어떻게 생각할까에 대한 고민이 대표적이다.

내가 지난 날 부모 노릇을 잘 못했다든가 절친한 친구의 결혼식에서 축사를 망쳤다고 백날 고민해봐야 아무 소용 없다. 다 지나가 버린 일이며, 열띠게 고민한다 한들 돌이킬 수 없는 과거다. 이러한 경험을 현재와 미래를 위한 힌트로 활용할 수는 있지만, 그 일로 며칠씩 골머리를 앓는 것은 결코 생산적이지 못하다.

마찬가지로 다른 사람의 마음을 바꿔놓겠다는 생각 대신 논리와 추론, 사실과 유머를 동원하여 상대방의 마음에 접근하는 것이 좋다. 상대방의 마음이 바뀌기를 바라거나 마음을 바꾸라고 대놓고 요구하는 대신 말이다.

걱정의 속성 7. 걱정꾼들은 대체로 염려하는 사건이 일어날 위험성을 0으로 줄이고 싶어 한다. 이를 '불확실성에 대한 인내력 부족'이라 하는데, 나쁜 일이 일어날 확률을 0으로 줄이지 못한 무력함은 걱정꾼에게 고통과 불안을 안겨준다.

이 장을 마치며

많은 사람들에게 걱정은 강박이 될 수 있다. 이들에게 중요한 것은 걱정하는 내용이 아니라 걱정하는 일 그 자체다. 걱정거리가 해결할 수 없거나 일어날 가능성이 별로 없는 일이더라도 일단은 걱정하는 게 중요한 것이다. 최근에 근심 걱정 때문에 속을 끓였던 상황을 곰곰이 생각해보자. 걱정을 잘 다스릴 수 있었는가, 아니면 별것 아닌 일에도 고민이 마구 들끓었는가?

걱정이 통제하기 어려운 강박이 되는 통로로 몇 가지를 꼽을 수 있는데 스스로 이 과정을 알아차리고 있는지 잘 살펴보자.

1. 걱정했던 일이 발생하지 않았을 때 느끼는 안도감 때문에 오히려 걱정의 '미신적 강화'가 일어날 수 있다.

2. 걱정하는 행위는 때로 더 고통스러운 이미지와 생각이 의식에 들어오는 것을 막아주고, 그 결과 그러한 생각과 이미지를 억제하는 수단으로 작용할 수 있다.
3. 걱정했던 일이 일어나지 않으면, 걱정은 이래서 해야 하는 것이란 신념이 강하게 생겨날 수 있다(걱정이 어떤 식으로든 안 좋은 일을 '막아준다'고 믿는 경우).

일부든 전부든 이러한 과정들이 걱정을 강박적 활동으로 만드는 데 기여할 수 있다.

CHAPTER 6

스테로이드를 복용한 두 싸움꾼, 걱정과 불안 다루기

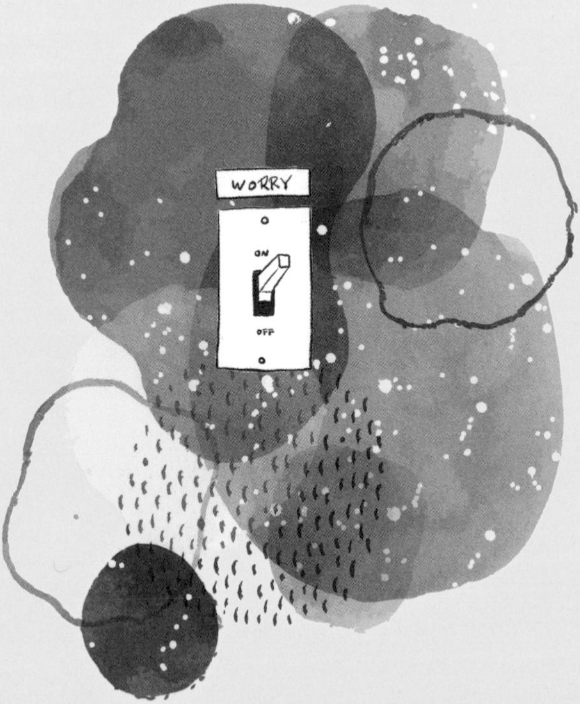

이 장의 로드맵

걱정과 불안은 같은 것일까? 그렇지 않다. 둘의 차이는 삶에 상이하고도 중대한 결과를 불러온다. 5장에서 나는 걱정이 어떻게 그 자체로 강박적 행동이 될 수 있는지 설명했다. 그렇다면 강박적인 걱정과 불안이 합쳐졌을 때 과연 어떤 일이 벌어질까? 이번 장에서는 걱정과 불안이 어떻게 다른지, 그리고 걱정할 때 불안이 문제를 해결하려는 시도를 어떻게 방해하는지 설명한다. 또 불안한 기분에 대처하는 방법과 불안을 관리하는 방법도 소개한다.

걱정은 나처럼 걱정 많은 심리학자가 연구하기에 매우 적합한 주제였다. 걱정은 일종의 인지 활동이다. 하지만 누구나 친숙하게 알고 있는 이 활동이 너무나 많은 사람들에게 정신적 고통을 주고 있었다. 나는 하루빨리 연구를 시작하고 싶어 안달이 났더랬다. 하지만 연구를 시작하자마자 암초에 부딪혔고, 의욕에 들떴던 마음은 금세 풀이 죽었다.

처음에 나는 걱정에 관한 기존의 연구 논문을 찾기 위해 학술 문헌을 검색하는 것으로 연구를 시작했다. 당시 내가 찾은 논문의 개수는 정확하게 기억나지 않지만 한 자리 수였던 것만은 확실하다. 그중 두 편은 걱정의 심리와 성(性)적 기원에 관한 모호한 정신분석학 논문으로 내가 원하는 방향은 아니었다.

이때가 1990년이었다. 허블 우주 망원경이 발사되고 독일이 통일되고 인간 게놈 프로젝트가 시작되었던 해 말이다. 하지만 인류는 인간의 보편적 인지 활동 중 하나인 걱정에 관해 사실상 아는 바가 없었다.

그때까지 심리학자들 대부분이 불안과 걱정을 동일한 것으로 취급하고 있었기 때문에 걱정만을 분리해서 연구하는 이도 없었다. 다들 불안을 연구하긴 했지만 불안이 걱정과 동일한 것이라고 가정하고 있었다.

그러나 걱정과 불안이 동의어가 아님을 인식하는 것이야말로 파국적 걱정의 성질을 파악하는 중요한 열쇠다. 사실 걱정과 불안은 악당 커플이다. 스테로이드를 복용한 두 거인처럼 서로 격돌하여 파국화와 고통, 인지적 학살을 일으킨다. 이제 걱정과 불안의 차이점은 무엇이며 만성적이고 병적인 걱정을 유발하는 걱정과 불안의 상호작용에 대해 살펴보려고 한다. 먼저 불안의 성질을 자세히 들여다보자.

비슷한 듯 다른 감정, 공포와 불안의 차이

여러 감정들과 마찬가지로 불안도 우리가 살면서 경험하게 되는 보편적 감정이다. 감정은 세상을 그저 다채롭게 경험하기 위해 우리와 함께 있는 것이 아니다. 인간의 감정은 생존을 높이고 번식에 용이한 상황을 파악하도록 진화해왔다.

수천 년 넘게 인류가 진화를 거듭해오고 문명이 발달했어도 우리는 여전히 종을 존속시켜주는 다양한 감정을 경험하고 있다. 불안도 예외는 아니다. 하지만 불안을 이해하려면 먼저 공포가 무엇인지 알아야 한다. 공포 반응이 우리가 불안이라고 부르는 경험의 근원을 형성하기 때문이다.

공포, 위험에 즉시 대처하며 진화한 반사작용

공포(fear)는 매우 기본적인 인간의 감정이며, 갑자기 들이닥친 위협 앞에서 공포를 느끼는 반응은 수천 년의 진화 끝에 생물학적으로 장착된 반사 반응이다. 우리는 이 공포 반응에 익숙하다. 갑자기 들리는 큰 소음, 불쾌한 그림자, 갑작스럽게 느껴지는 통각, 나를 향해 돌진하는 재빠른 움직임, 노려보는 눈빛 같은 것들이 일으키는 놀람 반응과 생리적 각성을 말이다.[88]

우리는 난데없는 폭죽 소리에 소스라치게 놀란다(개와 고양이도 마찬가지다). 이리저리 날뛰는 동물의 움직임은 우리의 주의를 끈다. 지하철 안의 누군가가 나를 빤히 지켜보는 것을 눈치채고 용기를 내어 그쪽으로 고개를 돌리려 할 때 아드레날린이 마구 솟구치는 것은 얼마나 신비로운 현상인가? 우리는 이런 반응을 학습한 적이 없다. 타고난 반응이다.

포식동물이 달려들 때 포착되는 현상들, 즉 서서히 드리워지는 그림자, 내 쪽을 향하는 재빠른 움직임, 먹잇감을 노려보는 포식자의 매서운 눈빛 등이 전부 공포를 촉발하는 방아쇠가 될 수 있다.

인류는 포식자의 공격으로부터 살아남는 것이 절체절명의 과제였기 때문에, 이러한 위협을 피하도록 반사 반응을 발달시켜왔다. 진화는 효율성을 매우 중시하기 때문에 살면서 맞닥뜨릴 수 있는 모든 포식자들에 일일이 대응하도록 만들어지지는 않았다. 대신 대부분의 포식자에게서 공통으로 보이는 특징들을 선별하고, 그 특징들을 감지했을 때 즉각 반응할 수 있도록 진화돼왔다.

불안, 잠재적 위협과 도전에 대비하는 방지대책시스템

지금까지 설명한 것이 공포라면 불안(anxiety)은 공포와는 조금 다르다. 현대 사회는 포식동물보다 더 많은 위협과 잠재적 도전들로 가득 차 있기 때문에 우리는 잠재적으로 위협이 될 수 있는 요인들을 관리하기 위해 더 유연한 시스템을 개발해왔는데, 이것이 바로 불안이다.

불안은 당장의 위협(가령 돌진하는 황소를 피해야 하는 상황)보다는 미래에 예상되는 위협과 도전(가령 다음 주에 있을 입사 면접에서 프레젠테이션을 해야 하는 상황)에 대한 반응이다. 불안은 공포와 비슷하지만, 다른 부가적 기능들을 가지고 있다.

공포가 당장의 위협에 대처하면서 진화해온 반사작용이라면, 불안은 공포를 끌어내는 동기 체계와 관련된 감정이다. 불안은 상

위 인지 과정(정보를 처리하고 이해하는 고급 인지 과정으로 문제 해결, 추출, 추상화 등의 능력을 포괄한다. 상위 수준 인지는 뇌의 여러 영역 간의 상호작용으로 이뤄진다.-옮긴이)이 추가될 때 더 광범위한 '방지대책시스템'으로 확장된다.

우리는 불안에 관여하는 기본적 공포 반응들, 즉 심박수 증가나 대뇌 피질 각성(위협이 될 수 있는 사물에 더 예민하게 주의를 기울임), 높은 자율신경계 반응성(더 흥분하고 반응할 준비를 함), 진행 중인 반응의 부분적 정지 및 억제(중요한 발표를 앞두고 불안에 떨 때 머릿속이 멍해짐) 등에 대해 어느 정도 알고 있다.

불안은 공포가 일으키는 신체적인 반응에 심리 과정이 더해진 것이다. 기초적인 심리 과정이란 대상에 초점을 맞추고 주위를 두며, 눈앞의 사건을 신중하고 방어적으로 해석하는 과정이다.[89] 불안에 의해 작동되는 이러한 상위 인지 과정은 우리의 생각과 행동을 신중하고 조심스럽게 살피게 되는 원인이 된다. 나중에 자세히 설명하겠지만 불안이 우리의 걱정에 영향을 미치는 지점도 바로 이 부분이다.

불안은 우리의 상위인지 과정을 툭 건들여 우리를 더 조심스럽고 신중한 사람으로 만든다. 그리고 우리가 알아차리지 못하는 사이에 고도로 집중하거나 의사 결정을 내리는 중요한 인지 과정에 영향을 미친다.

먼저 불안이 의사 결정에 어떻게 영향을 미치는지 살펴보자. '커린은 급여 명세서를 열어보고 깜짝 놀랐다'라는 문장이 있다. 이 문장을 읽고 이게 좋은 일일지 나쁜 일일지 판단해보자. 좋은 일이라고 답한 사람도 있을 것이고 나쁜 일이라고 답한 사람도 있을 것이다. 이렇게 사람에 따라 판단이 갈리는 이유는 이 문장이 중립적이고 모호하기 때문이다.

커린은 예상보다 많은 돈이 입금돼서 놀랐을 수도 있고(좋은 일), 반대로 돈이 적게 들어와서 놀랐을 수도 있다(나쁜 일). 그러나 불안이 많은 사람은 이러한 모호하고 중립적인 문장을 부정적이거나 위협적으로 해석할 가능성이 높다.[90]

살면서 일어나는 일들은 성격이 모호한 경우가 많다. 하지만 불안은 다른 사람의 행동과 대화, 표정, 그리고 살면서 겪는 다른 많은 일들에 대해 서둘러 부정적인 결론을 내리게 한다. 불안은 모호함을 더 부정적이고 집요하게 해석하도록 우리를 잡아끈다.

불안이 일으키는 악순환

1980년대 당시 불안 전문가들이 최초로 발견한 사실 중 하나는 불안이 인간의 주의집중 과정에 큰 영향을 미친다는 것이었다. 불안을 느끼면 위협이나 도전이 될 수 있는 주변 사물에 주의를 집중할 가능성이 훨씬 높아졌다. 그리고 이러한 주의 전환은 부지불식간에 일어났다.[91]

몸에서 갑자기 아드레날린이 솟구치는 걸 느낀 후 고개를 돌렸을 때, 별로 만나고 싶지 않았던 사람과 같은 공간에 있었던 적이 있는가? 이것이 바로 '불안 주의 편향(anxiety attention bias)'이다. 즉 몸에서 아드레날린이 솟구쳤던 것은 의식적으로 그 사람을 쳐다보기 전에 뇌가 먼저 그 사람을 감지했기 때문이다. 내게 닥칠 위협과 도전에 경계를 늦추지 않게 하는 것이 불안이며, 만약 불안에 좌우명이 있다면 그건 아마 '후회하느니 안전한 게 낫다'일 것이다.

불안에 관한 흥미로운 사실이 있다. 불안은 추론 과정에 영향을 미쳐 뭔가 안 좋은 일이 일어날 것 같다고 생각하게 만든다. 우리에게 속임수를 쓰는 것이다. 불안을 경험할 때 우리 뇌는 종종 '내가 불안을 느끼는 걸 보니 분명 위험한 뭔가가 있어'라고 추론한다. 이걸 근사하게 표현한 말이 '결과 추론 오류(ex-consequentia reasoning fallacy)'다.[92] 불안한 사람들은 종종 불안감을 근거로 비합리적 사고와 자신이 지어낸 걱정거리를 검증하기 때문에 결과 추론 오류에 빠지게 된다.

예를 들어 당신이 가스 불 끄는 것을 깜빡한 채 집을 나선 적이 있다면('혹시', '설마' 하는 걱정), 그 이후에 불안을 느꼈을 때 불안한 그 마음을 가스 불을 켠 채로 나왔을 거라는 증거로 사용하게 된다. 이것이 바로 결과 추론 오류다. 불안이 뭔가 위험이 존재한다는 암시를 슬쩍 흘리면('불안한데, 전에도 가스 불을 켜고 나올 때 이랬어') 이것이 괴로움을 유발하고('어떡하지, 큰일인데') 더 큰 불안거리로 해석되면서 더 큰 위험성을 암시하게 된다('집이 불타면 어떡하지').

이 악순환은 비합리적이고 비현실적이며 오류투성이인 걱정의 온상이 된다. 이것이 바로 불안이 '~하면 어떡하지?'라는 걱정을 불러일으키고 그것을 현실이라고 착각하게 만드는 과정이다.

불안은 인간 스스로를 보호하기 위해 진화한 감정이다. 초조할 때 우리는 위협이 될 수 있는 것들에 주의를 쏟고, 모호한 사건을 위협적인 것으로 해석하려 하며, 불안을 근거로 위험성을 확신하는 추론을 펼쳐가게 된다. 이러한 특성을 염두에 두고 걱정과 불안이 어떻게 다른지, 그리고 걱정과 불안이 뒤섞일 때 어떻게 평범했던 걱정이 파국으로 흘러가는지 살펴보자.

걱정의 속성 1. 1990년 이전만 해도 심리학 분야에서 걱정에 관한 연구가 거의 이뤄지지 않았으며, 걱정은 불안과 동의어로 여겨졌다.

걱정의 속성 2. 불안은 '결과 추론 오류(자신이 불안을 느끼기 때문에 위험하다고 가정하는 것)' 과정을 통해 비합리적 사고를 합리화하고 '~하면 어떡하지?' 하는 걱정거리를 만들어낸다.

가장 순수한 형태의 걱정을 들여다보면

내가 런던의 시티 대학에서 제임스 햄프턴, 졸라 패럴, 수 데이비드슨과 함께 진행했던 초기 걱정 연구들 중 하나는 불안과 걱정의 차이점을 밝히는 것이었다.[93] 불안은 감정인 반면 걱정은 인지 활동이란 사실을 우리는 이미 잘 알고 있었다. 하지만 우리는 걱정과 불안을 명확하게 구분해주는 또 다른 특징이 있을지 몹시 궁금했다. 당시에는 증거가 거의 없었기 때문에 우리는 이 문제와 제대로 부딪쳐보기로 했다.

우리는 실험 참가자들을 모집해 먼저 걱정과 불안의 정도를 측정했다. 그리고 이런 감정들에 대처하는 방식, 그들이 경험한 정신 건강 문제, 그들이 사용하는 해로운 인지 전략 등에 관해 광범위하게 설문 조사를 진행했다. 우리는 캐비닛에 가득 쌓인 데이터를 가

걱정 worry
인지 활동
문제 해결 전략 수립과
정보 탐색

불안 anxiety
감정
문제 해결 방해

지고 통계를 돌려 불안과 관련된 모든 요인을 벗겨냈을 때 순수한 걱정이 어떤 모습을 띠는지 알아냈다. 그런 다음 불안에 대해서도 똑같은 작업을 실시했다. 걱정과 관련된 모든 요인을 제거했을 때, 순수한 불안은 과연 어떤 모습을 띨까?

이렇게 걱정과 불안을 들여다보자 둘은 완전히 다른 양상을 드러냈다. 불안이 제거된 걱정(worry)은 문제 중심적인 대처 전략(문제에 대한 해결책을 찾아 문제를 해결하려고 노력하는 시도)과 정보를 탐색하는 인지 양식(문제 해결을 위한 실마리를 찾는 것)을 사용했다. 또 놀랍게도 회피적 대처와 감정 중심적인 대처(부정적인 사건에 노출되었을 때 스트레스를 조절하려는 시도)를 시도하는 특징이 있었다.

한편 걱정 관련 요인을 제거한 불안(anxiety)은 완전히 다른 차원의 문제였다. 걱정이 제거된 불안은 정신질환의 원인이 될 수도 있는 심리적 과정을 특징으로 하고 있었다. 문제 해결에 대한 자신감 결여, 스스로 문제를 통제할 수 있다는 인식의 부족, 부정적인 결과가 나온 데 대한 자책, 사건을 위협적이라고 규정하는 경향, 회피 및 감정 중심의 대처 전략 등이 그것이었다. 자신을 안전하게 지켜주는 면이 있긴 하지만 그 과정에 의심과 고통이 따라붙는 것, 안전을 유지하는 데 효과가 있을 수도 있지만 심리적 대가를 치르게 되는 전략! 이것이 바로 불안의 순수한 모습이었다.

이 연구 결과를 놓고 어느 것이 더 좋고 나쁘다를 따질 수는 없지만 걱정은 대체로 매우 긍정적인 특성, 가령 적응적이고 문제 중심적인 대처와 정보를 탐색하는 인지 양식과 관련이 있었다. 반면 불안은 주로 해로운 심리적 결과로 이어지는 특성들을 가지고 있었다. 이런 연구 결과를 살피다 보면 어느 순간 걱정은 '좋은 것'으로, 불안은 '나쁜 것'으로 보이기 시작한다.

그렇다면 걱정은 어디서부터 잘못되기 시작하는 걸까? 왜 걱정은 사람들에게 고통스럽고 비효율적인 활동이 되고, 우리 연구에서 보여진 것처럼 긍정적이고 생산적인 활동이 되지 못하는 걸까?

걱정의 속성 3. 불안이 제거된 걱정은 긍정적인 특성, 즉 문제에 초점을 둔 대처 전략과 정보를 탐색하는 인지 양식과 관련이 있었다.

걱정의 속성 4. 불안은 그 자체로 좋지 않은 심리적 결과로 이어지는 특성들을 불러 일으켰다. 예를 들어 문제 해결에 대한 자신감 결여, 문제에 대한 통제력 부족, 부정적 결과에 대한 과도한 책임감, 사건을 위협으로 규정하는 경향, 회피하거나 감정을 앞세우는 대처 전략 같은 특성이다.

걱정이라는 활동에 불안이 엉겨붙을 때 벌어지는 일

평범한 사람들에게 걱정을 뭐라고 생각하는지 물으면 많은 이들이 직면한 문제를 '생각으로 헤쳐 나가는' 과정이라고 답할 것이다. 그들의 답에는 고뇌의 흔적도, 잠 못 드는 밤에 대한 고통도, 스트레스나 불안에 대한 암시도 없다. 이들은 아마도 매일 맞닥뜨리는 문제에 적절한 전략을 사용하고 자신의 걱정이 삶에 도움이 되고 적응적이라는 걸 아는, 걱정을 하되 불안해하지는 않는 사람들일 것이다.

하지만 생존에 유용하고 적합한 걱정이라는 과정에 불안이 합쳐지면 어떤 일이 벌어질까? 이는 마치 토끼가 있는 방에 악어를 풀어놓는 것과 같아서 골치가 아파질 것이다.

불순물이 섞이지 않은 순수한 '걱정하기'는 내게 닥쳐올 시나리오와 대처 방법을 궁리하면서 문제를 해결하려는 시도이지만, 여기에 불안을 끌어들이는 것은 적응적인 과정을 한순간에 무너뜨릴 수 있는 짐을 등에 얹는 꼴이다.[94] 앞서 언급했듯 불안은 문제를 해결할 수 있다는 자신감을 떨어뜨리고 스스로 상황을 주도할 수 없다고 생각하게 만들기 때문이다.

불안의 속성들이 어떻게 우리의 문제 해결 능력을 망가뜨리는지 살펴보자. 걱정꾼들이 공통으로 보이는 특징 중 하나가 그토록 열심히 걱정을 했음에도 해결책을 찾지 못하고 이것도 문제, 저것도 문제라는 식으로 문젯거리만 늘리다 만다는 점이다. 이럴 때 불안은 위험에 대한 주의 편향뿐 아니라, 모호해 보이는 것은 몽땅 위협적인 것으로 해석하는 해석 편향도 불러온다. 이 두 가지가 완벽하게 결합하는 순간 더 많은 걱정거리들이 생겨난다. 파국적 걱정에 잘 빠지는 사람들에게는 불안이 불러오는 편향이 큰 영향을 미치는데, 그럴 때 걱정은 본래 역할인 문제 해결 능력을 잃고 그저 잠재적 위협을 찾는 데만 혈안이 된다.

좋고 나쁨이 불분명한 문장에 걱정꾼들이 어떻게 반응하는지 조사했던 연구가 있다. 걱정하는 사람들의 일기에서 발췌한 '~하면 어떡하지?' 류의 문장들을 제시하고 각 사건이 걱정할 만한 일이라고 생각하는지 여부를 그들에게 물었다. 문장은 명백히 긍정적인 문장('오늘은 날씨가 정말 좋다, 햇볕을 쬐면 기분이 좋아진다'), 명백히 부정적인 문장('오늘 아침에 미용실에 갔다, 새로 한 머리가 마음에 안 든다'), 그리고 모호한 문장('연극 무대에서의 내 연기에 대해 다들 코멘트했다')으로 나누어 제시했다. 예상대로 만성적인 걱정꾼들은 모호한 진술 대부분을 근심거리로 분류했다. 모호한 사건을 위협으로 해석하는 그들의 편향이 반영된 결과였다.

하지만 전혀 예상치 못한 문제도 발생했다. 만성적인 걱정꾼들은 우리가 명백하게 긍정적이라고 여겼던 문장들도 근심거리로 분류했다. 그들은 모호함을 위협으로 해석했을 뿐만 아니라, 모호하지 않은 긍정적인 문구에서조차 부정적인 요소를 적극적으로 찾아내고 있었다! 가령 '방금 친구 루시로부터 생일파티 초대를 받았어요' 같은 문장이 왜 우려스러울 수 있는지 묻자 어느 고질적인 걱정꾼은 이렇게 답했다. "생일파티에 내가 잘 모르는 사람들이 올 수 있잖아요." 또 다른 응답자는 "어떤 옷을 입고 가야 할지 몰라서요"라고 답했다.

이렇게 사건의 세부 사항으로 깊이 파고 들어가 거기 도사리고 있는 잠재적 위협의 실마리를 샅샅이 뒤지는 것이 바로 불안이다. 이것이 불안이 걱정 과정을 집적대고 괴롭혀서 더 많은 걱정을 생산하게 하는 방식이다. (이 과정에 대해서는 9장에서 다시 설명한다. 9장의 걱정 완화 워크숍에서는 자신이 부정적인 해석 편향을 가지고 있는지 긍정적인 해석 편향을 가지고 있는지도 평가할 수 있다.)

문제 해결을 적극적으로 방해하기 위해 불안이 사용하는 또 다른 방법은 자신감에 영향을 미치는 것이다. 1장에서 문제 해결에 대한 자신감 부족이 과도한 걱정을 유발하는 요인이라고 설명한 바 있다. 문제 해결에 대한 자신감 부족은 걱정보다는 불안이 얽혔을 때 나타나는 특징이다.

따라서 걱정과 불안이 한 쌍의 커플이 되면 줄창 걱정만 하는 우유부단 상태에 빠지게 된다. 걱정하고 싶은 충동이 불안이 끌고 들어온 자신감 부족과 얽히게 되면 문제 해결과 정보 탐색을 열심히 시도해도 자신이 도출한 해결책을 잘 받아들이지 않으려 한다. 걱정과 불안의 갈등은 걱정하는 동안 해결책이 자주 바뀌는 이유, 그리고 확실한 증거에 대해 비현실적으로 높은 기대치를 갖기 때문에 모호한 문장을 평가할 때 더 오랜 시간이 걸리는 이유를 잘 설명해준다.[95]

이들은 자신이 낸 해결책에 자신 없어 하기 때문에, 의사 결정의 근거가 될 증거들을 더 많이 확보하려고 한다. 예를 들어 여권을 찾을 수 없거나 여권을 분실한 상황을 떠올려보자. 여권이 어딘가 있을 것 같으면 집안을 샅샅이 뒤져볼 수도 있으며, 그런데도 여권을 찾을 수 없으면 미리 새 여권을 신청하러 갈 수도 있다. 이 문제를 해결할 방법은 여러 가지다.

그러나 불안 많은 걱정꾼은 여권을 찾지 못하면 어떻게 할지 해결책을 찾기보다 여권이 없을 때 벌어질 수 있는 일들을 생각하며 파국적 걱정에 빠진다. 그러다 보니 문제 해결은 뒤로 밀려나고 도움이 안 되는 걱정거리만 계속 늘어나 시간만 허비한다.

초조함 속에서 걱정하는 사람들은 증거를 검토하고 잠재적인 해결책을 평가하기 어렵기 때문에 또 다른 문제에 봉착한다. 또 뭐가 적절한 해결책인지 확신하지 못하기 때문에 걱정하는 문제가 통제 가능한 일인지 아닌지 평가하는 일에도 서툴다. 때문에 통제 가능한 문제와 통제 불가능한 문제를 구분하지 않은 채 닥치는 대로 걱정하게 되고 자기가 통제할 수 없는 문제를 붙들고 씨름하느라 밤잠을 설친다. 상사 권한으로 처리해야 하는 문제를 붙들고 신입사원이 밤새 끙끙 앓는 격이다.

걱정의 속성 5. 불안을 느끼면서 걱정하면 문제 해결에 방해가 된다.

걱정의 속성 6. 불안과 걱정이 합쳐지면 긍정적인 일에서도 굳이 위험 요소를 찾게 된다.

걱정의 속성 7. 불안이 야기하는 자신감 결여는 걱정꾼을 뒤흔들고 걱정을 더 오래 지속시킨다.

걱정의 속성 8. 조바심을 내면서 걱정하는 사람은 해결책을 찾아도 해결책의 가치를 제대로 평가하지 못한다. 따라서 통제할 수 있는 걱정과 통제할 수 없는 걱정을 똑같은 무게로 근심하게 된다.

불안의 두 가지 형태

걱정에 불안이 결합되면 유독하고 파괴적인 영향을 끼친다는 것을 알았으니 우리는 불안을 다스리기 위해 방법을 찾아야 한다. 이제 좋은 걱정을 방해하는 불안을 다스리는 법을 소개하겠다. 불안은 크게 두 가지 방식으로 나타난다.

하나는 '상태 불안'이다. 일상생활에서 발생한 사건으로 인해 하루 이틀 정도 불안이 지속되는 경우다. 직장에서 힘든 하루를 보냈거나, 접촉 사고가 났거나, 열쇠를 잃어버렸거나, 교통체증으로 인해 약속을 놓쳤을 때 상태 불안이 올라올 수 있다. 이런 경험은 보통 '스트레스'라고 불리는 급성 불안 상태를 유발하며 이때 불안과 관련된 생리 반응(각성, 고혈압, 근육 긴장, 빠른 호흡, 안면 홍조 등)이 즉각적으로 나타난다. 특정 생활 사건에 의해 유발되며 짧게 지나가기 때문에 '상태 불안'이라고 부른다.

다른 하나는 '특성 불안'이다. 매일같이 또는 장기간에 걸쳐 경험되는 만성적인 유형의 불안이다. 특성 불안이 활성화되면 세상을 보는 사고 방식에 의해 불안이 유지되는 경향이 있다. 특성 불안이 있는 사람은 실질적인 위협이나 어려움이 존재하지 않는 상황에서도 계속해서 불안을 느낀다.[96] 특성 불안은 강박장애, 공황장애, 범불안장애와 같은 구체적인 불안 장애로 발전하기도 한다.

다음 장의 걱정 완화 워크숍에서는 상태 불안을 다스릴 수 있는 방법을 소개한다.

▼

걱정 완화 워크숍 6

부정적인 기분에서 빠져나오는 과학적 방법

불안이나 스트레스, 피로와 화를 자주 느낀다면 간단한 방법으로 기분을 전환할 수 있다. 부정적인 기분을 떨쳐냄으로써 머릿속에 눌어붙은 걱정이 하루를 망치는 것을 방지할 수 있다. 소개하는 과정은 모두 과학적으로 검증된 방법만 추렸다.

준비물

음악

좋아하는 향초

재미있는 동영상

편안한 목욕용 소금

목적

연구에 따르면 다음 활동들은 기분이 가라앉거나 스트레스를 받았거나 기분이 부정적일 때 기분을 환기시켜 준다. 부정적인 기분은 일상적 사건에서 비롯되는 편이어서 적절한 기분 전환 활동을 해주기만 해도 빨리 좋아질 수 있다.

효과

1장에서 부정적 감정이 파국적 걱정을 유발할 뿐 아니라, 걱정을 오래 지속시키는 이유에 대해 소개했다. 이번 장에서는 부정적인 감정 중에서도 특히 불안감이 해소되면 걱정으로 인한 고통이 줄어들고 걱정 수준도 완화된다는 사실을 다루었다. 이제 아래의 기분 전환 활동들 가운데 자신에게 맞는 것을 찾아 시도해보자.

▶ 경쾌한 음악 듣기

미주리 대학의 심리학자 유나 퍼거슨은 경쾌한 곡이나 긍정적인 가사의 음악을 들으면 기분이 즉시 좋아진다는 사실을 연구를 통해 증명한 바 있다.[97] 음악을 즐기고 기분을 개선하겠다는 의도로 음악을 듣되 "내가 이 음악을 들어서 지금 행복한가?"라고 확인할 필요는 없다. 그렇게 하면 효과가 없다.

우리 연구팀은 참가자들이 긍정적인 음악을 통해 행복감은 더 느끼고 불안감은 덜 느끼도록 실험 연구를 진행했다. 긍정적인 음악은 단시간에 기분을 효과적으로 개선시켰고, 경쾌하거나 긍정적인 음악을 들은 후에는 걱정이 감소하였다. 그렇다면 기분을 끌어올리는 경쾌한 음악에는 어떤 곡들이 있을까? 네덜란드 흐로닝언 대학의 인지신경과학자인 제이콥 졸리 박사는 과학적 근거를 바탕으로 기분이 좋아지는 노래 10곡을 추려냈다.[98]

1. 〈Don't Stop Me Now〉, 퀸

2. 〈Dancing Queen〉, 아바

3. 〈Good Vibrations〉, 비치 보이스

4. 〈Uptown Girl〉, 빌리 조엘

5. 〈Eye of the Tiger〉, 서바이버

6. 〈I'm a Believer〉, 몽키스

7. 〈Girls Just Wanna Have Fun〉, 신디 로퍼

8. 〈Living on a Prayer〉, 본 조비

9. 〈I Will Survive〉, 글로리아 게이너

10. 〈Walking on Sunshine〉, 카트리나 앤 더 웨이브스

뻔한 처방 같아도 실험과 학술적 근거를 바탕으로 찾아낸 목록이니 즐겨보길 바란다.

▶ 동네를 한 바퀴 산책한다

날씨가 좋고 여유가 있다면 잠시 산책을 즐겨보자. 산책을 하면 스트레스와 불안을 유발하는 현재의 환경에서 벗어날 수 있을 뿐만 아니라 운동 효과도 얻을 수 있다. 운동은 아주 가벼운 수준이라도 기분을 좋게 만든다. 낮에 야외에 나가 몸을 움직이면 햇볕을 쬘 수 있어 숙면에도 도움을 주며 불안과 우울함도 낮출 수 있다.

코네티컷 대학의 생리학자인 그레고리 판사는 건강한 중년 성인 419

명의 신체 활동을 추적했다. 호흡과 심박수, 땀 배출이 많지 않은 10분 가량의 동네 산책 같은 가벼운 신체 활동만으로도 행복감이 높아지고 우울감이 낮아지는 것으로 나타났다.[99]

▶ 진정 효과가 있는 아로마로 몸을 감싼다

향초나 디퓨저를 활용해 집 안 곳곳에 편안한 향기가 퍼지게 한다. 재스민, 바질, 캐모마일, 유향, 파출리, 회향 등 진정 및 불안 완화에 효과가 좋은 향들이 많지만,[100] 그중 추천하는 향은 라벤더다. 이탈리아 파르마 대학의 다비드 도넬리 연구팀은 라벤더가 불안 및 불안 관련 요인에 미치는 영향을 조사한 90개의 과학적 연구 논문을 검토했다. 그 결과 라벤더를 요리에 넣어 섭취하거나 오일을 몸에 바르거나, 향을 맡는 것이 불안을 해소하는 데 긍정적 영향을 미치며 일부 임상 환경에서는 치료책으로도 고려될 수 있음이 밝혀졌다.[101]

▶ 억지로라도 웃자

웃으면 걱정이 사라진다. 스트레스가 쌓였을 때라도 웃게 되면 즉시 기분이 좋아지고, 통증과 스트레스가 줄어든다. 또 스트레스 호르몬이 감소하고 면역 세포 및 감염과 싸우는 항체가 증가하여 결과적으로 면역력이 강화된다. 웃으면 뇌의 보상중추인 흑질핵 영역에서 천연아편제인 도파민이 분비되어 그 즉시 스트레스가 줄고 더 긍정적이 된다. 그러니 웃음을 주는 유튜브 영상을 북마크에 저장해두었다가 웃음이 필요한 순간에 곧바로 접속할 수 있게 해두자. 아니면 하드드라이브에 고전 코미디 프로그램을 저장해두자. 웃음은 정말이지 최고의 명약이다(하지만 스스로 간지럽히는 것은 효과가 없으니 다른 사람에게 부탁하자).

▶ 목욕이나 샤워를 한다

나만의 공간을 확보하기에 목욕이나 샤워만큼 좋은 것도 없다. 수많은 문화권에서 목욕은 몸을 이완하고 정화하는 수단이 되어왔지만, 뜨거운 욕조에 몸을 담그고 있으면 또 다른 유익을 얻을 수 있다. 목욕은 혈액순환을 촉진하고 깊은 숙면에 도움을 주며, 온수 욕조에 10분만 몸을 담가도 고혈압 환자의 혈압이 떨어진다.[102] 하루 일과를 마치고 목욕을 하면서 그날 거둔 긍정적 성과들을 돌아보자. 그날 쌓인 긴장과 스트레스를 씻어내는 편안한 장소와 시간이 되어줄 것이다.

과학적으로 효과가 입증된 활동만 추려 소개했지만 사람마다 개성과 취향이 다르기 때문에 각자 자신에게 맞는 활동을 더 찾아볼 수 있을 것이다. 가령 오래된 사진 꺼내보기, 집 청소하기, 요리하기, 친한 친구와 수다 떨기, 걱정이나 부정적인 감정에 대해 글쓰기, 그냥 웃어보기 등이 있다.[103]

▼

걱정 완화 워크숍 7

불안 관리를 위한 10가지 과학적 조언

어떤 이들은 운이 좋아서 스트레스와 불안이 찾아와도 대수롭지 않게 넘긴다. 하지만 어떤 이들은 작은 스트레스에도 고통스럽고 힘이 든다. 만성 불안은 대부분 부정적인 감정이나 자신과 세상에 대한 잘못된 신념, 편향된 사고, 회피 행동 등에서 생겨난다. 따라서 만성 불안을 성공적으로 다스리려면 이러한 요소들을 주의 깊게 살펴봐야 한다. 만성화된 불안 때문에 삶이 고통스럽다면 불안을 다스리고 삶을 생동감 있게 살아내는 데 도움을 줄 장기적 전략이 필요하다.

준비물

스티커 메모지

방법

이번 장에서는 불안과 걱정이 어떻게 해로운 한 쌍이 되는지 알아보았다. 즉 불안은 성공적인 문제 해결을 방해하고, 자신감을 떨어뜨리며, 문제를 통제할 수 없을 것 같은 느낌을 부추겨 걱정을 계속 하게 만드는 등 부정적 영향을 끼친다. 아래의 방법에 따라 불안을 꾸준히 다스리게 되면 걱정을 스스로 통제할 수 있게 될 것이다.

불안이 무엇인지 정확히 알고, 불안을 관리할 때 꼭 해야 할 일과 하지 말아야 할 일로 당신을 무장시켜줄 열 가지 조언을 소개한다.[104] 각 조언 말미에 '자신에게 보내는 메시지'도 간단하게 적어놓았다. 이 메시지들 가운데 하나 또는 여러 개를 골라 냉장고나 자동차 룸미러처럼 눈에 잘 띄는 곳에 붙여놓자. 그렇게 함으로써 이 메시지가 일상생활에 완전히 스며들 수 있게 하자.

1. 불안은 정상적인 감정이며 내게 도움이 된다는 사실을 이해한다

우리는 종종 불안에 대해 불안해한다. 하지만 불안은 인류에게 도움을 주기 위해 진화되어온 정상적인 감정이다. 불안은 원래 오래 지속되지 않기 때문에 불안이란 감정과 싸울 필요가 없다. 그보다는 불안을 너그럽게 받아들이고 불안을 느껴도 괜찮다고 자신을 토닥여주자.

나에게 보내는 메시지 "불안해도 괜찮아. 누구나 불안할 수 있어."

2. 불안은 나를 망칠 수 없다는 것을 이해한다

불안을 느낀다고 해서 당신이 미쳐가고 있다는 얘기는 아니다. 불안은 지극히 정상적인 인간의 반응이다. 불안의 징후를 해로운 것으로 오인할 수도 있다. 불안이 유쾌한 감정은 아니지만 그렇다고 해로운 감정도 아니다. 병에 걸릴 거라는 신호도 아니다.

나에게 보내는 메시지 "불안이 나를 망칠 수 없으며 나는 여전히 내

일을 잘 해나갈 수 있다."

3. 지금 느끼는 불안한 감정이 합당한지 검증한다

내가 불안해하는 것이 정말로 심각한 위협이고 도전인지, 그리고 다른 사람들도 나처럼 불안해할 문제인지 자문해본다. 불안을 불러온 일이 생각했던 것만큼 그렇게 위험하거나 위협적이지 않을 수 있다.

나에게 보내는 메시지 "이렇게 불안한 것이 맞는 걸까?"

4. 불안을 조장하는 과도한 규칙에서 벗어나자

모든 일에 완벽한 기준을 설정하는 버릇이 스트레스와 불안을 불러온다. 경직되고 달성하기 힘든 이런 원칙에는 '나는 꼭 인정받아야 해', '나는 누구도 실망시켜서는 안 돼' 같은 마음이 깔려 있다.

자신에게 적용하는 엄격한 규칙이 무엇인지 찾아보고 실현 가능한 기대치로 바꾸자. 삶을 고달프게 만드는 자기 안의 원칙을 적어보고 합리적인 절충안을 모색해보는 것이다. 예를 들어 '나는 모든 약속 장소에 20분 먼저 도착해야 한다'는 원칙 대신 '약속을 지키기 위해 최선을 다하되, 내가 어찌할 수 없는 상황이 있을 수 있음을 인정하고 상대방이 늦는 것에 대해서도 너그러이 이해한다'로 바꿀 수 있다.

나에게 보내는 메시지 "뭐든 완벽할 순 없다. 현실을 적절히 받아들이고 이해하며 살아가보자."

5. 회피하지 않는다

회피는 불안을 일으키고 확산시키는 주범이다. 불안과 회피행동은 내가 그 일을 여전히 두려워하고 있음을 뇌에 알리는 것이다. 많은 사람들이 안전하다고 여기는 일을 피하고 있다면, 이 불안에 어떻게 대처할지 방법을 찾아야 한다.

옷장 문 열기를 끝끝내 주저한다면 옷장 안에 괴물이 살지 않는다는 사실을 확인할 길 또한 묘연해진다. 무작정 뛰어들어 곤란을 자처하지 말고 구조적이고 단계적인 방식으로 불안에 접근하라. 나의 책 『불안이라는 전염병』 12장에서 두려움에 직면하는 체계적 방법을 찾아볼 수 있다.

나에게 보내는 메시지 "불안은 회피를 먹고 자란다. 회피하지 말고 두려움을 체계적으로 이겨낼 방법을 찾아보자."

6. 불안에 발목 잡히지 않는다

불안은 하고 싶은 일을 못하게 만든다. 불안을 극복하려고 할 때 처음에는 고통스러운 도전에 맞서야 하지만, 불안이 괜한 것이었음을 증명할 수 있다면 그 자체로 고무적이고 가치 있는 경험이 된다. 새로운 것을 시도하고 도전하며 문제를 해결하는 노력은 더욱 더 건강하고 생산적인 삶으로 이어진다.

나에게 보내는 메시지 "불안한 감정에 끌려다니지 않겠어."

7. 용기를 내어 새로운 시도를 해본다

삶은 본질적으로 모험이다. 모험을 가로막는 것은 위험부담과 불확실성을 기피하는 마음이다. 리스크를 피해다니는 삶에서 새로운 경험을 추구하는 쪽으로 삶의 추를 조금씩 옮겨보자. 늘 오던 퇴근길이 아닌 다른 길로 귀가해보자. 새로운 모임에 가입해보거나 혼자 여행을 계획해보는 등 적어도 일주일에 한 번은 모험이라고 여겨지는 일을 시도해본다.

나에게 보내는 메시지 "매주 하나씩 새로운 일을 해보자."

8. 큰 그림을 본다

믿거나 말거나 당신은 불안과 동의어가 아니다. 당신의 삶에는 불안 외에도 많은 것들이 있다. 그러나 살면서 찾아오는 다양한 일들이 불안과 손을 잡고 불안을 지속시키며, 당신이 앞으로 나아가는 것을 방해하기도 한다. 가령 불안과 수면 문제는 우울과 불안이 그러하듯 협력적 동반자다. 밤에 규칙적인 숙면을 취하고 싶다면, 생활을 짜임새 있게 구조화하라(불면 관리에 대한 조언은 4장의 걱정 완화 워크숍 5 참조). 기분이 우울하다면 이를 완화시키기 위해 도움을 요청하라. 우울한 기분을 해결하는 것이 불안을 극복할 수 있는 자신감으로 이어지기 때문이다.

약물에 지나치게 의존하거나 불안을 술로 달래는 것은 불안 해소에 도움이 되지 않는다. 술이 과하면 숙취로 인해 일이나 학업에 지장이 생기고, 불안 유발 호르몬인 코르티솔의 분비가 증가하며, 기분이 가라앉고, 메스꺼움이나 혼란스러움 같은 신체 반응이 동반된다. 이 모든 것이 불안한 생각과 불안한 인지 과정을 촉발하는 감각들이다. 건강한 생활을 지켜나가도록 스스로 노력해야 한다. 규칙적인 운동은 불안 수준을 낮추고 건강한 식단은 몸과 정신 건강을 지켜준다.

나에게 보내는 메시지 "건강한 생활을 유지하도록 계획하고 실천해보자."

9. 지인들에게 도움을 청한다

불안에서 한 걸음 빠져나온다는 건 삶의 방식을 바꿔야 하는 일인지도 모른다. 이러한 변화를 시작하려 할 때, 가족이나 친구에게 고민을 털어놓고 도움을 요청해보자. 가족이나 친구는 변화하고자 하는 당신의 노력을 응원해주고 도와줄 수 있다. 다른 사람들이 나의 불안 문제를 이해해주고 기꺼이 도와줄 의향이 있다는 사실을 알게 되는 것도 긍정적인 일이다.

나에게 보내는 메시지 "혼자 불안해하지 말고 친구와 가족에게 도움을 청해보자. 진심으로 나를 도와줄 사람이 있을 거야."

10. 전문가의 도움을 받는다

만성화된 불안 문제를 혼자서 해결하기란 쉽지 않다. 인지행동치료 전문가나 심리치료사 또는 상담사를 찾아 체계적인 도움을 받아보자.

극심한 불안에 시달린다면 반드시 전문가의 도움을 받아야 한다. 전문가들은 여러분이 겪은 상황을 수백 번 관찰하고 치료한 사람이다. 의학적 조언이나 전문적 상담, 약물 치료, 시술 등 나에게 잘 맞는 심리치료를 제안할 수도 있다.

나에게 보내는 메시지 "불안 때문에 계속 마음이 괴롭고 힘들어. 이제는 전문가를 찾아가야겠어."

조언

만성 불안을 가진 사람들 중 일부는 처방된 약으로 불안 수준이 떨어지기도 한다. 적절한 약물 복용은 각성 수준을 낮춰주고 불안 유발 요인과 스트레스를 이겨내게 해준다. 하지만 약물은 우리의 사고방식이나 불안 행동을 근본적으로 바꿔놓지는 못한다. 불안 증상이 있어 진통제 같은 약물 복용을 고민하고 있다면 의사와 반드시 상담하길 바란다. 불안이 극심하여 업무나 학업에 지장을 초래할 경우 장기 상담이나 심리치료를 받아보자.

이 장을 마치며, 불안과 걱정의 충돌이 만드는 파국

지금까지 걱정과 불안이 동일하지 않으며 서로 독립된 과정이라는 점을 확인했다. 가장 순수한 형태의 걱정은 일상에서 맞닥뜨리는 문제에 대처하고자 할 때 발휘되는 문제 해결 과정과 정보 탐색의 과정이다. 한편 불안은 우리가 살면서 위협과 도전을 만났을 때 활성화되는 감정으로, 위협에 대처하는 인지적 편향을 만들어 냄으로써 위협과 도전에 경계를 늦추지 않게 하는 감정이다.

그러나 걱정과 불안은 서로 잘 어우러지지 못한다. 불안은 문제 해결 활동의 일환인 걱정에 달라붙어 위험해 보이는 면들을 찾아내기만 하는 과정으로 뒤바꾸어놓는다. 불안은 걱정하는 과정에서 찾은 그 어떤 해결책에 대한 자신감도 다 무너뜨린다. 뿐만 아니라 불안 때문에 자신이 떠올린 해결책들을 객관적으로 평가하지 못하고 흔들리다가 걱정하는 시간만 늘어나게 된다.

CHAPTER 7

무심코 켜지는 걱정기계, 끄는 버튼 찾는 법

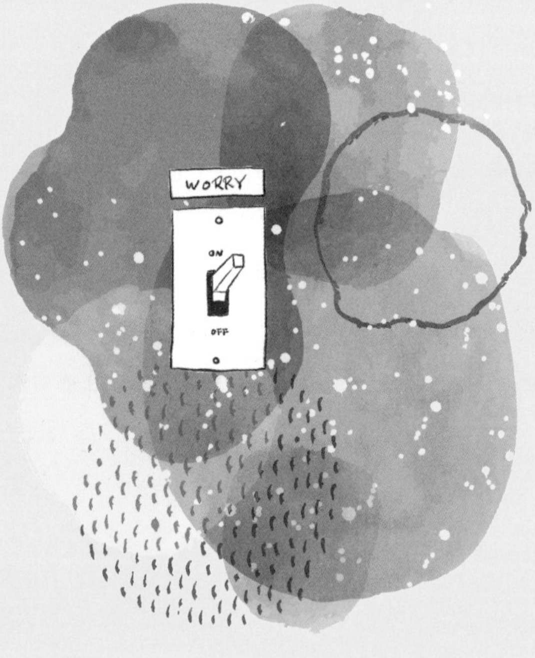

이 장의 로드맵

만성적인 걱정꾼들이 겪는 고통 중 하나는 한번 걱정을 시작하면 멈출 수 없다는 것이다. 이번 장에서는 걱정에 *끄기* 버튼이 없는 것처럼 느껴지는 이유를 자세히 살펴보려 한다. 걱정 버튼을 *끄지* 못하는 한 가지 이유는 걱정할 때 은연중에 작동하는 규칙 때문이다. 불확실한 상황을 견디지 못하기 때문에 문제가 완전히 해결됐다는 확신이 들 때만 걱정을 내려놓고 싶어 하는데, 사실 이런 상태에 도달하기란 쉽지가 않다. 이번 장은 두 개의 걱정 완화 워크숍으로 마무리된다. 하나는 걱정에서 빠져나오는 '중지 원칙'을 세울 수 있도록 조언을 주고, 다른 하나는 걱정할 때 불확실성을 내 삶에 받아들이는 방법을 알려줄 것이다.

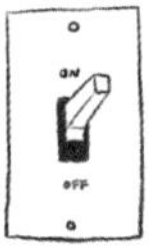

걱정은 근심어린 생각을 대량으로 생산해내는 복잡미묘한 기계다. 걱정에 빠지면 다른 일을 생각할 때보다 더 세세하고 치밀하게 걱정거리에 대해 생각하게 만든다. 걱정은 다른 생각을 거뜬하게 밀쳐버리고 의식 세계를 장악해버린다. 화창한 오늘 날씨에 대한 생각은 금세 사라지지만, 마이너스 통장에 대한 생각은 머릿속에 착 달라붙어 떨어지지 않는다.

이 걱정 기계를 구성하는 톱니바퀴들은 무엇일까? 6장에서 언급했듯 가장 큰 톱니바퀴는 불안과 스트레스다. 불안을 느끼면 우리 뇌는 위협적이거나 도전적인 것에 자동적으로 집중하게 되어 있다. 또 모호한 정보를 위협적인 것으로 해석하도록 우리를 몰아간다. 걱정거리가 의식의 수면 위로 떠오르기도 전에 뇌가 걱정거리가 될 만한 것을 활성화시키는 과정은 이렇게 시작된다.

걱정기계는 우리도 모르는 사이에 켜진다. 그렇다면 이 기계를 끄고 싶을 땐 어떻게 해야 할까? 황당한 일임에 틀림없지만 이 기계 어디에도 '끄기' 버튼은 달려 있지 않은 듯하다. 가파른 산비탈을 브레이크 없이 내달리는 폭주 기관차처럼 느껴질 뿐이다.

그렇다면 '끄기' 버튼은 어디로 사라진 걸까? 원래는 있었을 그 버튼이 말이다. 의도적으로 걱정을 끄지 못하는 데는 여러 가지 원인이 있다. 몇 가지 원인은 기분이 안 좋을 때 걱정을 더 많이 하게 된다는 사실과 관련이 있는데 이에 대해서는 뒤에서 설명하겠다.

먼저 걱정을 관리하는 몇 가지 원칙에 대해 살펴보겠다. 은연중에 걱정을 끄지 못하도록 하는 어떤 원칙이 존재한다. 그 원칙을 찾는 것이 걱정 다스리기의 시작이다.

과도한 걱정을 멈추지 못하게 만드는 원칙이 있다

토요일 아침에 일어나 주방을 청소하기로 마음먹었다고 치자. 보통은 몇 시쯤 청소를 끝마치겠다는 원칙을 세우고 청소를 시작할 것이다. '깨끗하다고 느낄 때까지 완벽하게 청소해야지'라고 생각할 수도 있고 '적당히 하고 그만해야지'라고 생각할 수도 있다. 이런 것이 말하자면 '중지 원칙'이다. 어떤 활동을 시작할 때 그 활동을 언제쯤 그만두겠다는 중지 원칙이 보통 마음속에 있다. 이 원칙은 우리가 이런저런 과업에 참여하면서 암묵적으로 익혀왔던 원칙이다. 대부분 이 원칙을 무의식적으로 사용한다.

앞의 두 가지 예시 가운데 첫 번째 원칙을 '목표지향적 원칙(goal directed rule, GD)'이라고 한다. 활동의 목표(주방을 제대로 깨끗하게 청소하는 것)를 정하고 들어가기 때문이다. 두 번째 원칙은 '중단지향적 원칙(feel like stoping rule, FLS)'이라고 한다. 주방의 청결 상태와 상관없이 전적으로 내 느낌에 입각해서 활동을 중단하기 때문이다.

금요일 저녁에 와인을 너무 많이 마셨다고 하자. 다음 날 아침 주방을 정리하는데 머리는 쑤시고 속은 메스껍고 몸은 천근만근이다. 기분도 영 별로다. 이 상황에서 각각의 중지 원칙이 적용된다면 어떤 일이 벌어질까?

만약 '중단지향적 원칙'을 따른다면 주방 청소를 당장 그만두게 될 것이다. '나는 주방 청소를 더 하고 싶은가?'라는 질문에 '절대 아니지!'라고 답할 게 뻔하기 때문이다. 하지만 '목표지향적 원칙'을 따른다면 숙취 때문에 힘들어도 주방을 계속 청소해나갈 것이다. '주방이 제대로 깨끗하게 청소되었나?'라는 질문의 답은 나의 기분이나 체력과 무관하기 때문이다.

하지만 이 시나리오에는 반전이 기다리고 있다. 주방 청소가 완벽하게 됐다는 걸 뭘 보고 판단할 수 있을까? 사람들은 의외로 자신의 기분을 판단 기준으로 삼곤 한다. 기분이 찝찝하거나 좋지 않

으면 청소가 만족스럽지 않다고 판단하고, 기분이 상쾌하고 후련하면 청소가 만족스럽다고 판단한다.

따라서 목표지향적 원칙을 사용하는 상황에서 내가 느끼는 숙취는 "기분이 별로인 걸 보니 주방 청소가 아직 덜 된 모양이군"이라고 말해주는 것이나 다름 없으므로, 숙취는 주방 청소를 계속 하게 만든다. 이 이야기가 우리에게 주는 교훈은 무엇일까? 주방이 정말로 반짝반짝 윤이 나길 바란다면 기분이 별로 좋지 않을 때 목표지향적 원칙을 써서 청소를 하면 된다.

주방 청소와 마찬가지로 걱정도 몇 가지 중지 원칙이 필요한 활동이다. 서식스 대학교에서 실시한 한 연구에서 우리는 104명의 참가자들에게 '목표지향적 원칙'과 '중단지향적 원칙'이 담겨 있는 '중지 원칙' 체크리스트를 작성해달라고 요청했다. 더불어 걱정 수준을 측정하는 설문지도 작성하게 했다. 그 결과 목표지향적 원칙의 사용과 걱정 빈도 사이에 매우 강력한 상관관계가 있음이 드러났다.[105]

기본적으로 걱정이 많은 사람들은 목표지향적 원칙('완벽한 청소')을 더 많이 사용했다. 이들은 목표지향적 원칙을 사용하지 않은 사람들보다 걱정을 더 많이 할 뿐만 아니라 걱정 과제를 더 오래 붙들고 있었다. 이 사람들은 "사력을 다해 가능한 모든 해결 방안을 짜낸 뒤에야 걱정을 내려놓을 수 있다", "걱정되는 일과 관련된 것들을 다 처리하고 난 후에야 걱정을 내려놓을 수 있다" 같은 중지 원칙을 사용한다고 대답했다. 걱정이 병인 이 사람들은 마치 모든 것이 괜찮아 보일 때까지 걱정을 내려놓지 못하는 완벽주의의 화신들 같았다.

걱정의 속성 1. 걱정꾼들은 걱정할 때 자신도 모르게 목표지향적인 원칙을 채택한다. 목표지향적인 중지 원칙은 걱정의 모든 측면을 모조리 살펴봤다 싶을 때까지 걱정을 지속하게 한다.

걱정의 속성 2. 걱정할 때는 부정적인 기분, 주로 초조한 기분이 동반된다. 이런 부정적인 기분은 걱정을 완벽하게 끝내는 목표에 도달하지 못했으니 계속 걱정하라는 신호를 보낸다.

걱정이 줄어드는 중단지향적 원칙

걱정에 목표지향적 원칙을 적용하면 자연스럽게 더 오래 걱정하게 된다. 목표지향적 원칙이 엄격할수록 걱정거리와의 씨름을 멈추는 게 더 어려워진다는 얘기다. 하지만 주방 청소의 예에서 그랬던 것처럼 여기에 부정적인 기분을 첨가하면 어떻게 될까? 기괴한 효과를 얻을 수 있다.

나는 동료 헬렌 스타트업과 함께 서식스 대학에서 한 연구를 진행했다. 우리는 걱정이 많은 그룹과 걱정이 적은 그룹을 모집했다.[106] 예상했던 대로 걱정이 많은 그룹이 걱정이 적은 그룹에 비해 불안 수준이 훨씬 더 높았다. 우리는 두 그룹 모두에 '목표지향적 원칙('나는 내 걱정을 샅샅이 다 살펴봤다고 느낄 때까지 걱정을 지속해야 한다')'을 의도적으로 적용하면서 파국화 인터뷰를 완성해달라고 요청했다. 예상대로 걱정이 많은 그룹이 걱정이 적은 그룹에 비해 인터뷰를 훨씬 더 오래 붙들고 씨름한 것으로 나타났다.

그 이유는 무엇일까? 걱정이 많은 사람에게는 걱정 과제를 수행할 때 부정적인 기분, 특히 불안이 동반되기 때문이다. 앞서 주방 청소의 예에서처럼 걱정꾼들의 불안은 걱정스러운 면들을 아직

다 탐색하지 못했다는, 목표 미달성을 알리는 정보로 작용하기 때문에 걱정을 계속 붙들고 있게 한다. 반면 걱정이 적은 사람은 불안 수준도 낮기 때문에 걱정이 많은 그룹보다 훨씬 더 빨리 걱정의 목표를 달성했다고 믿을 수 있다.

이제 흥미로운 반전이 펼쳐진다. 걱정이 많은 그룹과 적은 그룹 모두에게 의도적으로 '중단지향적 원칙'을 적용하면서 걱정하라고 요청하면 어떤 결과가 나올까? 정말이지 신기하게도 걱정이 많은 사람은 걱정이 적은 사람으로, 걱정이 적은 사람은 걱정이 많은 사람으로 뒤바뀌었다. 걱정이 적은 사람이 걱정이 많은 사람보다 파국화 인터뷰를 더 오래 이어가는 것이었다!

다음 장의 그래프에서 이 사실을 확인해볼 수 있다. 다음 장 그래프의 왼쪽 항목을 보면 목표지향적 원칙을 사용할 때 걱정이 많은 그룹이 걱정이 적은 그룹보다 더 많은 파국화 단계를 거친 것을 볼 수 있다. 하지만 오른쪽 그래프에서는 반대 현상이 나타났다. 중단지향적 원칙을 적용하게 하자 오히려 걱정이 적은 그룹이 걱정이 많은 그룹보다 더 오래 파국화 인터뷰를 이어가고 있었다.

걱정 중지 원칙을 바꾸게만 했는데(목표 지향적 원칙에서 중단 지향적 원칙으로) 걱정 많은 사람들의 속 끓이는 성향을 치료하고, 반대로 평소 평온했던 걱정 적은 사람들을 강박적인 걱정꾼으로 바꿔 놓은 것이다.

걱정 중지 원칙을 바꾸자 이렇게 드라마틱한 전환이 일어난 이

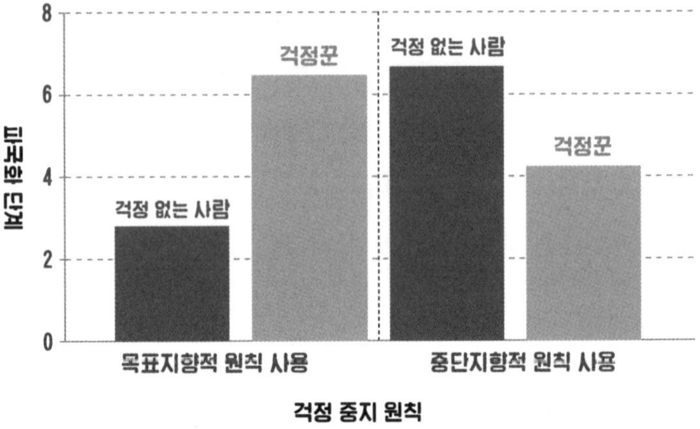

위 그래프는 참가자에게 목표지향적 원칙(왼쪽) 또는 중단지향적 원칙(오른쪽)을 사용하도록 요청한 후 완료한 파국화 단계의 평균 수치다.

유는 이렇다. '걱정을 더 하고 싶어?'라고 스스로에게 묻게 되면, 이때 걱정이 많은 그룹에 내재되어 있는 불안이 '기분이 별로여서 계속하고 싶지 않아'라는 메시지가 되면서 걱정이 적은 그룹보다 훨씬 더 빨리 걱정을 멈추게 된 것이다. 반대로 걱정이 적은 그룹은 불안이 별로 없었기 때문에 중단지향적 원칙으로 바꾼 후 그만하고 싶다는 메시지를 자각하지 못하게 되었고, 그래서 오히려 걱정이 늘어날 가능성이 높아졌다.

우리가 파국적 걱정을 치유하는 획기적인 치료법이라도 발견한 것일까? 안타깝게도 그렇지는 않다. 만성적인 걱정꾼이 걱정에 집착하는 성향을 바꿀 수 있는 몇 가지 조건을 발견한 것은 사실이지만, 이는 실험실이라는 엄격한 통제하에서 얻은 결과다. 걱정이 많은 사람들은 실험실을 나서자마자 다시 예전 방식으로 회귀할 것이다. 끝이 없는 걱정에다 이 걱정을 통제할 수 없는 것처럼 느끼게 하는 엄격하고 목표지향적인 원칙을 적용하면서 말이다.

하지만 절망은 금물이다. 다음의 걱정 완화 워크숍을 통해 자신이 목표지향적 원칙과 중단지향적 원칙 중에서 무엇을 더 자주 사용하는지 확인해볼 수 있다. 또 걱정에 매달리는 습관을 개선하기 위해 목표지향성이 약화된 중지 원칙으로 전환하는 방법에 대해서도 알려줄 것이다.

걱정의 속성 3. 만성적인 걱정꾼이 '목표지향적 원칙'을 '중단지향적 원칙'으로 전환하면 걱정을 파국화하는 경향이나 걱정을 붙들고 씨름하는 경향이 현저히 줄어들었다.

▼

걱정 완화 워크숍 8

나는 어떤 원칙으로 걱정을 다스리고 있을까

우리가 무의식중에 사용하고 있는 '중지 원칙'이 무엇이냐에 따라 걱정을 얼마나 오래 붙들고 있는지가 결정된다. 목표지향적 원칙을 주로 사용하는 사람이라면 미래에 일어날 수 있는 걱정스러운 일들을 다 해결했다는 확신이 들 때까지 걱정을 지속하는 경향을 보인다. 반대로 중단지향적 원칙을 주로 사용하는 사람이라면 걱정거리를 다 해결했다는 느낌이 들지 않아도 걱정을 일찍 내려놓는다.

준비물

연필이나 펜

중지 원칙 워크시트

포스트잇

워크시트
다운받기

목적

이번 워크숍의 목적은 두 가지다. 첫째, 자신이 목표지향적 원칙을 얼마나 많이 사용하는지 측정하고 둘째, 너무 엄격한 목표지향적 원칙을 사용하는 경우 중단지향적 원칙으로 전환하는 방법을 제공한다.

효과

걱정꾼들은 대개 목표지향적 원칙을 사용한다. 걱정거리에 대한 해결 방안이 마련되었는지를 중요하게 생각한다는 뜻이다. 하지만 목표지향적 원칙이 엄격할수록 걱정이 꼬리에 꼬리를 물 가능성이 더 높다. 기분이 안 좋은 상태에서는 더 그렇다. 이번 워크숍을 통해 자신이 사용하는 중지 원칙이 무엇인지 파악하고, 걱정을 일찍 내려놓음으로써 걱정을 다스릴 수 있게 해주는 중지 원칙을 생활에 적용하는 법을 안내한다.

방법

내가 어떤 방식의 중지 원칙을 사용하고 있는지 평가해본다. 내가 어떤 문제를 오래 고민해왔고, 이 고민을 계속할지 말지를 정해야 하는 상황이라고 하자. 아래 0~5점 척도를 활용하여 중지 원칙을 얼마나 자주 사용하는지(또는 특정 생각을 얼마나 자주 하는지) 문장별로 점수를 매겨본다.

1점=이런 생각을 전혀 하지 않는다
2점=이런 생각을 약간 한다
3점=이런 생각을 자주 하는 편이다
4점=이런 생각을 꽤 많이 한다
5점=이런 생각을 거의 한다

_______ 이런 일이 생겼을 때 내가 해야 할 일들을 계속 생각해야 해. (GD)

_______ 속 편히 그냥 있을 수만은 없어. 이건 심각한 문제야. (GD)

_______ 이 문제에 대한 해결 방안을 찾아야 해. 계속해서 이 문제에 대해 고민해 봐. (GD)

_______ 웬만해서 이런 일은 잘 생기지 않아. 빨리 잊어버리자. (FLS)

_______ 걱정은 이제 그만, 결국 다 잘 풀릴 거야. (FLS)

_______ 이 문제에 대해 계속 생각해야 해. 중요한 걸 깜빡했으면 어쩌지? (GD)

_______ 걱정한다고 해결되는 건 아무것도 없어. 그냥 잊어버려. (FLS)

_______ 지나간 일은 과거의 일이야. 걱정한들 무슨 소용이 있어? (FLS)

_______ 이 문제에 대해 충분히 고민하지 않으면, 다른 일이 손에 안 잡혀. (GD)

_______ 이 문제에 대해 지금은 생각할 시간이 없어. (FLS)

_______ 더는 걱정하지 마. 다 괜찮아질 거야. (FLS)

_______ 혹시 모르니 최악의 결과를 미리 생각해놔야 해. (GD)

_______ 걱정해야 소용없어, 나는 괜찮을 거야. (FLS)

_______ 걱정은 그만하자. 길게 보면 이건 별 문제가 아닐 수도 있어. (FLS)

________ 하나하나 다 따져 봐야 해. (GD)

________ 좀 더 시간을 들여서 이 문제를 촘촘히 살펴봐야겠어. (GD)

________ 다 괜찮을 거야, 걱정은 아무 도움도 안 돼. (FLS)

________ 이 문제에 대해 계속 고민해 봐야 해, 그렇지 않으면 일이 꼬여버릴 거야. (GD)

________ 이 문제에 대해 계속 고민하다 보면 더 좋은 방향으로 일이 풀릴 거야. (GD)

각 문항에 대한 평점을 마쳤다면, GD(목표지향적 원칙) 점수와 FLS(중단지향적 원칙) 점수를 각각 합산한다.

자신이 사용하는 중지 원칙이 너무 엄격해서 걱정하는 습관이 생겨나는 것 같다면, 위의 FLS를 의도적으로 더 자주 사용해본다. 위에 적힌 FLS 원칙들 중 걱정을 멈추는 데 효과적일 것 같은 문장 세 개를 고른다. 중요한 점은 새롭게 획득한 FLS 원칙을 잘 숙지하고 그것들을 일상생활에 꾸준히 활용하는 것이다.

조언

점수를 해석하는 방법

▶ GD 점수가 FLS 점수보다 높을 수 있다. 이는 걱정이 별로 없는 사람들에게도 흔히 나타나는 현상이다. 하지만 GD 점수가 28점 이상이라면 점수가 높은 편에 해당한다.

▶ GD 점수가 35점 이상이면, 걱정을 할 때 매우 엄격한 목표지향적 원칙을 사용하고 있을 가능성이 높다. 그 원칙 때문에 고통스러울 정도로 걱정에 붙들려 있을 수 있다.

▶ 새로운 걱정 중지 원칙을 연습하고 3~4주 후에 중지 원칙 워크시트를 다시 작성한다. GD 점수가 떨어졌는지 확인하고, FLS로 전환하는 전략이 효과가 있었는지 확인한다.

새로운 FLS 중지 원칙을 일상생활에 적용하는 법

▶ 냉장고나 모니터 등 눈에 잘 띄는 집안 곳곳에 이 원칙이 적힌 종이를 붙여놓는다.

▶ 틈나는 대로 이 원칙을 사용한다. 가령 안 좋은 일이 생길 것 같아 걱정이 될 때는 새로운 중지 원칙의 맥락 속에서 그 걱정을 다시 살펴본다.

▶ 매일 새로운 중지 원칙 하나를 선택한 뒤, 그 원칙을 일상에 적용했을 때 일을 처리하고 일에 대해 사고하는 방식이 어떻게 달라질지를

생각해본다.

▶ 내 인생의 중요한 목표가 무엇인지 진지하게 생각해보고('배우자와의 행복하고 만족스러운 관계' 라든지 '안정적인 직장 생활' 같은) 새로운 중지 원칙이 그 목표를 달성하는 데 어떻게 도움이 될지 생각해본다.

부정적인 감정이 걱정에 나쁜 영향을 끼치는 이유

1장에서 나는 부정적인 감정이 분석적인 뇌를 활성화시킨다고 이야기했다. 부정적 감정이 문제 분석 능력에 미치는 영향을 연구하기 위해 뉴사우스웨일스 대학의 조지프 포가스와 리베카 이스트는 학생 참가자 117명을 선발하여 세 그룹으로 나누었다.

긍정 기분 그룹에게는 영국 코미디 프로그램에서 따온 동영상을, 중립 기분 그룹에게는 자연 다큐멘터리를, 마지막으로 부정 기분 그룹에게는 암으로 죽어가는 영화를 시청하게 하여 각각의 기분을 조성했다. 그런 뒤 절도 범행을 부인하는 사람의 인터뷰를 시청하게 했다. 실험 결과 부정적인 기분의 참가자들은 증언 속 거짓말을 정확하게 간파한 반면, 긍정적인 그룹에 속한 사람들은 절도범의 말을 잘 믿고 쉽게 속아 넘어갔다.[107]

이런 효과가 발생한 것은 다음과 같은 이유에서다. 부정적인 기분은 우리로 하여금 정보를 보다 상세하고 체계적으로 분석하게 하는 반면, 긍정적인 기분은 휴리스틱과 고정관념에 기대어 정보를 간단하고 빠르게 분석하기 때문이다. 1장에서 언급했듯이 휴리스틱은 빠르게 문제를 해결하고 신속하게 상황을 판단하는 정신적 지름길이지만, 너무 성급하게 질러가는 바람에 잘못된 결정을 내리게 만들기도 한다.

이 모든 것이 걱정과 무슨 관련이 있을까? 사실은 꽤 많은 관련

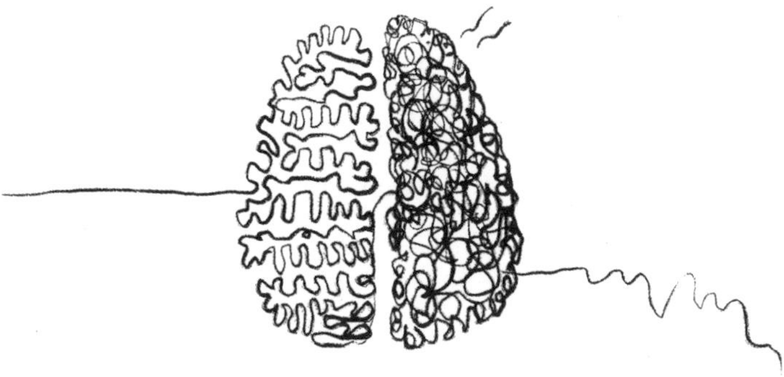

이 있다. 대부분의 만성적이거나 병적인 걱정은 스트레스를 받거나 초조하거나 슬프거나 피곤하거나 통증이 있거나 숙취가 있을 때처럼 부정적인 기분에 젖어 있을 때 잘 일어난다. 부정적 기분에 책임을 지울 만한 일들은 꽤 많다. 부정적인 기분은 여러 가지 방식으로 걱정을 지속시키고 걱정을 통제할 수 없을 것처럼 느껴지게 하기 때문이다.

첫째, 앞서 기술했듯 부정적인 기분은 체계적인 정보처리를 부추기기 때문에, 지름길로 질러가서 걱정거리에 대해 성급한 결론을 내리는 일 따위는 하지 않는다. 이것 대 저것, 이 경우 대 저 경우, 이런 파멸 대 저런 파멸 등 치밀한 분석을 순차적으로 따져가며 상황을 파악하게 만든다. 걱정과 체계적인 정보처리는 유사한 뇌 기능적 속성을 공유하는 것으로 보인다. 좌뇌 전두엽에 위치한, 기능적으로 구별된 뇌 프로세스들이 체계적 정보 처리를 지원하는 것으로 보이는데, 연구에 따르면 걱정이 늘어날 때 좌뇌 전두엽의 활성도도 증가하는 것으로 나타났다. 걱정과 체계적 정보처리 둘 다 체계적이고 언어적인 정보처리를 주로 담당하는 좌반구 활동인 셈이다.[108]

둘째, 부정적인 감정 상태는 높은 수행 기준과 관련이 있다. 수행 기준이 높아지면 목표를 성공적으로 달성하고자 하는 집념이 강해지며, 이는 대부분의 걱정꾼이 엄격한 목표지향적 원칙에 입각해 걱정을 하는 이유이기도 하다.

와이오밍 대학의 월터 스콧과 대니얼 서보니는 학부생들에게 녹음 내용을 들려주고 부정적 감정의 그룹과 중립적 감정의 그룹으로 나누었다. 부정적 감정 그룹에게는 가장 친한 친구가 암으로 죽어가는 상황을 상상하도록 지시했고, 중립적 감정 그룹에게는 자신의 방을 상상하도록 지시했다. 그 후 모든 참가자에게 앞 과정과는 전혀 무관한 과제인 제시된 단어의 의미를 평가하게 했다.

이 연구의 진짜 목적은 질문지에 담겨 있었다. 이것은 참가자들에게 여러 과제에 대해 본인이 만족할 수 있는 성적의 최저점을 묻는 질문지로, 4개 항목으로 구성되어 있었다(가령 '이번 학기 자신이 만족할 수 있는 성적은 최소 몇 점인가?'). 예상대로 기분이 부정적인 그

롭이 기분이 중립적인 그룹에 비해 스스로 만족할 수 있는 성적 최저점을 더 높게 정했다.[109] 그리고 이들이 설정한 높은 성취 기준은 부정적인 기분에 빠진 걱정꾼에게 여러 결과를 초래했다.

일단 부정적인 기분으로 인해 '성공적인 걱정'의 기준이 높아지면 더 엄격해진 기준을 충족했다는 만족감이 들 때까지 걱정하는 시간이 늘어난다. 안타깝게도 성공적인 걱정하기에 대한 엄격한 기준은 결코 충족되는 법이 없으며, 도달 불가능한 목표를 이루기 위한 더 오랜 걱정으로 이어질 뿐이다.

이렇게 걱정에 대한 기준을 높임으로써 걱정 과정에 과도한 완벽주의를 끼워넣는 것이 바로 부정적인 감정이다. 완벽주의는 만성적인 걱정과 범불안장애 증상과 매우 밀접한 관련이 있음을 우리는 이 책 4장을 통해 알게 되었다.[110] 부정적인 감정이 몰고오는 이 모든 영향은 죄다 무의식중에 발생한다. 그렇지 않다면 우리는 그저 걱정을 그만두라고 스스로를 타이르는 것만으로도 걱정을 끝장낼 수 있을 것이다.

하지만 만성적인 걱정꾼은 걱정과 관련된 인지 과정들이 알아서 척척 돌아갈 정도가 될 때까지 걱정 기술을 줄기차게 연마한다. 일단 위협이나 도전이 감지되고 확인되면 습관으로 잘 닦인 목표지향적 원칙이 저절로 작동하기 시작한다.[111]

걱정의 속성 4. 부정적인 감정은 문제를 구성하는 요인들 하나하나에 정보처리를 촉진한다.

걱정의 속성 5. 걱정은 체계적인 정보처리의 한 형태다. 걱정과 체계적인 정보처리 모두 언어적인 정보처리를 담당하는 좌뇌에서 주로 발견되는 활동이다.

걱정의 속성 6. 부정적인 감정 상태는 성취의 기준을 올려놓는다. 그리고 수행 기준이 높아지면 목표를 성공적으로 달성하고자 하는 집념이 더 강해진다.

불확실성을 견디는 힘을 키워야 한다

할머니는 이렇게 즐겨 말씀하시곤 했다. “세상에서 유일하게 확실한 사실은 삶은 불확실하다는 것뿐이다.” 과연 우리는 얼마나 삶의 불확실성을 잘 감내하며 살고 있을까? 그런 사람들은 많지 않을 것 같다.

당신이 만성적인 걱정꾼이거나 파국적 사고에 잘 붙들리는 사람이라면, 불확실성 같은 방해물이 우리의 삶에 끼어들게 두지는 않을 것이다. 아마도 손에 잡히지 않는 확실성이라는 상태를 어떻게든 확보하기 위해 무익한 시간을 쏟아부을 것이고, 그 과정에서

또 다른 걱정거리들이 우르르 나올 것이다.

사실 모든 걱정에는 불확실한 구석이 반드시 있게 마련이다. 하지만 병적으로 걱정하는 사람들은 불확실한 것에 대해 심리적 혐오감을 키워간다. 심리학에서 '불확실성에 대한 인내력 부족(intolerance of uncertainty)'이라 부르는 개념인데, 이는 파국적이고 병적인 걱정과 밀접하게 관련된 특성이다. 더불어 범불안장애의 주요 특징이기도 하다.[112]

불확실성에 대한 인내력 부족은 종종 알레르기 반응에 비유되기도 한다. 위스콘신 대학교 매디슨 캠퍼스의 댄 그룹은 이를 다음과 같이 설명한다.

"견과류 알레르기가 있는 사람은 조각케이크의 장식용 아몬드

한 알에도 격렬한 신체 반응이 일어난다. 대다수의 사람에게는 전혀 해롭지 않은 물질이 누군가에게는 극소량만으로도 격렬한 반응을 일으킬 수 있다. 불확실성에 대한 인내력 부족은 심리적 알레르기 같은 것이다."[113]

불확실성을 잘 견디지 못하는 사람은 불확실성에 조금만 노출되어도 아주 격렬한 반응을 보일 것이다. 스트레스와 불안을 야기하는 강렬한 감정적 반응이 일어나는 것이다.

100퍼센트 확실한 상태에 도달할 수 없다면 불확실성을 견디지 못하는 걱정꾼은 어떤 처지에 놓이게 될까? 아마도 심리적으로 영원히 종결되지 않는, 걱정의 악순환 속에 갇히게 될 것이다. 불확실성이 마음에 걸리면, 걱정꾼들은 전형적인 '~하면 어떡하지?' 질문을 시작한다. 어떻게든 불확실성이 벌려놓은 간극을 좁혀보려 하지만 결국엔 헛된 시도일 뿐이다.

게다가 이 과정에서 일어나지도 않을 일에 대한 가상의 걱정이 추가로 생겨나게 된다. 이런 연유로 걱정이 통제가 안 되는 것처럼 느껴지기 시작하는 것이다. 걱정 버튼을 끌 수 없는 것처럼 느끼게 만드는 요인이 이것이다.

걱정꾼들 특유의 불안 회피 방법

그렇다면 불확실성을 잘 견디지 못하는 걱정꾼들은 어떻게 이 걱정의 악순환을 잠재울까? 그들은 걱정을 쉽사리 내려놓지 못한다. 그들의 걱정에는 '끄기' 버튼이 없기 때문이다. 대신 그들은 걱정으로부터 주의를 돌리거나 걱정에 대한 책임을 교묘하게 분산시키는 전략을 채택한다.

가령 어떤 사람들은 가능한 한 바쁘게 지내면서 불확실성으로부터 자신을 보호한다. 불확실성에 노출될 기회를 제한하거나 차단하는 것이다. 또 어떤 사람들은 걱정거리로부터 주의를 돌리거나 미루는 방식으로 걱정거리를 시야에서 멀리 치워버린다. 멀찍이 미뤄놓고 하지 않기로 결정하면, 불확실하다는 느낌을 아예 가지지 않아도 되는 것이다!

하지만 가장 영리한 전략은 불확실한 상황에 대한 결정을 다른 사람이 대신 내리게 하는 책임 전가 전략이다. 불확실성을 스스로 다루지 못해 타인에게 과도하게 안심을 구하는 행위가 그것이다.

당신이 배우자에게 묻는다. "오늘 우산을 가지고 나가야 할까?" 배우자가 답한다. "아니." 하지만 자기도 모르게 "확실한 거야?"라고 되묻는다. 상대의 대답이 믿을 만한 것인지 한 번 더 확인하는 것이다. 불확실함을 잘 견디지 못하는 사람은 이런 전략을 통해 많은 걸 얻을 수 있다. 불확실성에서 오는 불안감을 줄일 수 있을 뿐 아니라 결정에 대한 책임도 덜 수 있다. 비가 내리기라도 하면 걱정꾼은 틀림없이 결정의 오류를 범한 배우자를 책망할 것이다. 물론 배우자도 기분이 상할 것이다.

불확실성에 대한 인내력 부족은 걱정을 통제할 수 없고 멈출 수 없는 것처럼 보이게 만드는 중요한 요인이다. 삶에서 불확실함을 없애기란 불가능하기 때문에 우리는 불확실함과 함께 살아가는 법을 배워야 한다. 다음 장의 걱정 완화 워크숍 9에서는 불확실함과 함께 살아가는 데 도움이 되는 몇 가지 과정을 소개한다.

그렇다면 유독 어떤 사람들이 불확실한 것을 잘 견디지 못하는지 궁금해질 것이다. 글쎄, 아직 확실히 이야기할 수 있는 것은 없다. 다만 자폐 스펙트럼 장애 진단을 받은 사람들은 불확실성을 잘 견디지 못할 가능성이 큰 집단 중 하나다(자폐 스펙트럼 장애 진단을 받은 모든 사람이 다 그런 것은 아니다). 이들이 보이는 높은 수준의 불안과 걱정은 불확실성을 잘 참아내지 못하는 성향에서 비롯될 수 있다는 증거가 있다.[114]

자폐스펙트럼 장애와 불확실성에 대한 인내력 부족의 상관관계를 감안할 때[115] 불확실성에 대한 인내력 부족이 어떻게 해서 생겨나는지 유추해볼 수 있는 자폐 스펙트럼 장애의 특징이 있을까? 영국 뉴캐슬 대학의 캐럴라인 조이스 연구팀은 자폐 스펙트럼 양상을 보이는 청소년에게서 불확실성에 대한 내성 부족이 광범위하게 나타나는 것을 발견했다. 이는 자폐 스펙트럼 장애의 핵심적

특성, 가령 일상성과 동일성에 대한 집착, 일반인들과 섞여 있을 때 변화에 잘 적응하지 못하는 성향 등이 드러난 결과일 수 있다고 밝혔다.[116]

자폐 스펙트럼 장애 진단을 받은 사람들이 불확실성을 유독 더 견디지 못하는 것은 사실이지만, 그렇다고 그들에게만 국한된 문제는 아니다. 불확실성에 대한 내성 부족은 파국적 걱정뿐만 아니라 불안, 우울, 강박장애, 섭식장애 같은 다른 정신질환의 위험 요인으로 부각되고 있다.[117] 불확실성에 대한 인내력 부족은 영향을 미치지 않는 곳이 없고, 수많은 정신질환의 근저에 가만히 숨죽이고 있다.

걱정의 속성 7. 불확실성에 대한 인내력 부족은 병적이고 파국적인 걱정과 밀접한 관련이 있다.

걱정의 속성 8. 만성적인 걱정꾼은 결정을 미루거나 결정에 대한 책임을 다른 사람에게 떠넘기는 방식으로 불확실성을 해결하려 한다.

걱정의 속성 9. 불확실성에 대한 인내력 부족과 밀접한 집단 중 하나가 자폐 스펙트럼 장애 진단을 받은 사람들이다.

걱정 완화 워크숍 9
삶의 불확실성을 받아들이는 연습

앞에서 불확실성에 대한 인내력 부족이 어떻게 반복적이고 파국적인 걱정으로 연결되는지 알아보았다. 이는 매우 고통스러울 수 있는데, 특히 불확실성을 혐오스러운 것 또는 해결할 수 없기에 피해야 하는 상태로 여긴다면 더더욱 삶이 힘들어진다. 이번 워크숍에서는 자신이 평소에 불확실성과 걱정을 어떻게 다루는지 습관을 확인하고 평가할 것이다. 여기에 소개된 원칙들을 수용하고 훈련한다면 불확실성에 대한 내성을 키워가게 될 것이다.

준비물

연필이나 펜

종이나 노트

포스트잇

효과

불확실성을 반드시 제거해야 할 나쁜 대상이라고 믿게 되면 불확실성은 필히 걱정거리가 될 수밖에 없다. 이 워크숍은 불확실성에 대한 부정적인 신념을 현실적이고 합리적인 신념(즉 불확실성 속에는 나쁜 결과만큼이나 좋은 결과도 있다는 신념)으로 바꾸는 데 도움을 줄 것이다. 여기서 소개한 새로운 신념을 일상생활에 통합시키는 노력이 필요하다. 이를 위한 몇 가지 방법을 소개한다.

방법

아래 질문은 모두 불확실한 것을 잘 견디지 못하는 사람들이 자주 하는 행동이다. 이런 행동을 자주 하는 편인가? 그렇다면 파국적 걱정에 불을 지피는 불확실성에 대한 인내력 부족이 성격으로 굳어졌을 수 있다.

- ▶ 다른 사람에게서 확인을 구하고 안심하는 편인가?
- ▶ 일을 자주 미루는 편인가?
- ▶ 어떤 결정을 내리기 전에 정보를 많이 찾아보는 편인가?
- ▶ 뭐든 한 번 더 확인하는 습관이 있는가?
- ▶ 어떤 일이 벌어질지 몰라서 특정 상황을 자꾸 피하는 편인가?

지금부터 며칠간 불확실한 건 견디지 못하는 것처럼 행동했던 상황들을 떠올려보자. 어떤 일이 일어났고 어떻게 대처했는지 기록해보자. 앞으로 벌어질 일에 대해 100퍼센트 확신이 서지 않았음에도 일이 잘 풀렸는가? 만약 결과가 좋지 않았어도 나는 그 상황에서 잘 대처할 수 있었는가? 불확실성을 잘 다루는 사람이 되고 싶다면 다음 원칙을 익히고 생활에 적용해보며 마음에 새기도록 하자.

▶ 인생에서 확실한 것은 없다. 걱정은 뭔가 확실한 게 존재할 것 같은 환상을 심어줄 뿐이다.

▶ 내가 통제할 수 없는 것을 걱정하는 대신 내가 통제할 수 있고 즐길 수 있고 감사할 수 있는 것에 집중한다.

▶ 미래보다 지금 여기에 집중하면 미래가 확실하지 않다는 사실로 인해 괴로울 일도 사라진다.

▶ 인생에서 확실한 것은 존재하지 않으며 걱정은 잘못된 확신만 줄 뿐이다.

▶ 불확실한 상황에서 좋지 않은 일이 생길 거라고 예측하는 경향이 있다면, 좋은 일도 그와 똑같은 확률로 일어날 수 있다는 사실을 기억한다.

▶ 나는 불확실성에서 오는 그 어떤 불편함도 견뎌내는 법을 배워나갈 것이다. 나는 불편함을 알아차려도 견뎌볼 것이다. 한두 시간 불편하다고 해서 세상 일이 끝나는 것은 아니다.

▶ 천천히 호흡하면서 신체감각과 주변 상황에 집중해보자. 지금 여기(here and now)에 몰입하는 연습을 하면 삶의 불확실성을 받아들이기가 훨씬 편해진다.

▶ 불확실성은 중립적인 성격을 띤다. 장차 안 좋은 일이 생길 수도 있

지만 좋은 일이 생길 수도 있다.

▶ '미래에 어떤 일이 벌어질지 걱정스럽다' 대신 '조심스럽지만 기대감과 설렘이 생겨난다'고 생각해본다.

위의 문장 중 마음에 와닿는 문구 한두 개를 적어 냉장고나 모니터 같은 눈에 잘 띄는 곳에 붙여두자. 그리고 틈나는 대로 이 원칙을 습관화하자. 가령 안 좋은 일이 생길 것 같은 부정적인 기분이 들 때, 나쁜 일 대신 어떻게 좋은 일을 만들어볼지 방법을 궁리해본다.

매일 한 가지 원칙을 선택하고 그 원칙이 일상생활에 어떤 영향을 미칠 수 있을지 생각해보자(가령 '내가 통제할 수 없는 일에 대해 걱정하는 대신 내가 통제할 수 있고 즐기고 감사할 수 있는 일에 집중하기'). 내 인생의 핵심 목표가 무엇인지 생각해보고(가령 '가족과 행복하고 만족스러운 관계를 유지하는 것' 혹은 '성공적인 직장 생활을 하는 것'), 앞서의 원칙들이 내 인생 목표를 달성하는 데 어떤 도움을 줄지 생각해보자.

또 이 원칙들을 가족이나 배우자(연인), 친한 친구와 나누고 함께 이야기해보자. 가까운 사람들의 지지와 응원은 우리가 그들과 공유한 내용들을 실천하도록 동기를 불어넣어주고, 이 원칙들을 일상생활에 통합하는 데 도움을 줄 것이다.

이 장을 마치며, 내 안의 걱정기계 끄는 버튼 찾기

이번 장에서는 걱정을 통제할 수 없고 멈출 수 없는 것처럼 느껴지게 하는 몇몇 요인에 대해 알아보았다.

첫째, 사람들은 걱정의 과정을 오래 견디도록 부추기는 중지 원칙을 사용하는데, 걱정꾼들은 걱정거리를 제대로 처리했다는 확신이 들 때까지 걱정의 모든 측면을 따져보라고 재촉해대는 목표 지향적 원칙(goal directed rule)을 쓴다. 하지만 대부분은 이런 상태에 도달하기 어렵다. 게다가 기분이 좋지 않을 때, 가령 불안하거나 슬프거나 피곤할 때 이 원칙을 엄격하게 적용할 경우 부정적 감정은 확실성이라는 목표에 아직 도달하지 못했으니 걱정을 지속해야 한다고 채찍질하는 역할을 한다.

둘째, 사람들은 대체로 불확실한 것을 싫어한다. 불확실성에 대한 인내력 부족은 병적인 걱정이나 파국적인 걱정과 밀접한 관계가 있다. 확실한 답을 찾기 위해 걱정하는 것은 결승선을 향해 달릴수록 결승선에서 멀어지는 마라톤을 뛰는 일이다. 우리의 몸과 마음을 지치게 할 뿐만 아니라 어떤 기술을 써도 가닿을 수 없는 목표에 삶을 허비하는 것이다.

CHAPTER 8
만성적인 걱정 다스리는 법

이 장의 로드맵

지금까지 파국적인 걱정을 유발하는 요인에 대해 살펴보았다. 이번에는 병적으로 걱정하는 성향을 줄이는 데 도움이 되는 긍정적인 걱정 습관에 대해 이야기할 것이다. 다음과 같은 질문을 던지는 것으로 시작해보자. 나는 무엇을 걱정하는가? 어떨 때 걱정하는가? 특히 나를 걱정으로 이끄는 주제는 무엇인가? 그 걱정은 해결할 수 있는 것인가? 또 하루 중에 걱정하는 시간을 따로 마련해두면 걱정이 일상에 미치는 부정적인 영향을 줄여나갈 수 있다. 걱정이 미치는 정서적 영향력을 줄일 수 있는 방법도 소개할 것이다. 지금부터 말린의 실제 사례를 통해 만성적인 걱정을 다스리는 데 걱정 완화 워크숍이 어떻게 도움이 되는지 살펴보자.

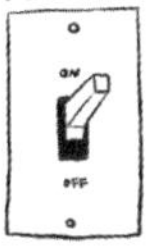

배우자와 두 자녀(고등학생 아들과 고등학교를 갓 졸업한 딸)를 둔 마흔 다섯 살 여성 말린은 도시 외곽에 위치한 한 중견회사 회계팀에서 근무하고 있다. 그녀는 과거에 불안과 우울증을 앓았고 20대 초반에 관계 파탄 문제로 자살을 시도한 적이 있다.

그녀는 최근 평수를 넓혀 새집으로 이사했다. 말린 부부는 주택 대출금을 갚고 자녀들을 부양하기 위해 오랜 세월 일을 해왔다. 말린은 자신이 항상 불안하고 걱정이 많은 사람이었고 지금은 배우자와 자녀, 생계를 걱정하는 데 너무 많은 에너지를 쓰고 있다고 토로한다.

그녀는 '근심에 잠겨 있는' 날이 많다. 가족들의 귀가가 늦어지는 것은 아닌지 노심초사하고, 그 걱정으로 인해 남편과 다투게 될까 또다시 걱정한다. 그녀는 자신의 예감을 뒷받침해줄 증거가 딱히 없는데도 남편이 자신을 버릴지도 모른다는 불안감에 시달린다. 남편에게 거절당할 수도 있다는 생각에 남편에게 애정 표현도 꺼리게 된다.

그녀의 파국적인 걱정은 일상에서 벌어지는 일들에까지 흘러들어간다. 카펫에 얼룩이 묻진 않았는지, 출근했을 때 차를 세워둘 곳은 있는지, 외출했을 때 열쇠를 잃어버리면 어떻게 할지 등등 말이다. 말린의 걱정은 이제 통제할 수 없는 지경에 이르렀다. 일상의 자잘한 걱정거리들이 그녀의 자존감과 자신감을 갉아먹는 것처럼 보인다. 이 모든 것이 그녀의 업무에 지장을 주고, 그러다 직장에서 쫓겨나는 것은 아닌가 하는 걱정을 불러일으킨다.

그녀는 자신이 미쳐가는 게 아닌가 싶어 매일 밤 독한 술을 홀짝거린다. 결국 온갖 잡다한 스트레스와 긴장을 잠자리까지 끌고 들어가 밤잠을 이루기가 점점 더 힘들어졌다. 그녀는 삶의 기반이 무너져내리는 것 같다고 토로하면서 이런 기분을 더는 느끼고 싶지 않다고 털어놓았다.

지금까지는 걱정이 파국으로 치닫게 되는 이유와 일어나지도 않을 일을 염려하게 되는 걱정의 메커니즘에 대해 알아보았다. 이번에는 나쁜 습관을 근절하고, 걱정이 문제 해결을 위한 토대가 되어줄 긍정적 걱정 습관을 안내하고자 한다.

이번 장에서 소개하는 긍정적인 걱정 습관은 걱정 활동을 관리하고 통제가 어려운 걱정 충동을 다스리는 힘을 회복하도록 고안되었다. 이 방법은 ① 걱정거리를 기록하고, ② 자신에게 가장 중요하고 해결 가능한 걱정거리가 무엇인지 파악하며, ③ 걱정을 분류하고 관리할 수 있도록 걱정을 제한하는 법을 배우고, ④ 걱정의 부정적인 영향을 최소화할 수 있는 사고방식을 훈련한다.

말린을 위한 걱정 치료 클리닉

말린은 앞서 언급한 사연의 주인공이다. 그녀는 늘 걱정이 많았다. 눈치챘겠지만 최근 상황이 더욱 악화되어 그녀의 걱정은 통제할 수 없는 지경이 되었고 일상의 스트레스는 눈덩이처럼 불어났다. 말린의 사례를 통해 긍정적인 걱정 습관을 익히고 파국으로 치닫는 걱정 습관을 개선해나가길 바란다.

말린의 걱정은 통제할 수 없는 상태로 치닫고 있었다. 말린의 삶은 스트레스로 가득하고 생계에 대한 근심 걱정은 당장 눈앞에 닥쳐올 것처럼 생생했다. 걱정은 삶 구석구석까지 퍼져 일상적인 스트레스와 불안을 가중시키고 있었다. 불안은 걱정을 다스릴 방법을 찾지 못하게 한다. 우리는 점점 심각해지는 말린의 고통을 덜기 위해 다음과 같은 점들에 주의를 기울여야 했다.

1. 말린이 걱정에 쏟아붓는 시간을 줄여나갈 수 있도록 도와야 한다.
2. 눈덩이처럼 불어나는 파국적 걱정을 다스리는 전략이 필요하다.

3. 말린의 지나친 걱정이 일상에 미치는 악영향을 줄여나가야 한다.
4. 말린의 표현대로 '기분이 안 좋은 상태로 접어들 때' 기분을 즉시 전환하는 법을 익혀야 한다.

말린에게는 알코올 문제나 불면 등 주의를 요하는 다른 문제들도 있었다. 하지만 말린이 먼저 걱정을 다스리는 데 집중한다면 다른 문제도 자연스럽게 좋아질 것으로 판단했다. 만약 효과가 없다면 이후에 다른 추가적 개입을 통해 이 문제들을 순차적으로 해결해나갈 수 있었다.

걱정을 다스리는 첫 단계, 걱정 기록하기

통제를 벗어나 마구 날뛰는 걱정을 다스리기 위한 첫 단계는 걱정을 파악하는 연습부터 시작하는 것이다. 자신이 어떤 환경에서 어떤 상태가 되는지 제대로 알지 못하면 자기 행동의 어떤 면도 다스리기 어렵다.

어제 어떤 걱정을 했는지 기억하는가? 그 걱정을 언제 했는가? 무엇 때문에 걱정이 시작됐는가? 얼마나 오래 걱정을 붙들고 있었나? 그 걱정에 시간과 에너지를 들일 만한 가치가 있었나? 걱정 때문에 더 중요한 일에 집중하지 못했던 건 아닌가?

이런 세부 사항들을 정확하게 떠올릴 수 없다면 내가 무엇을 변화시켜야 하는지, 또 변화를 시도한 노력이 효과가 있었는지 파악하기 어렵다. 따라서 가장 먼저 해야 할 일은 매일 걱정을 상세하게 기록하는 것이다. 이제 다음 장의 걱정 완화 워크숍에서 걱정을 기록하는 법을 자세히 살펴보자.

▼

걱정 완화 워크숍 10

걱정일지의 놀라운 걱정 완화 효과

내가 하는 걱정에 대해 객관적으로 알고 싶다면 그날의 걱정거리를 전부 기록해보는 걱정일지에서부터 시작해보자. 걱정일지를 쓰면 하룻동안 어떤 걱정을 했는지 파악할 수 있고, 그 걱정이 정말로 필요했는지 돌아볼 수 있다.

사소해 보여도 매일 떠오르는 걱정거리들을 다 적어본다. 몇 주에 걸쳐 걱정일지를 작성한 뒤 일지 내용을 훑어보는 시간을 갖는다. 내가 어떤 식으로 걱정하고 있는지 파악할 수 있는 걱정일지는 걱정을 다스리고 걱정을 통제할 수 있는 기초 자료가 되어줄 것이다.

준비물

연필이나 펜

노트나 걱정일지 워크시트(8쪽)

말린의 걱정일지(전체 버전은 워크시트에서 확인 가능)

워크시트
다운받기

효과

걱정일지를 작성하면 나를 괴롭히는 걱정의 속성에 대해 명확히 알게 된다. 내가 어떤 상황에서 유독 더 걱정을 많이 하는지, 걱정할 때 어떤 종류의 생각이 떠오르는지, 걱정할 때 어떤 일이 벌어질까봐 두려워하는지, 그 두려움은 합당한 것인지, 걱정할 때 기분은 어떤지 등의 질문을 통해 걱정에 대한 통찰력을 얻게 되고 걱정을 다스리는 첫걸음이 된다.

방법

걱정일지를 다운받아 쓰거나 빈 노트에 '걱정일지'라고 적고 날짜를 상단에 적는다. 그 아래에 걱정거리가 떠올랐던 시간을 적고 그 옆에 걱정의 제목을 적는다. 그 아래 '떠올랐던 생각, 걱정한 내용, 그때 들었던 기분'을 적고 답을 적을 공간을 마련해둔다. 다음은 말린이 작성한 걱정일지다.

2023년 7월 12일

오전 8시 출근하려고 집을 나섰다.

떠오른 생각 차가 시동이 걸리지 않으면 어쩌지?

걱정한 내용 회사에 지각해서 회의에 들어가지 못할 것이다.

기분 불안, 스트레스

오전 9시 새 오토바이를 사겠다는 딸

떠오른 생각 오토바이는 위험하다. 사고가 나면 죽을 수도 있다.

걱정한 내용 딸이 죽으면 죽은 딸이 너무 보고 싶을 것이다.

기분 스트레스, 두려움, 슬픔

하루 동안 떠올랐던 걱정거리들을 순서대로 다 적어본다. 자잘한 고민이어도 상관없다. 당시 상황은 어땠는지, 그때 무슨 생각이 들었는지, 걱정하던 일의 결과가 어떠리라고 예상했는지, 당시에 기분은 어땠는지 등을 구체적으로 기술한다. 워크시트의 마지막 칸('걱정했던 일이 실제로 일어났나?')은 일지 작성을 마치고 시일이 지난 후 그 걱정이 정말로 필요했는지 확인할 수 있을 때까지 비워둔다.

우선 일주일에 걸쳐 걱정일지를 작성해본다. 걱정일지를 여러 날 써보면 자신이 뭘 걱정하는지, 그 걱정은 할 만한 것이었는지 걱정의 패턴을 파악할 수 있다.

위의 내용을 모두 기록했다면 걱정했던 일이 실제로 일어났는지 여부를 체크한다. '걱정했던 일이 실제로 일어났나?'라는 질문에 '그렇다', '아니다'로 답하면 된다.

▶ '가스불을 안 끄고 나왔나?' 라는 말린의 염려를 예로 들어보자. 실제 주방이 불에 탔는지 아닌지는 확인할 수 있으므로 '그렇다' 또는 '아니다'로 답할 수 있다. 조금 더 복잡해 보이는 걱정거리도 있다. 새 오토바이를 구입하려는 딸이 앞으로 사고를 당할지 모른다는 말린의 염려가 그것이다. 딸이 그때까지 사고를 당하지 않았다면 질문에 대한

답은 '아니다'이다. 답이 없는 걱정이라면 마지막 칸을 물음표로 남겨 두면 된다.

▶ '그렇다'와 '아니다'의 총합을 각각 구하고 두 수치를 비교해보면 걱정거리들 가운데 정말로 합당하고 필요한 걱정이 몇 개나 되는지 확인할 수 있다(물음표로 표시한 것은 무시한다).

▶ 일지에 적혀 있는 걱정거리들 가운데 실제로 일어났던 일은 무엇인지 주의 깊게 살펴보자. 그 걱정이 불운한 사건을 예방하는 데 도움이 되었는지 아니면 걱정했던 일은 본시 일어나지 않을 일이었는지 솔직하게 성찰해보자. 아무 근거도 없이 걱정에 매달렸던 건 아닌지 자문해보자.
걱정 일지를 꾸준히 쓰다 보면 걱정이 현실화될지의 여부를 더 정확하게 예측하게 되는데, 예측한 가능성은 걱정 수준을 낮춰주는 중요한 지표가 된다.[118]

조언

▶ 걱정했던 일이 실제로 일어난 확률을 계산해볼 수도 있다. '그렇다'의 총합을 구한 뒤 일지에 적힌 걱정거리의 총수로 나누고 이 값에

100을 곱한다.

'그렇다'의 총합을 걱정거리의 총수로 나눈 값×100

=현실화된 걱정의 비율

▶ 오랫동안 파국적 사고에 길들여진 사람이라도 걱정이 현실이 된 확률은 100퍼센트보다 0퍼센트에 더 가까울 것이다. 불필요한 걱정을 그만큼 많이 하고 산다는 얘기다.

▶ 연구에 따르면 걱정스럽게 예측했던 일들의 실제 결과를 확인해 보고 걱정했던 일 대부분이 실현되지 않았다는 사실을 깨닫게 되면 파국적 걱정과 불안 수준이 감소한다고 한다.

▶ 몇 주에 걸쳐 걱정일지를 작성한 뒤 일지에 적힌 내용을 검토해본다. 자신이 매일 어떤 식으로 걱정하고 있는지가 보일 것이다. 이러한 통찰은 걱정 관리를 시작하게 하고 걱정에 휘둘린다는 느낌을 줄여줄 것이다. 일지를 읽으며 다음과 같이 질문해보자.

● **어떤 상황에서 걱정이 유독 더 많아지는가?**

특정 상황이나 환경에 있을 때 걱정이 많아지는 경우가 있다. 만약 유독 그런 상황이 있다면, 그 상황과 환경이 걱정을 불러일으킨다는 사실을 인식하고 해당 상황에서 빠져나올 방법을 찾거나 그 상황에서 생길 걱정을 다스릴 방법을 미리 준비할 수 있다. 가령 걱정을 만드는 공간에서 주기적으로 나와 기분을 전환하거나, 그날 예정된 걱정을 위한 시간까지 걱정을 미뤄두도록 노력할 수 있다(이번 장 말미의 '매일 걱정을 위한 시간 만들기' 참조).

- **걱정할 때 어떤 종류의 생각이 떠오르는가?**

'나는 이 일을 제대로 해낼 능력이 없어', '저녁 요리를 망치면 다들 나를 못마땅해할 거야' 같은 자기비하적인 생각이 떠오르지는 않는가? 걱정꾼들의 걱정은 자신의 부적절감이나 낮은 자존감을 걱정 안으로 불러들여 결국엔 자책으로 이어지게 하는 과정임을 1장에서 이야기한 적이 있다. 이런 자기비하적인 사고는 걱정을 더 오래 지속시킨다. 9장의 걱정 완화 워크숍 15 같은 훈련은 자기비하적 사고의 빈도를 줄여줄 수 있다.

- **걱정할 때 내가 두려워하는 것은 무엇이었고 그 두려움은 합당한 것인가?**

매일 걱정일지를 쓰면 정말로 필요하고 합당한 걱정이 얼마나 되는지(걱정했던 일이 실제로 일어난 확률이 얼마나 되는지)를 파악할 수 있다. 연구에 따르면 걱정했던 일이 현실이 될 가능성이 거의 없다는 사실을 깨달을 때 파국적 걱정이 줄어든다고 한다.

- **걱정할 때 나의 감정은 어땠는가?**

  다양한 감정은 복합적으로 작용하여 걱정꾼을 괴롭히고 압도하고 무력하게 만든다. 걱정했던 일이 현실에서 어떻게 결론이 났는지를 다시 살펴보면서 걱정하던 당시에 내가 느꼈던 감정이 정말로 타당한 것이었는지 일지를 통해 확인해볼 수 있다. 이런 통찰만으로도 걱정으로 인한 고통을 줄일 수 있다. 하지만 걱정할 때 여전히 기분을 다스릴 필요가 있다면, 걱정이 시작되는 순간에 6장의 걱정 완화 워크숍 6을 참고한다.

걱정일지를 적으면서 걱정에 대한 통찰을 얻었다면, 이제 걱정을 분류해보는 단계로 넘어가보자. 이 작업을 통해 걱정의 우선순위를 정하고, 정말로 걱정할 가치가 있는 걱정거리들에 대해 진짜 해결책을 찾게 될 것이다.

▼

걱정 완화 워크숍 11

나의 해결 능력에 맞게 걱정 다스리는 법

인류는 삶에서 예상되는 문제를 해결하고 그에 대처하기 위해 '걱정하기'라는 인지활동을 진화시켜왔다. 하지만 많은 사람들에게 걱정은 고통을 유발하는 활동이 되어버렸다. 걱정이 해결책이 아닌 고통스러운 활동이 된 이유는 걱정꾼들이 자신의 걱정을 잘 분류하지 못하기 때문이다. 걱정거리를 해결할 능력이 있는가 없는가의 기준에 따라 우리는 걱정을 범주화할 수 있다. 걱정을 이런 식으로 분류하게 되면 파국적 걱정이 줄어들고 문제 해결이 빨라진다. 이번 워크숍에서는 인생에서 가치 있고 소중한 것들이 무엇인지 떠올려보고, 해결할 수 있는 걱정과 해결할 수 없는 걱정을 분류해볼 것이다.

준비물

연필이나 펜

노트나 걱정 범주 워크시트(10쪽)

워크시트
다운받기

효과

내가 해결하기 어려운 걱정은 크게 ① 과거에 일어난 일에 대한 걱정

('실직을 했다'), ② 내가 통제할 수 없는 일에 대한 걱정('지구온난화가 지속되면 우리 아이들이 얼마나 타격을 받을까?'), ③ 아직 일어나지 않았고 일어날 가능성이 거의 없는 가상의 걱정('퇴근길에 음주 운전자가 가족의 차를 들이받으면 어쩌지?')로 나눌 수 있다.

이렇게 내가 도저히 해결할 수 없는 걱정과 나에게 중요하고 해결할 수 있는 걱정을 구분하는 것이 중요하다. 그렇게 하면 내가 할 수 있는 일에 에너지를 집중할 수 있으며, 문제 해결 능력과 문제 해결에 대한 자신감도 키워나갈 수 있다.

방법

말린이 작성한 걱정 범주 워크시트를 참고하자. 그녀는 앞의 걱정일지에 적어왔던 걱정 주제를 가지고 이 워크시트를 완성했다. 걱정범주 워크시트는 ① 중요하지 않은 걱정, ② 중요하고 해결할 수 있는 걱정, ③ 중요하지만 해결할 수 없는 걱정, 이 세 가지 항목으로 구성되어 있다.

다음 장에 나오는 말린의 걱정 범주 워크시트 첫 번째 열에는 말린이 '중요하지 않은 일'로 분류한 걱정거리가 적혀 있다. 내용을 보면 그녀의 삶에서 특별히 중요한 일이 아닌 누구나 겪을 법한 일상의 골칫거리라는 걸 알 수 있다. 파국적 걱정에 길들여진 사람이라면 이런 사건들을 불리고 불려 파국적 결말로 귀착시킬 테지만, 실제로 이런 일이 벌어질 가능성은 거의 없다.

말린의 걱정 범주 워크시트

중요하지 않은 일	중요하고 내가 해결할 수 있는 일	중요하지만 내가 해결할 수 없는 일
오븐을 켜두고 나왔나? (불이 날지도 모르는데)	차 시동이 안 걸려서 회사에 지각하면 어쩌지?	딸이 새 오토바이를 타다가 사고로 죽을지 몰라.
집에 먹을 게 없네(식구들이 나를 원망할 거야).	점심시간에 동료들이 나에게 말을 안 거네(다들 나를 싫어하나 봐).	딸이 내가 보낸 문자에 아직 답이 없네(사고를 당했으면 어쩌지).
지하실 창문을 열어둔 채 나왔네(창문 틈새로 비가 들이치면 카펫이 다 젖을 텐데).	잠이 안 와. 내일 제대로 일하기는 다 틀렸어.	남편의 퇴근이 늦어지네(어디서 바람을 피우고 있는지 몰라).

이 워크시트에서 주목해야 할 것은 두 번째 열에 있는 걱정거리들이다. 이는 중요하고 가치 있는 걱정거리들로, 계획을 세울 수 있거나(아침에 차 시동이 걸리지 않을 경우 나를 태워다줄 사람이 있는지 확인하는 것) 실질적 해결책이 있는(마음챙김 기술을 써서 빨리 잠자리에 드는 것) 현실의 문제들이다.

세 번째 열은 중요하지만 해결할 수 없는 걱정들이다. 모두 파국적 결론으로 치달을 수 있는 가상의 걱정들로, 일어나지도 않았고 앞으로 일어날 가능성도 별로 없는, 해결 불가능한 걱정거리들이다.

말린은 딸이 오토바이 사고로 죽을 수도 있다는 걱정과 남편이 늦게 귀가하는 것에 대한 걱정을 '중요하지만 내가 해결할 수 없는' 범주에 넣었는데, 그 이유는 이 두 걱정거리가 유독 더 끔찍한 결말로 잘 빠져들기 때문이었다. 이것은 자신의 걱정이 가설에 불과하다는 사실을 받아들이는 첫 단계다. 말린은 걱정 범주 워크시트를 작성하면서 자신이 상상했던 끔찍한 결과가 실제로는 일어나지 않는다는 사실을 확인하게 되었다. 이처럼 걱정일지에 적혀 있는 각각의 걱정거리들의 속성은 다음과 같다.

1. 중요하지 않은 걱정

내가 중요하게 여기는 삶의 가치에서 멀리 있거나 우선순위가 낮은 걱정거리들이 이 범주에 속한다(머그잔을 깨뜨렸다, 화장지 사는 것을 깜빡했다, 폭설 때문에 회사에 지각했다).

2. 중요하고 내가 해결할 수 있는 걱정

이 범주의 걱정거리는 우리가 진정으로 염려하는 삶의 소중한 측면과 관련이 있으며, 당장의 삶에서 떠오른 현실적인 문제들과 관련이 있다. 다음 질문에 답해보자. 지금 당장 해결할 수 있는 걱정거리인가? 이 문제를 해결할 수 있는 현실적인 계획이 있는가? 두 질문에 대한 답이 모두 '그렇다'이면 '중요하고 해결할 수 있는 걱정' 범주에 포함시킨다.

이 범주에 속하는 걱정거리에는 다음과 같은 것들이 있다. '고장 난 프린터 때문에 일을 끝낼 수 없을 것 같다', '직불카드를 도난당해서 전기 요금을 납부할 수 없을 것 같다', '내 베프가 사람들 다 보는 데서 내게 무례하게 굴었는데, 이 얘기를 친구에게 어떻게 꺼내야 할지 모르겠다.' 이 범주의 걱정거리는 삶의 중요한 문제들과 연결되어 있으며 이성적인 상황 파악과 실천으로 해결이 가능하다.

3. 중요하지만 내가 해결할 수 없는 걱정

자신에게 중요하긴 하지만 문제를 통제하거나 해결할 수단이 없는 걱정거리들이 이 범주에 포함된다. ① 아직 일어나지 않았고 앞으로 일어날 일도 거의 없는 가상의 걱정('혹시 ~되면 어떡하지?'), ② 돌이킬 수 없는 과거 일에 대한 걱정, ③ 내 힘으로는 도저히 통제할 수 없는 일에 대한 걱정들이 여기 속한다.

출근했는데 주차할 데가 없으면 어떡하지?(가상의 걱정) 딸의 결혼식 날 나는 왜 그런 바보짓을 했을까?(과거 일에 대한 걱정) 남편이 다른 사람과 바람이 나 나를 떠나면 어쩌지?(자기 힘으로 막을 수 없는 일에 대한 걱정) 등이다.

조언

▶ 이런 식으로 걱정을 범주화하면, 뒤죽박죽 섞여 있는 걱정거리들을 유형별로 분류할 수 있다. 이 연습을 마친 후에 많은 걱정거리는 '중

요하지 않은 일'로 분류해놓게 될 것이다. 그렇게 하는 것만으로도 걱정을 흘려보내는 한 걸음을 뗀 것이다. 하지만 중요하지 않다고 분류된 걱정거리들과 작별하기가 여전히 어렵다면, 하루 중에 걱정을 위한 시간을 따로 마련해보는 것도 방법이 될 수 있다.

▶ 걱정 범주화 작업은 이것이 해결할 만한 걱정인지, 해결할 수 있다면 어떤 해결 방안을 세울 수 있는지 적극적으로 생각해보게 한다. 이 부분이 중요한 이유는 파국적 걱정꾼들은 대개 걱정으로 골머리를 앓으면서 걱정이 불러올 문제들만을 생각하기 때문이다('만일 ~하면 어떡하지?' 하는 파국화 방식). 대부분은 문제를 어떻게 해결할지에 대해서 잘 생각하지 않는다. 내가 걱정하는 문제가 정말로 해결 가능한 것인지를 확인하는 것이 문제 해결의 첫 단추다.

▼

걱정 완화 워크숍 12

걱정을 위한 시간 만들기

말린의 걱정 습관에서 우리가 파악한 문제 중 하나는 시간과 장소를 불문하고 걱정을 수시로 곱씹는다는 사실이다. 말린의 시공간은 계속해서 바뀜에도 걱정은 그녀를 따라다니는 것처럼 보였다.

이렇게 끊이지 않는 걱정을 다스리는 방법은 걱정을 위한 시간과 장소를 따로 마련하는 것이다. 즉 걱정을 위한 시간이 아니면 걱정이 떠오를 일이 줄어들도록 말이다. 이 훈련을 하다 보면 걱정은 물론 내 삶에 대한 통제력이 회복된다는 느낌을 받게 될 것이다.

이 방법은 파국적 사고에 잘 빠지는 사람들에게 효과적이다. 실제로 걱정을 위한 시간을 마련한 사람들은 걱정에 대한 통제력이 회복되고, 걱정에 더는 휘둘리지 않는 자신감을 느낀다고 한다.

준비물

연필이나 펜

노트 또는 워크시트(11쪽)

워크시트
다운받기

방법

걱정만 할 수 있는 시간과 장소를 정하고, 이 시간이 될 때까지 모든 걱정을 미뤄둔다. 아래 말린이 작성한 것처럼 걱정을 위한 시간 워크시트를 다운로드해서 쓰거나 직접 노트에 적는다.

걱정을 위한 시간 워크시트

날짜 2023년 7월 13일

걱정한 시간 오전 6시 30분~오전 7시 (30분)

내가 한 걱정

~~차 시동이 안 걸려서 회사에 지각하면 어쩌지?~~

오토바이를 타고 다니다가 딸이 사고로 죽기라도 하면 어쩌지?

~~오븐을 껐는지 안 껐는지 늘 확인하려고 노력하거~~

~~직장 동료들이 내게는 별로 말을 걸지 않네, 다들 나를 싫어하는 걸까.~~

내가 보낸 문자에 딸이 답이 없을 때마다 너무 걱정돼.

~~집에 먹을 게 충분한지 늘 확인해야 해.~~

~~외출할 때 창문을 제대로 닫지 않았으면 어쩌나 늘 노심초사하게 돼.~~

남편이 늦게 들어오기라도 하면 혹시 바람피우는 게 아닐까 걱정돼.

▶ 걱정하기에 좋은 시간과 장소를 정한다. 가능하면 방해받을 일이 없고 계획된 활동도 없는 시간대를 택한다. 낮에 일해야 한다면 저녁

시간이 좋지만 취침 시간 직전은 피하도록 한다. 근심거리가 잠자리로 이어질 수 있기 때문이다. 걱정을 위한 시간에 걱정을 얼마나 오래 할지도 정한다. 20~30분이면 충분하다. 걱정을 하되 정해놓은 시간은 넘기지 않도록 한다.

▶ 빈 방이나 조용한 카페, 자동차 안 등 방해받는 일 없이 걱정만 할 수 있는 장소를 선택한다. 그 시간 동안에는 방해하지 말아달라고 주변 사람들에게 알리고 핸드폰은 꺼둔다. 이 시간은 걱정 외에는 어떤 것도 하지 않는 나만의 특별한 시간이다.

▶ 걱정을 위한 시간이 아닐 때도 걱정이 떠오를 수 있다. 그럴 때는 컴퓨터나 걱정을 위한 시간 워크시트에 걱정거리를 간단히 메모한 뒤 예정된 걱정을 위한 시간까지 걱정을 미뤄둔다. 물론 시급하고 생각난 즉시 조치가 필요한 걱정거리도 있다는 것은 예외로 해두자(가령 은행카드를 분실하거나 도난당한 사실을 알았다면 즉시 신고한다).

▶ 워크시트에 걱정거리를 기록한 후에는 원래 하고 있던 일로 돌아와 집중한다. 혹시 걱정이 떠오르기 전의 일로 돌아오기 어렵다면 전혀 새로운 일을 하거나 10장에 소개한 마음챙김 기술로 주의를 환기시킨다. 걱정을 위한 시간은 계속 돌아온다는 사실을 기억하면서 최대한 현실에 집중하는 것이 중요하다.

▶ 걱정을 위한 시간이 되면 먼저 걱정을 위한 시간 워크시트에 전날 기록했던 걱정거리를 훑어본다. 걱정 범주 워크시트를 활용해 걱정거리를 분류해볼 수도 있다. 이렇게 하면 별로 중요하지 않은 걱정과 몇몇 문제 해결 기술로 해결이 가능한 걱정을 구분할 수 있다.

▶ 정해진 시간이 다 되면 정확하게 마친다. 걱정을 하다 만 경우라도 다음 시간에 이어서 할 수 있으니 너무 아쉬워 할 필요는 없다. 걱정을 위한 시간이 끝나면 저녁 식사 준비, TV 시청, 운동 등 기분이 전환되는 활동을 하거나 6장의 걱정 완화 워크숍 6에 소개된 활동, 음악을 듣거나 목욕을 하는 것도 좋다.

▶ 걱정을 위한 시간에 익숙해지기까지 시간이 필요하다. 자신의 욕구와 필요에 맞게 걱정 시간을 조정할 수도 있다. 하지만 걱정을 위한 시간을 점차 줄여나가는 데 그 목적이 있음을 기억하기 바란다.

조언

▶ 하루 동안 기록한 걱정 목록을 훑어본다. 이미 해결된 걱정거리가 있다면 줄을 그어 삭제한다. 해결 안 된 나머지 걱정거리에 대해서는 실질적인 해결책이 뭘지 생각해보고 걱정을 위한 시간에 구체적인 해

결 방안들을 찾아본다.

▶ 말린은 기록해둔 걱정거리들 가운데 다섯 개(지각 걱정, 오븐 걱정, 음식 걱정, 창문을 열어둔 것에 대한 걱정 등)를 삭제했는데, 현실에서 일어날 가능성이 거의 없고 설사 그런 일이 일어난다 해도 그 결과가 걱정했던 것만큼 끔찍하지 않다는 걸 알았기 때문이다.

▶ 말린은 나머지 걱정거리에 대해 숙고해본 후, 해결이 가능해 보이는 걱정거리를 골라냈다. 그녀는 차에 시동이 걸리지 않을 경우 같은 동네에 사는 회사 동료에게 차를 태워달라고 부탁해보기로 했다. 또 자신에게 말을 잘 걸지 않는 직장 동료들과 먼저 대화를 시도해보기로 했다.

▶ 말린의 나머지 걱정거리들은 모두 상상 속 가설에 불과하며, 사실상 벌어질 것 같지 않은 걱정들이었다. 그러나 만약 그다음 날에도 같은 걱정이 지속된다면 내일의 걱정 목록에 추가해놓고 다음 날 예정된 걱정을 위한 시간에 다시 고민해볼 수 있다. 걱정을 위한 시간은 가상의 걱정에 대해서도 매우 유용하다. 그 걱정이 정말로 중요한 걱정인지, 그 걱정을 해결할 수 있는 현실적인 방법이 있는지를 검토할 수 있기 때문이다.

▶ 걱정 목록에서 걱정거리를 하나씩 지워나가는 일이 쾌감을 주기도 한다. 걱정을 위한 시간에 충분히 생각해보고 의식적으로 불필요한 걱정을 없애보겠다고 결심한 경우에는 더더욱 말이다.

▼

걱정 완화 워크숍 13
걱정을 중화시키는 마법의 문장

걱정 수준을 낮추려면 걱정을 중화시키고 더 넓고 긍정적인 관점에서 걱정을 바라볼 수 있어야 한다. 그래야 스트레스로 인한 영향을 최소화할 수 있다. 아래 소개된 '인지 중화 전략(cognitive-neutralizing strategies)'은 걱정거리에 대해 더 긍정적인 시각을 갖을 수 있도록 고안되었다.[119] 인지 중화 전략을 꾸준히 사용하면 심리적으로 건강해지며 문제 중심의 대처 능력이 강화된다.

준비물

포스트잇

효과

자신에게 잘 들어맞는 인지 중화 전략을 찾게 되면 걱정으로 인한 불안이 줄어들고 걱정에서 더 쉽게 빠져나올 수 있다. 과제 중심의 대처로 전환하는 데 도움이 된다는 연구 결과도 있다.[120] 여기 소개된 다양한 중화 전략을 사용하면 걱정거리에 대한 적절한 해결책을 찾을 수 있고, 파국적 걱정이 아닌 문제를 해결하는 방향으로 진지하고 냉철

하게 걱정거리를 다루게 될 것이다.

방법

다섯 개의 인지 중화 전략을 소개한다. 각 전략마다 여러분의 걱정에 적용해볼 수 있는 문장들도 담았다. 이 전략은 통제되지 않거나 중요하지도 않으면서 계속해서 마음을 괴롭히는 걱정을 가라앉히는 데 특히 유용하다. 다섯 가지 전략은 ① 하향 비교, ② 긍정적인 재평가, ③ 인지적인 분리, ④ 낙관주의, ⑤ 삶에 대한 관점이다.

하향 비교는 나보다 더 열악한 처지에 놓인 사람들을 떠올림으로써 나의 현 상황을 별것 아닌 것으로 축소시키는 것이다. 긍정적인 재평가는 걱정거리에 포함되어 있을 수 있는 좋은 점에 집중하게 한다. 인지적인 분리는 걱정의 심각도를 떨어뜨리는 문구들을 입에 익히는 것이다. 낙관주의는 결국엔 모든 게 괜찮아질 거라는 관점으로 걱정을 바라보게 해준다. 마지막으로 삶에 대한 관점은 인생을 길고 포괄적인 안목으로 걱정을 부감할 수 있게 해준다.

인지 중화 전략

하향 비교

"다른 사람들은 나보다 상황이 더 안 좋잖아."

"그래도 아직 나에게는 건강한 몸과 능력이 있잖아."

"지금보다 상황이 더 안 좋았을 수도 있어."

"다른 사람들이 겪은 일에 비하면 나는 운이 좋은 편이지."

"이런 일이 생기긴 했어도, 다른 면에선 난 정말 괜찮은 편이야."

"이보다 더 안 좋은 일이 생겼을 수도 있잖아."

"하긴 사람들은 매일같이 이런 일을 겪지."

"처지가 더 안 좋은 사람들도 많잖아."

긍정적인 재평가

"이 경험이 나를 더 강한 사람으로 만들어줄 거야."

"이 일을 처음 겪었을 때보다 난 더 괜찮은 사람이 될 거야."

"모든 문제에 꼭 나쁜 면만 있는 건 아니야. 좋은 점도 있어."

"나에게는 이 문제를 이겨낼 능력이 있어."

인지적인 분리

"화를 낼 만큼 그렇게 중요한 일도 아니잖아."

"이건 화낼 가치도 없는 일이야."

"더 이상 내가 할 수 있는 일이 없어. 이제 걱정은 그만하자."

"화를 낸다고 해서 문제가 해결되지는 않아."

낙관주의

"결국에는 다 잘 풀릴 거야."

"일이 풀릴 때까지 시간을 주자."

"결국에는 다 잘 해결되리라는 걸 알아."

"시간이 약이지."

"이 문제도 언젠가는 끝이 나게 돼 있어."

삶에 대한 관점

"어떻게든 나는 살아갈 거야."

"어떤 일이 있어도 삶은 굴러가지."

"나의 다른 삶에 문제가 없다면, 이런 문제쯤은 견뎌낼 수 있어."

"다른 건 몰라도 나는 아직 살아 있어."

"지금은 우울하지만, 이런 기분은 곧 있으면 사라져."

각각의 문장을 여러분이 중요도를 낮추고 싶은 걱정거리에 결부시켜 생각해본다. 이 전략들을 계속 사용하고 나면 자신에게 더 잘 들어맞는 전략이 무엇인지 알게 될 것이다. 그것들이 앞으로 여러분이 집중하고 마음에 새겨야 할 전략이 될 것이다. 이러한 인지 중화 전략에 친숙해지고 그 문장들을 틈나는 대로 일상생활에 통합시키는 것이 중요하다. 도움이 될 몇 가지 방법을 소개한다.

▶ 눈에 잘 띄는 곳(가령 냉장고나 모니터)에 내가 하는 걱정에 도움이 될 문구 한두 개를 붙여놓는다.

▶ 이 문장들을 가족이나 연인, 가장 친한 친구와 공유하고 함께 논의한다. 이들의 격려와 지지는 우리가 공유한 내용들을 실천하고, 이 원칙들을 일상생활에 통합할 수 있도록 도움을 줄 것이다.

▶ 틈나는 대로 이 원칙들을 적용해보고 습관으로 만든다. 가령 뭔가 안 좋은 일이 생길 것 같아 걱정될 때, 걱정을 중화시켜주는 문구(가령 이혼 후에 내게 일어날 일이 걱정되지만, 이혼이 나를 더 강한 사람으로 만들어주리라는 것을 나는 잘 알고 있다)를 떠올려보는 것이다.

▶ 매일 문구 하나와 인지 중화 전략 하나를 선택한 뒤, 그 원칙이 내 행동과 사고에 어떤 영향을 줄지 상상해본다(가령 뭔가 걱정되는 것이 있을 때는 나보다 더 힘든 사람도 많다는 사실을 기억하는 것).

▶ 인생의 핵심 목표가 무엇인지 생각해보고(가령 행복한 가정을 꾸리는 것, 성공적인 커리어를 쌓는 것), 이 원칙들이 내 삶의 목표를 달성하는 데 어떻게 도움을 줄지 생각해본다.

조언

말린은 인지 중화 전략을 활용하여 걱정을 다수릴 수 있다는 사실을 알게 되었다. 그녀는 특히 '모든 문제에는 좋은 점도 있다', '이 일이 나를 더 강한 사람으로 거듭나게 해줄 것이다' 같은 문장들이 그 자체로 긍정적이고 마음을 안심시켜준다고 했다. 그녀는 이 문구들을 집 안 곳곳에 붙여두고 꾸준히 마음에 새기는 노력을 해나갔다.

다른 문구들도 특정 걱정들에 도움이 되었다고 한다. 가령 돈 문제를 염려할 때는 '이런 일이 생기긴 했어도 다른 면에서는 난 정말 운이 좋잖아' 같은 하향 비교 문구를 되새김으로써 걱정을 다스릴 수 있었고, 배우자와의 관계가 삐걱댈 때는 '다 잘 풀릴 거야', '어떤 일이 있어도 삶은 굴러가게 돼 있어' 같은 낙관적 문구를 떠올림으로써 파국으로 치닫는 걱정을 내려놓을 수 있었다.

CHAPTER 9

왜 걱정꾼들은 회피하는가

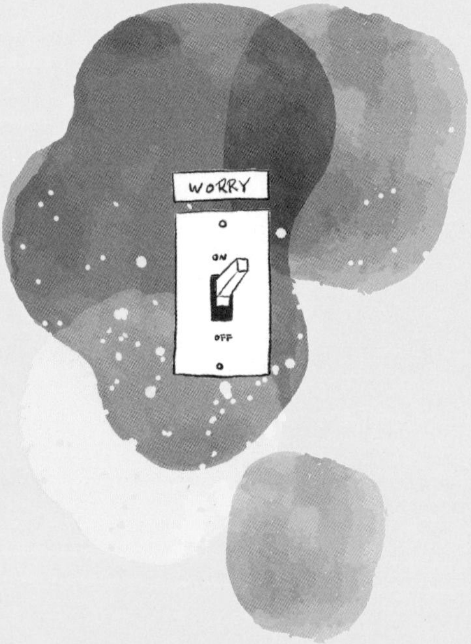

이 장의 로드맵

걱정꾼은 왜 문제 해결에 서투를까? 이번 장에서는 파국적 걱정꾼이 문제 해결 능력이 떨어지는 이유를 살펴보고 이런 약점을 보완하기 위해 할 수 있는 일이 무엇일지 알아본다. 걱정을 이로운 방향으로 활용하려면 부정적인 사고를 잠재우고 긍정적인 사고를 훈련해야 한다. 해결 가능한 문제와 해결 불가능한 문제를 구분하는 현실적 사유 능력을 키워야 하며 해결책을 실행에 옮기는 의지도 필요하다. 이 장에 수록한 걱정 완화 워크숍을 활용하면 내가 어떤 유형의 사고를 하는 사람인지 파악할 수 있고 문제 해결을 위한 체계적 접근법을 익힐 수 있다.

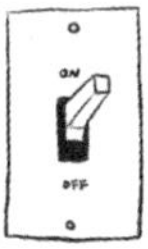

당신이 하는 걱정을 한 발짝 떨어져서 바라보면 걱정은 모순으로 가득 차 있는 복잡한 딜레마다. 걱정 많은 사람들은 걱정이 꼭 필요한 일이며 걱정을 하지 않으면 나쁜 일이 생길 거라고 굳게 믿는다. 하지만 걱정하는 과정에서 자신을 괴롭히는 고통과 불안이 생겨날 거라는 사실도 잘 알고 있다.

걱정이 많은 사람들은 본인이 하는 걱정이 앞으로 닥쳐올 일에 대비하기 위한 필연적 활동이라고 항변하지만, 문제 해결에 대한 자신감은 부족한 편이다. 그렇지만 문제에 대한 해결책을 찾는 데 집중한다면 누구 못지않게 훌륭한 해결책을 도출해낼 수 있다.

걱정은 종종 문제 해결 과정으로 정의되곤 하지만 파국적 걱정에 사로잡히는 사람은 결국 문제만 뒤적거리다 쓸 만한 해결책은 찾지 못하는 경우가 많다. 이는 연구를 통해서도 증명된 사실이다.

병적인 걱정의 핵심인 이 딜레마는 파국적 걱정꾼이 문제 해결에 정말로 서투르기 때문에 생겨난다. 이번 장에서 다루고자 하는 내용이 바로 이 난제다.

걱정꾼들의 그릇된 문제 해결 필살기

평소에 걱정을 많이 하는 사람은 앞으로 닥쳐올 삶의 문제를 어떻게 풀어나가야 하나 자주 막막해하고, 이런 자신 없는 느낌이 또다시 걱정으로 이어진다는 사실을 잘 알고 있다.

나는 이를 '자기 비하'라고 부른다. 내가 부적절한 사람이라는 생각, 낮은 자존감, 사건에 대한 통제력 부족 같은 주제가 걱정의 서사 속에 흘러들어오기 때문이다. 최근 연구에 따르면 만성적인 걱정꾼은 문제를 해결할 수 있다는 자신감이 부족할 뿐만 아니라 문제를 대하는 태도 역시 부정적이라고 한다. 다시 말해 문제 해결은 물론이고 문제를 해결하려는 시도 자체를 방해하는 태도를 가지고 있다는 것이다.

'부정적인 문제 지향(negative problem orientation)'이라 불리는 이러한 태도는 '편안함을 위협하는 것으로 바라보는 습성, 자신의 문제 해결 능력을 의심하는 태도, 결과에 대해 비관적으로 사고하는 경향을 반영한 신념'으로 정의할 수 있다.[121] 부정적인 문제 지향은 병적인 걱정과 높은 상관관계를 보인다.[122] 문제 해결에 대한 부정적인 신념은 성공적인 문제 해결을 방해할 뿐만 아니라 그릇된 방식으로 문제를 해결하게 한다.

걱정꾼들은 대부분 문제를 성급히 없애려 하거나 회피하는 방법을 선택함으로써 실패가 예상되거나 고통스러울 것 같은 문제 해결 과정에 발을 들여놓지 않으려 한다. 이러한 전략으로는 다음과 같은 것들이 있다. 걱정에서 오는 고통을 빨리 없애기 위해 충동적이고 일시적인 해결책을 실행에 옮기거나, 문제가 그저 사라져버리기를 바라는 마음에서 회피적 접근을 택하거나, 계속해서 과거 일만 돌이키는 꽉 막힌 사고방식을 고수하는 것이다. 이러한 걱정꾼들의 행동 양식을 구체적으로 살펴보자.

첫째, 문제를 모면하기 위한 '일시적 해결' 전략은 스트레스나 불안을 느낄 때 문제를 빨리 해결하고 고통을 줄이고 싶어 성급하게 행동해버리는 방식이다.[123] 기분 전환이 목적인 접근 방식으로, 깊이 있게 생각한 것이 아니어서 장기적으로 더 큰 문제를 일으킬 수 있다. 이 전략의 목표는 지금 당장 내 기분이 나아지는 데 있다.

예를 들어 배우자와 돈 문제로 말다툼이 계속될 때, 일시적 해결은 배우자의 능력을 깎아내리거나 당장 헤어지자고 으름장을 놓으며 다툼을 끝내는 것이다. 하지만 이런 식의 해결은 돈 문제를 해결하기는커녕 상황을 더 악화시킨다. 건강한 해결책을 찾는 걸 방해하고, 즉흥적인 해결로 발생할 수 있는 나쁜 결과에 대해 생각하지 못하게 하는 등 오로지 본인의 감정을 지키는 목적으로만 실행된다.

둘째, 회피적 접근은 문제가 저절로 해결되기만을 기다리거나 다른 사람에게 책임을 전가하여 문제를 해결하려는 방식이다. 이 전략은 관계에 대한 걱정, 특히 대인 관계에서 생겨난 문제를 다루는 데 서툰 사람들에게[124] 잘 나타난다. 특히 배우자나 밀접한 타인에게 자주 착취(이용)당하고 자신의 요구는 제대로 주장하지 못하는 순종적 대인 관계에서 더 두드러지게 나타난다.[125] 걱정꾼은 문제에 대한 책임을 곧바로 힘 있는 상대에게 전가하거나, 문제는 해결해주진 않지만 걱정으로 인한 정서적 고통은 덜어주는 다양한 회피 활동(가령 쇼핑, 과식, 음주 등)에 빠져든다. 이런 회피 활동은 문제에 대한 실질적 해결책을 찾으려는 시도를 방해한다.

셋째, 파국적 걱정에 빠지는 사람은 과거 일을 반복적으로 되새기는 반추 사고에 '갇혀' 실질적인 문제 해결을 피하는 경우가 많다. 반복적으로 곱씹는 사고 과정은 걱정거리에 부정적 인식만 더할 뿐 그 어떤 해결책도 찾아내지 못한다. 여기서 굳이 '갇히다'라는 단어를 쓴 이유는 이러한 과정이 영양가 있는 행동으로 이어지지 못한 채 높은 강도의 스트레스와 불안만 지속시키기 때문이다. 이렇게 고통에 빠지면 고통을 없애기 위해 성급하게 행동에 나서기도 하지만 대부분 이런 행동은 상황을 더 악화시킬 뿐이다. 본질적으로 파국적 걱정은 문제를 해결하려는 시도가 아니다. 오히려 문제 해결을 피하려는 고집스러운 방법을 제공하고, 무의식적으로 '난 문제를 잘 다루지 못해'라고 믿게 만든다.

결국 만성적인 걱정꾼은 문제 해결 능력에 대한 자신감만 부족한 것이 아니라 실질적인 문제 해결을 방해하는 전략에 적극적으로 뛰어든다. 이번 장의 목적은 현명한 걱정꾼이 되기 위한 조언을 제공하고 긍정적인 문제 해결 방식을 사용해 걱정에 대처하는 방법을 알리는 데 있다. 지금부터 긍정적이고 현실적인 사고방식을 개발하는 방법을 소개하고 적극적인 문제 해결을 위한 단계들을 살펴볼 것이다.

걱정의 속성 1. 걱정꾼은 긍정적인 문제 해결을 방해하고 역기능적인 방식으로 문제를 다루려는 '부정적 문제 지향'을 채택한다.

걱정의 속성 2. 걱정꾼은 고통을 줄이기 위해 일시적이고 충동적인 해결책에 의존하는 경우가 많으며, 이러한 일시적 해결은 더 큰 문제를 일으키기도 한다.

걱정의 속성 3. 걱정꾼은 사람들은 문제가 저절로 사라지기를 바라며 회피 전략을 선택하거나, 마땅한 해결책도 없이 나쁜 결과만 예상하게 되는 생각 곱씹기에 빠져든다.

긍정적인 사고방식이 중요한 이유

파국적 걱정은 그 자체로는 아무것도 해결하지 못한다. 하지만 해결해야 할 문제가 있다는 신호이니 이왕 문제를 풀어나가야 한다면 긍정적이고 현실적으로 접근하는 것이 가장 좋다. 긍정적인 것과 현실적인 것은 서로 다른 개념이므로 별도로 다룰 것이다.

긍정적인 태도가 중요한 이유는 닥쳐올 위협을 해석할 때 불안이 해석에 부정적인 영향을 미치기 때문이다(6장 참조). 불안이 많은 사람은 잘 모르는 정보를 접했을 때 이를 긍정적으로 해석하기보다는 부정적으로 해석할 가능성이 높다. 이런 부정적 해석 편향은 불안해하는 만성 걱정꾼들의 뿌리 깊은 특성이다.

문제를 해결할 때는 현실적 사고 또한 중요하다. 실제(있는 그대로)인 사실과 상상이나 가설에 불과한 사실을 구분할 수 있는 명료한 정신이 필요하다. 이번 장에서는 내가 어떤 유형의 생각을 하는 사람(긍정적인 사고 유형인지 부정적인 사고 유형인지)인지 파악하는 워크숍을 소개한다.

걱정의 속성 4. 긍정적이고 현실적인 사고방식을 익히는 것은 부정적인 사고 편향을 극복하는 데 큰 도움을 준다.

걱정의 속성 5. 현실적으로 사고한다는 것은 문제를 객관적으로 바라보고 부정적인 선입견을 배제하는 것이다. 긍정적이라는 것은 자신감과 요령을 갖추고 문제의 해결책에 접근하는 것이다.

▼

걱정 완화 워크숍 14

나는 어떤 유형의 걱정을 하는 사람인가?

시작하기 전에 이 과정에 관해 너무 많은 정보를 제공하지는 않을 것이다. 이번 워크숍은 여러분이 어떤 유형의 생각을 하는 사람인지 식별할 수 있도록 고안되었다는 점만 밝혀둔다.

준비물

연필이나 펜

노트나 워크시트(12쪽)

워크시트 다운받기

방법

이 워크숍에는 가상 일기장에서 발췌한 에피소드가 나열돼 있다. 이 테스트를 마치고 나면 이번 활동의 목적과 자신의 응답 패턴이 무엇을 의미하는지 설명하겠다.

일기장에 다음과 같은 내용들이 적혀 있다고 상상해본다. 각 항목을 읽은 다음 그 사건이 자신에게 걱정을 불러일으키는지 그렇지 않은지 잠시 생각한다.

주어진 문장이 내게 걱정을 불러일으킨다면 워크시트의 '걱정됨' 칸에 체크를 한다. 별로 걱정될 것 같지 않다면 워크시트의 '걱정되지 않음' 칸에 체크한다.

항목당 하나의 응답에 체크한다. 정답이나 오답은 없으며, 각 사건에 대해 어떻게 느끼는지만 정하면 된다. 표 다음의 채점 방법에 관한 설명은 응답을 완료한 후에 읽어본다.

	날짜	내용	걱정됨	걱정되지 않음
B	5.23. 월	할 일이 너무나 많다. 에세이도 써야 하고 다음 주에 또 시험이 있다는 얘기를 들었다.		
A	5.24. 화	여름 입사 지원 과정은 순조롭게 진행되고 있다. 지금까지 가장 일하고 싶은 회사 세 곳에서 2차 면접에 오라는 연락을 받았다.		
C	5.25. 수	오늘 과제를 돌려받았는데 내가 받은 성적에 깜짝 놀랐다.		
C	5.26. 목	엄마는 동생을 데리고 병원에 가서 성장 발달검사를 받았다.		
B	5.27. 금	미용실에 다녀왔다. 헤어스타일이 마음에 들지 않는다.		
C	5.28. 토	오늘 첫 월급을 받았다. 집에 돌아와 통장에 찍힌 액수를 확인하고 깜짝 놀랐다.		

	날짜	내용	걱정됨	걱정되지 않음
A	5. 29. 일	어젯밤 어맨다 네 파티는 정말이지 굉장했다.		
B	5.30. 월	하루종일 몸이 찌뿌드드했다. 내일도 몸이 이러면 병원에 가봐야겠다.		
A	5. 31. 화	날이 좋다. 햇볕을 쬐면 금세 기분이 좋아진다.		
C	6. 01. 수	오늘 밤 외출해서 걷고 있는데 누군가가 나를 멈춰세웠다.		
C	6. 02. 목	오늘 배구대회 출전팀이 발표됐다. 내가 2군에 선발되었다는 사실이 믿기지 않는다.		
A	6. 03. 금	방금 여름휴가 상품을 예약했다. 온라인에서 꽤 괜찮은 2주짜리 여행 상품을 발견했다.		
C	6. 04. 토	해변을 걷고 있는데, 내 친구 헬렌이 바다에서 손 흔드는 모습이 보였다.		
B	6. 05. 일	친구들을 바비큐 파티에 초대했지만 한 사람도 오지 않았다.		
B	6. 06. 월	오늘 아침 은행으로부터 메일을 한 통 받았다. 인출 한도를 초과하여 수수료를 꽤 많이 지불해야 한다는 내용이었다.		
C	6. 07. 화	오늘 병원에서 전화가 왔다. 지난주 검진 결과에 대해 듣고 놀랐다.		

	날짜	내용	걱정 됨	걱정 되지 않음
B	6. 08. 수	어제 외식 때 먹었던 요리는 몹시 실망스러웠다. 식중독에 걸린 것 같은 기분도 들었다.		
C	6.09. 목	상사가 회사의 실적 부진에 대해 이야기했고, 내 책임이 가장 크다는 데 동의했다.		
C	6. 10. 금	레스토랑에 셰프로 취직한 첫날 밤, 나는 두 번이나 손님들의 테이블에 불려갔다.		
C	6. 11. 토	리셉션에서 나는 자리에서 일어나 몇 마디 했고, 내 얘기를 들은 사람들이 모두 웃음을 터뜨렸다.		
A	6. 12. 일	어젯밤에는 오랜 학교 동창인 데이비드를 만나 간만에 즐거운 시간을 보냈다. 우리가 마지막으로 본 지도 어느새 1년이 지났기 때문이다.		
B	6. 13. 월	탕비실에서 직장 동료들이 나를 얼마나 싫어하는지 듣게 되었다.		
C	6. 14. 화	연극 무대에서의 내 연기에 대해 모두들 한마디씩 했다.		
A	6. 15. 수	다음 달 초에 친구들과 주말여행을 계획했는데 몇 주 뒤로 연기해야 했고, 지금은 일하느라 여행을 갈 수 없게 되었다.		
C	6. 16. 목	은행에 들어선 순간, 은행원이 한 남성에게 두둑한 돈다발을 건네는 모습이 보였다.		

	날짜	내용	걱정됨	걱정되지 않음
A	6.17. 금	오늘 운전면허 시험에 합격해서 정말 좋았다. 축하 파티를 열어야겠다.		
A	6.19. 토	오늘 오후에 쇼핑을 제대로 했고 사촌의 결혼식에 입을 멋진 수트도 한 벌 샀다.		
B	6.19. 일	호숫가를 걷다가 미끄러져 발목을 삐었다. 너무 아팠다.		

채점

A 항목에서 '걱정됨'이라고 체크한 개수를 합산한 다음, B 항목과 C 항목에 대해서도 동일한 작업을 수행한다.

A	B	C

해설

▶ 우리는 실험 대상자들에게 각 항목이 긍정적인지, 부정적인지 평가해줄 것을 요청했다. A로 표시된 항목은 '명백하게 긍정적인 사건',

B로 표시된 항목은 '명백하게 부정적인 사건', C로 표시된 항목은 '모호한(좋지도 나쁘지도 않은 사건)' 으로 해석될 수 있다는 의미다.

▶ A 항목은 8개, B 항목은 8개, C 항목은 12개다.

▶ 부정적인 생각을 주로 하는 사람이라면 C 범주 12개 중 절반 이상(6개 이상)에 대해 '걱정됨'을 체크했을 것이다. 이 범주에서 6개 이상 체크했다면 부정적인 해석 편향이 큰 사람이라고 볼 수 있다.

▶ 게다가 부정적으로 생각하는 사람이라면 A항목(명백히 긍정적인 문장)에도 '걱정됨'을 체크했을 수 있다. 특히나 파국적 걱정에 빠져드는 사람들은 누가 봐도 긍정적인 사건에서도 부정적 특징을 발견해내는 경향이 있기 때문에 A항목에 대해서도 '걱정됨'을 체크했을 가능성이 높다.

효과

이번 워크숍에서 부정적인 사고 패턴을 가진 사람으로 결과가 나왔더라도 당황할 필요는 없다. 당신은 지극히 정상이다. 영국 국립과학재단에서 실시한 연구에 따르면, 대부분의 사람들이 매일같이 떠올리는 생각의 약 80퍼센트가 부정적인 생각이라고 한다. 그러나 C항목(모호한)을 '걱정거리'로 보는 사람이라면 사건과 정보를 부정적으로 해석하려는 편향성도 큰 편이다. 그럴 때 당신의 물잔은 반이나 채워져 있기보다 반이나 비워져 있게 될 것이며, 당신은 더 많은 걱정거리를 떠안게 될 것이다. 아래에 부정적인 해석 편향을 관리하고 긍정적이고 낙관적인 사고를 촉진하는 방법에 대해 소개해놓았다.

조언

긍정적으로 사고하는 사람이 되고 싶다면 매일같이 구체적으로 긍정적 생각을 훈련해야 한다. 이런 훈련으로는 다음과 같은 방법이 있다.

▶ '오늘 하루도 잘 풀릴 거야', '오늘 할 일들을 문제 없이 잘 해낼 거야' 같은 긍정의 문구를 되뇌이며 하루를 시작한다. 이 문구를 욕실 거울에 붙여놓고 매일 아침 읽는다.

▶ 내가 제일 좋아하는 네덜란드 속담에 '실수에서 배움을 얻지 못한다면 뭐하러 실수를 하겠는가?'라는 말이 있다. 정말로 그렇지 않은가. 세상에 완벽한 사람은 없으니 실수도 하고 실패도 겪는 것이다. 이 경험들을 교훈 삼아 미래를 위한 긍정적인 조언으로 써보자.

▶ 유머를 활용하여 어려운 상황을 가볍게 넘겨보자. 유머는 처진 기분을 올려주고 부정적인 생각을 몰아내준다. 유쾌한 사람들과 어울릴

기회를 찾고, 삶을 두려워하기보다는 삶을 향해 웃어 보이자.

▶ 부정적인 생각은 대개 과거나 미래의 일과 관련이 있다. 그렇다면 지금 여기로 돌아와 현재에 집중해보는 건 어떨까? 우리가 머물고 있는 지금 이 순간에 마음을 집중하면 부정적인 생각을 불러일으켰던 사건이 그렇게 끔찍해 보이지 않을 것이다. 지금 여기에 집중하기를 원한다면 10장의 마음챙김 기술을 적용해보자.

▶ 긍정 일기를 쓰자. 매일 긍정적인 경험을 적어본다. 내가 한 일이든, 다른 사람이 하는 걸 본 일이든, 내가 느낀 긍정적인 감정이든 다 기록한다. 긍정적인 일은 종종 찾아오지만 부정적인 생각에 사로잡힌 사람들은 긍정적인 경험을 인식하지 못한다. 그러니 이러한 경험이 명확히 드러나도록 표현해보자. 이를 기록하고 검토한다면 당신의 삶은 긍정적인 에너지를 흡수하기 시작할 것이다.

좋은 시절일 때조차 사람들은 세상을 객관적으로 바라보는 법이 없다. 우리는 다들 세상에서 벌어지는 일을 빠르고 효율적으로 파악하기 위해 사고의 지름길을 개발한다. 우리는 고정관념에 입각해서 사물을 분류하고, 휴리스틱을 지름길로 채택하여 사람과 사건에 대해 신속하게 판단을 내린다(1장 참조). 하지만 사고의 지름길은 종종 세상에 대한 인식을 왜곡하고, 종국에는 현실 자체를 왜곡하는 편견으로 변질될 수 있다. 이는 초조해하는 걱정꾼들에게서 자주 나타나는 현상이기도 하다.

조바심을 내는 걱정꾼들이 선택한 사고의 지름길은 결국엔 '생각의 덫'이 되고 만다. 왜냐하면 그 지름길은, 세상은 위험하고 위협적인 곳이라는 개념만을 유일하게 허용하기 때문이다. 세상을 그렇게 지각하는 한 불안에 떠는 걱정꾼은 경계 태세를 풀 수가 없다. 이러한 만성 불안 상태에서 회복하려면 걱정하는 사람은 부정적인 사고 편향을 식별하고 이를 현실적인 사고방식으로 전환시켜야 한다.

인지행동치료의 아버지라 불리는 미국 정신과 의사 에런 T. 벡은 불안하고 우울한 사람들의 특징이라 할 수 있는, 다양한 인지왜곡을 최초로 규명해냈다. 그중 일부를 옆의 표에 정리해두었다. 목록을 살펴보고 당신의 머릿속에도 이런 왜곡된 사고가 숨어 있는지 확인해보기 바란다.

비합리적 인지왜곡의 유형

비합리적 인지왜곡	의미	예
섣부른 결론	증거가 불충분하거나 결론과 불일치함에도 성급하게 결론을 도출한다.	"사람들은 다 날 싫어해." "나는 기절해버릴지도 몰라." "나는 미쳐버릴 거야."
선택적 여과	어떤 맥락에서 세부적인 것만 뽑아 상황 전체를 판단함으로써, 상황의 본질을 놓친다.	사람들은 대부분 발표에 귀를 기울이고 있고, 몇 사람만이 지루해하는 표정을 하고 있을 때 모든 청중이 당신의 발표를 마음에 들어 하지 않는다고 믿는다.
과잉 일반화	단편적 사건의 근거를 갖고 모든 상황에 적용하여 판단한다.	실수 하나 가지고 "난 뭐 하나 제대로 하는 게 없어"라고 자책한다.
흑백 사고	모든 사건을 흑 또는 백, 성공 또는 실패, 멋진 일 또는 끔찍한 일로 이분화한다.	사람들은 나를 좋아하거나, 아예 싫어할 거라고 생각한다.
개인화	사건을 객관적으로 보지 않고 개인적 의미에 귀인시켜 해석한다.	저 사람 표정이 좋지 않은 건 내가 상대를 불편하게 했기 때문이라고 믿는다.
파국화	실제로는 일어나지 않을 끔찍한 상황이 곧 벌어질 거라고 상상한다.	"부모님이 집에 아직 안 돌아오신 걸 보니 사고를 당하신 게 틀림없어."
비합리적 신념	현실적으로 도달하기 어려운 극단적 기준을 설정한다.	"나는 모든 사람에게 사랑받아야 해." "난 절대 실수하면 안 돼."
부정적 예상	늘 상황이 안 좋아질 거라고 예상한다.	"해봤자 뭐해, 내가 다 망쳐버릴 텐데."

이런 왜곡된 생각들은 세상을 비관적으로 바라보게 하고 파국적인 걱정을 하도록 부추긴다. 이 편견들은 세상을 항상 경계해야 하는 위험한 곳으로 바라보게 만드는 사고의 통로가 된다.

따라서 걱정하는 과정 속에서 이러한 사고 편향을 알아채는 것이 현실적인 사고를 훈련하는 첫 번째 단계다. 걱정이 올라오기 시작하거든 부정적인 사고 편향을 깰 수 있는 다음의 질문들을 스스로에게 던져보자.

- 문제가 생기기도 전에 상황이 나빠질 거라고 예상하는 함정에 빠진 것은 아닌가?
- 걱정거리에 대한 나의 판단이 실제 사실이 아닌 내 기분에 근거하고 있지는 않은가?
- 일어날 수 있는 최악의 상황은 무엇인가? 그런 일이 발생한다면 어떻게 대처할 것인가?

물론 현실에 대해 이야기할 때만큼은 솔직해지겠다. 평생 동안 다져와서 뿌리 깊이 박혀버린 부정적인 사고 습관을 하루 아침에 바꾸기란 결코 쉬운 일이 아니다. 하지만 걱정이라는 고통을 이겨내고 싶고 변화를 시도하겠다고 마음먹었다면 스스로에게 실질적인 도움을 주기 위해 노력해야 한다.

나의 긍정적인 면을 찾아 문장을 만들어본다. 내가 얼마나 잘 대처하는 사람인지, 이전에 이런 문제를 잘 해결한 경험은 없었는지, 내가 얼마나 긍정적이고 수완이 좋은 사람인지, 그리고 상황이 걱정했던 것에 비해 그리 나쁘지 않다든지에 관해서 말이다. 문구가 잘 생각나지 않는다면 자신을 잘 아는 가족이나 친구에게 도움을 청할 수도 있다. 그런 다음 수첩이나 스마트폰 메모장에 적어 가지고 다니면서 하루에 한 번 이상 꼭 읽어본다. 문장의 예로는 다음과 같은 것들이 있다.

"그전에 겪었던 힘든 일도 나는 잘 이겨내왔다."

"무슨 일이 있어도 최선을 다하면 된다."

불안감을 낮추기 위해 8장의 워크숍 13에 소개된 '인지 중화' 문장들을 빌려와도 좋다. '모든 문제에는 시간이 약이지', '이런 문제가 터지긴 했지만 더 큰일이 아니어서 다행이야', '이 경험이 나를 더 강한 사람으로 만들어줄 거야' 같은 문장도 좋다. 긍정적인 자기 진술은 자신에게 친절하게 대하는 내용으로 '나는 할 수 있어!', '누구나 실수를 하지, 하지만 실수했다고 해서 쓸모없는 사람이 되는 건 아냐'같이 스스로를 다독일 수 있으면 좋다.

'현실적으로 생각한다'는 말은 문제를 객관적으로 바라보고 부정적인 편견이 끼어드는 것을 피하는 일이다. 긍정적이라는 말은 자신감과 해결책을 가지고 문제에 접근하는 일이며, 무엇보다 중요한 것은 실수를 했더라도 자신을 구제 불능의 인간으로 내몰지 않고 실수를 인정하고 실수로부터 배우는 자세다. 사람이라면 누구나 인생의 문제에 대처하는 방법을 배워야 하며, 그것은 언제 시작해도 늦지 않다.

걱정 대신 단계적으로 문제 해결 시도하기

파국적 걱정에 빠지는 사람들은 문제가 될 만한 것들을 계속 찾는 데 시간을 쏟기 때문에 문제를 성공적으로 해결하는 경우가 별로 없다. 이렇게 문제만 불어나는 악순환에서 빠져나오는 최고의 방법은 문제를 단계적이고 체계적으로 해결하는 것이다. 머리를 싸매고 일어나지도 않을 끔찍한 결과를 곱씹고 앉아 있는 것이 아니라, 유익하면서도 냉정하게 문제를 해결하는 것이다.

이렇게 하면 자신을 괴롭히는 바로 그 문제에 정확히 초점을 맞출 수 있다. 또 문제를 감정적 측면이 아닌 현실적 측면에서 정의 내릴 수 있게 되고, 창의적인 해결 방안을 궁리할 수 있게 된다. 그리고 더 나아가 내가 짜낸 해결책을 행동에 옮길 수 있게 된다. 성공적인 문제 해결을 위한 단계들을 다음 걱정 완화 워크숍에서 소개한다.

▼

걱정 완화 워크숍 15

걱정꾼들을 위한 문제 해결 수업

걱정꾼들은 걱정을 해결하기보다 걱정에 대해 생각하는 데 많은 시간을 보낸다. 이러한 악순환을 끊으려면 체계적이고 구조적인 문제 해결 방식을 익힐 필요가 있다. 이번 워크숍에서는 걱정거리에 대한 실질적 해결책을 찾는 데 필요한 구체적 단계들을 소개한다.

준비물

연필이나 펜

노트 또는 워크시트(15쪽)

워크시트
다운받기

목적

이번 워크숍에서는 8장에 소개된 말린이 걱정에 대한 해결책들을 찾는 과정을 통해 걱정 해소에 가장 중요한 과정인 해결책을 실행하는 단계를 안내한다.

파국적 걱정꾼은 부정적 문제 지향을 보이는 경향이 있다. 걱정꾼들은 문제 해결 능력에 대한 자신감이 부족하며, 문제를 성급히 해결하기 위해 문제 해결에 도움이 안 되는 방법을 채택하기도 한다.

이번 워크숍은 걱정하는 문제를 해결하는 데 필요한 과정을 명확하게 찾을 수 있도록 돕는다. 향후에 다른 고민거리가 생기더라도 잘 대처할 수 있도록 이 템플릿을 활용하길 바란다.

말린의 문제 해결 워크시트
1단계. 걱정거리 선택 무엇이 걱정이고, 해결하고 싶은 걱정이 무엇인가? 차 시동이 걸리지 않아 회사에 지각하면 어쩌지? 요즘 들어 이런 일이 잦은 것 같다.
2단계. 목표 설정 무엇을 바꾸거나 성취하고 싶은가? 그저 기분이 나아지는 것이 아닌 정확하고 구체적인 목표를 설정하라. 매일 정시에 출근하는 것, 지각으로 인한 불이익을 받지 않는다.
3단계. 해결책 탐색 걱정거리를 해결할 수 있는 방안을 몇 가지 생각해본다. 1. 정기적으로 차량 정비를 받는다. 2. 우리 회사 근처에서 일하는 이웃에게 출근길에 태워달라고 부탁한다. 3. 차 시동이 걸리지 않을 경우 지각하는 사정을 회사에 미리 알린다. 4. 미리 대중교통편을 알아놓는다. 5. 차 시동이 걸리지 않는 날에는 병가를 낸다.

4단계. 해결책 평가

각각의 해결책이 가져올 긍정적 결과와 부정적 결과를 적어본다.

긍정적 결과	부정적 결과
1. 문제없이 시동이 걸릴 거라는 확신이 생길 것이다. 정시 출근이 전보다 더 많아질 것이다. 큰 고장이 났을 때보다 수리비를 아낄 수 있다.	1. 정기적으로 비용이 든다.
2. 이웃은 우리 회사 근처에서 일하기 때문에 나를 직장에 데려다줄 수 있다. 이웃과 더 친해질 수 있다.	2. 이웃이 출근하지 않는 날일 수도 있고 혼자 출근하고 싶을 수도 있다. 내가 자신을 이용한다고 생각할 수 있다. 그의 차도 고장났을 수 있다. 나와 근무하는 시간대가 다를 수 있다.
3. 내가 애썼지만 지각할 수밖에 없었던 이유를 상사도 알게 될 것이다.	3. 회의 일정을 다시 잡아야 할 수도 있다. 내가 게으름을 부리거나 늦게 출근한 것처럼 보일 수 있다.
4. 자동차 대신 내가 출근할 수 있는 대안은 대중교통이 있다.	4. 우리 지역 버스는 제시간에 온 적이 없다. 대중교통을 이용하면 시간과 비용이 더 들 때가 있다.
5. 내가 아프다고 말하면, 내 사정을 상사가 이해해줄 것이다.	5. 내가 진짜로 아픈 게 아니면 거짓말을 한 게 된다. 그날은 내 모습을 들켜서는 안 되므로 외출은 절대 안 된다. 병가를 너무 자주 내면 직장에서 징계를 받을 수 있다.

5단계. 해결책 선택 해결책을 선택한다. 확실하게 고른 뒤 목표 달성을 위한 데드라인을 정한다. 이번 주말에 점검을 받은 후 6개월에 한 번씩 정기적으로 차량 점검을 받는다.
6단계. 해결책에 대한 계획 수립 해결책을 이행하려면 구체적으로 어떤 계획이 필요한가? 어떤 자원이 필요한가? 무엇을, 언제, 누구와 함께할 것인가? 1. 내일 아침 정비소에 전화를 건다. 2. 최대한 빨리 차량 정비 일정을 잡는다. 3. 차량을 정비하는 날도 출근이 가능하도록 다른 교통편을 생각해둔다. 4. 6개월마다 차량 정비 알림을 설정한다.
7단계. 이행 실행한다! 이 단계에서는 성공 여부와 상관없이 해결 방안을 이행하면서 느낀 점과 힘들었던 점들을 적어보자. 걱정했던 것보다 훨씬 수월하게 진행되었다.
8단계. 성과 분석 해결책이 효과가 있었다면 잘된 일이다. 효과가 없었다면 4단계로 돌아가서 다른 해결 방안을 시도해보자. 실행하면서 느낀 점을 적고 이 경험을 배움을 위한 훈련으로 활용한다. 나는 문제에 대한 해결 방안을 모색하고 어떤 해결 방안을 실행에 옮길지 결정하는 법을 배웠다. 매일 아침 차 시동을 걸 때 느꼈던 불안감이 이제는 사라졌다. 제시간에 출근을 못할까 봐 노심초사하는 마음도 사라져 홀가분하다.

조언

1단계 | 해결해보고 싶은 걱정거리를 선택한다. 걱정거리를 선택하기 전 8장 워크숍 11의 걱정 범주 워크시트를 작성하자. 이렇게 하면 내게 중요하고 해결 가능한 걱정거리들을 더 쉽게 찾을 수 있다. 말린의 걱정거리는 "차 시동이 안 걸려서 회사에 지각하면 어쩌지?"였다.

2단계 | 정확히 무엇을 달성하고 싶은지 명확히 함으로써 문제 해결을 위한 정확한 목표 지점을 설정한다. 단순히 기분이 나아지고 싶다는 목표가 아니라 실질적인 목표여야 한다.

3단계 | 해결 방안을 최대한 많이 떠올려보고 워크시트에 전부 적어본다. 창의력을 발휘하고 과거 경험을 활용하여 다양한 해결 방안을 모색해본다. 해결책 탐색을 많이 할수록 해결 방안을 짜내는 일이 한결 수월해질 것이다.

4단계 | 이제 각각의 잠재적 해결책이 가져올 수 있는 긍정적 결과와 부정적 결과에 대해 생각해본다. 각 해결책의 장점과 단점을 가능한 한 많이 나열해본다. 단점을 떠올리기 전에 장점을 있는 대로 다 떠올려보는 것이 가장 좋다. 안 그러면 해결책이 소용없겠다는 생각에 빠질 수 있기 때문이다.

5단계 | 4단계에서 각 해결책에 대한 평가를 내렸다면 그걸 바탕으로 어떤 해결책을 시도할지 정한다. 확실하게 선택하고 해결책을 이행할 시기를 정한다(예를 들면 이번 주 금요일에 차량 점검을 한다).

6단계 | 해결책을 실현할 방법을 수립한다. 계획을 실행에 옮길 시점이 왔을 때 바로 행동으로 옮길 수 있도록 단계를 상세하게 쪼개 계획을 세운다. 그리고 각 단계에서 필요한 자원은 무엇인지(가령 수리비), 다른 사람의 도움이 필요하지는 않은지도 고려해본다.

7단계 | 실행한다! 이 단계야말로 걱정꾼들이 가장 어려워하는 단계다. 많은 걱정꾼들이 문제에 대해 꽤 괜찮은 해결책을 도출해내면서도 그 해결책을 실행에 옮기는 자신감은 부족한 사람들이라고 이야기했다(1장). 해결책의 효과 유무는 생각하지 말고 일단 시도해보자. 효과가 없다면 언제든 다른 해결책을 시도하면 된다. 시도해보지 않으면 문제에 대한 해결책도 찾을 수 없다.

8단계 | 문제를 해결했던 경험을 통해 배운다. 잘된 점과 잘 안 된 점 모두를 기록한다. 해결책이 효과적이었다면 스스로에게 보상을 준다. 당신은 보상을 누릴 자격이 있다!

CHAPTER 10

걱정의 장점만 취하며 살아가는 법

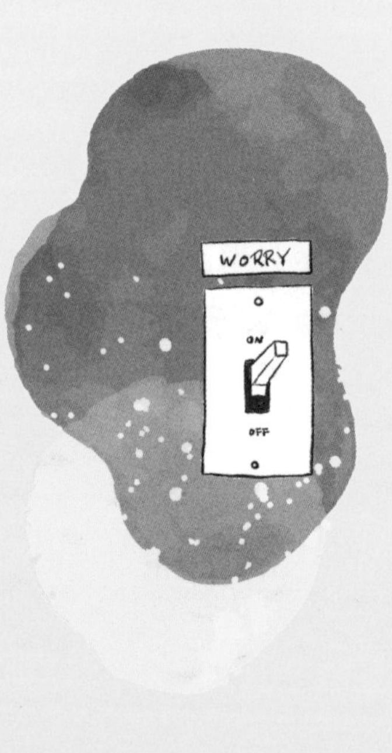

이 장의 로드맵

걱정이 무조건 나쁘기만 한 것은 아니다. 걱정에도 유익한 기능이 있다. 이번 장에서는 걱정의 긍정적인 면을 강화하고 부정적인 면은 제거하는, 즉 걱정 활동에서 최상의 것만을 뽑아내는 방법에 관해 다룬다. 장 초반에는 책 앞부분에서 소개한 걱정 다스리기 기법들을 정교하게 다듬어나가는 방법을 소개한다. 걱정이 지나쳐 범불안장애 같은 병리적 단계에 이르렀을 때 진행하는 인지행동치료 기법에 대해서도 설명할 것이다. 이번 장 후반부에서는 걱정이 가진 놀라운 이점과 우리에게 유리하게 활용할 수 있는 걱정의 적응적 특성에 대해서도 소개할 것이다.

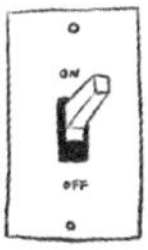

이 책을 통해 꾸준히 강조해왔지만 걱정이 많은 사람들 대부분은 '선천적 걱정꾼'이 아니다. 이들은 대부분 세상을 도전적이고 위협적이며 예측할 수 없는 곳으로 인식해왔던 경험들이 쌓여 만들어진 '후천적 걱정꾼'이다. 때문에 우리는 집요한 분석과 무럭무럭 피어나는 파국적 사고로 인해 고통 없이는 미래를 그려볼 수조차 없는 성격이 되었다. 이 모든 고통과 분석 과정을 거친 후 우리가 하는 일은 결국 무엇인가? 나중으로 미루고, 끙끙거리며, 아무 행동도 하지 않는 연옥에 갇혀 근심 가득한 불안 속에서 어쩔 줄 몰라한다.

그렇다면 걱정을 삶에 더 적응적인 활동으로 만들 순 없는 걸까? 그러려면 먼저 부적응적인 걱정의 원인이 무엇인지 살펴볼 필요가 있다. 두 가지 차원에서 걱정의 원인을 살펴볼 수 있는데 나는 조금 멋을 부려 여기에 '원거리 원인'과 '근거리 원인'이라는 이름을 붙여보았다.

원거리 원인

지금의 나와는 멀리 떨어져 있으면서 세계관과 가치관에 오랜 세월 영향을 끼쳐왔던 경험들이다. 원거리 원인은 생에 초기에 당신을 병리적인 걱정꾼으로 만들었을 수도 있는 발달적 요인이다. 원거리 원인에 대해서는 이 책 2장에서 자세히 다루었다. 영유아기 및 청소년기의 발달적 경험이 어떤 식으로 성인의 세계관 형성에 영향을 미치는지에 대해 충분히 설명했다.

근거리 원인

걱정할 때마다 우리의 생각에 영향을 미치는 인지적, 심리적 요인을 말한다. 근거리 원인은 한 개인이 걱정을 하는 동안 걱정이 지속되는 정도와 그로 인한 고통의 수준에 영향을 미치는 요인이다. 근거리 원인은 2부에서도 설명했듯이 걱정 하나하나를 파국적 결말로 몰아가고 오래 지속시키며 고통을 주고 통제할 수 없는 것처럼 느껴지게 하는 요인들이다.

이 책에서 다룬 파국적 걱정의 원거리 및 근거리 원인을 목록으로 정리해놓았다.

병적인 걱정의 원거리 원인

- 일관성 없는 양육이나 방임은 훗날 불안 애착이나 회피 애착, 불확실성을 잘 참지 못하는 성향의 원인이 된다.
- 간섭이 심한 양육, 가혹하거나 통제적인 양육 방식은 부정적 사건에 대처하는 자녀의 능력을 저하시킨다.
- 부모와 자녀의 역할이 뒤바뀌거나 부모와 지나치게 밀착된 관계 속에서 성장한 자녀는 위협과 도전에 늘 대비하고 있어야 한다고 믿는다.
- 과보호 속에서 성장한 자녀는 불안과 걱정에 취약하다.
- 부정적인 인생 사건을 경험하면 세상은 위험하고 예측할 수 없는 곳이라는 신념이 생겨난다.
- 뇌 기능에 따라 생각을 통제, 관리하거나 감정을 조절하는 능력에 어려움이 생길 수 있다.
- 일부 유전적 특성은 불안 수준에 영향을 미치고 걱정을 만성화할 수 있다.

병적인 걱정의 근거리 원인

- 문제 해결 자신감이 부족할 때 걱정이 끊이지 않는다.
- 부정적인 기분은 걱정을 지속시키고, 실행에 대한 기준을 높이며, 걱정의 목표가 아직 달성되지 않았다는 정보를 은연중에 제공하고, 정보를 체계적으로 처리하게 만든다.

- 나쁜 일이 일어나지 않게 하려면 걱정이 꼭 필요하다는 뿌리 깊은 신념은 걱정을 더 오래 지속시킨다.
- 불확실성에 대한 인내력 부족은 걱정을 지속시키고 걱정을 괴로운 것으로 만든다.
- 불안은 걱정을 비생산적이고 괴로운 것으로 만드는 아래의 인지 습관에 영향을 미친다.
    - 위협적인 요소에 더 관심을 기울이게 한다
    - 모호한 정보를 위협적인 것으로 해석하게 한다
    - 적극적인 문제 해결을 방해한다
- 걱정하는 동안 목표지향적인 중지 원칙을 사용할 경우 걱정이 더 오래 지속될 수 있다.

걱정의 속성 1. 부적응적인 걱정의 원인은 주로 과거 경험에서 빚어진 원거리 원인과 걱정할 때마다 우리의 생각에 영향을 미치는 근거리 원인으로 구분할 수 있다.

걱정 증상에 따른 걱정 완화 워크숍 처방 일람표

걱정의 원거리 원인에 대한 연구는 아직은 매우 불완전하고 미흡한 상태다. 이러한 요인들을 이해하려면 장기간에 걸친 연구가 필요하기 때문이다. 개개인들의 초기 발달 경험을 매핑(mapping)하고 청소년기와 성인기까지 그들의 삶을 추적하여 초기 경험이 어떻게 이후의 걱정 습관으로 이어지는지 그 연관성을 밝혀야 한다. 이런 연구는 상당한 체력과 근성, 연구에 협조적인 수많은 실험 참가자들, 그리고 대규모의 예산이 뒷받침될 때 가능하다.

원거리 요인을 규명하는 연구에 비하면 근거리 요인에 대한 연구는 훨씬 단순하다. 개개인을 심리학 실험실로 데려가 고도로 통제된 조건하에서 여러 가지 인지적, 심리적, 생리적 요인이 걱정하는 경향성에 어떤 영향을 미치는지 분석하면 된다. 개별 실험을 통해 근거리 원인들의 조각을 맞추고, 파국적 걱정을 유발하는 심리적 '메커니즘'을 발견할 수 있다. 퍼즐이 맞춰지면서 걱정할 때마다 파국적 걱정이 어떤 식으로 작용하는지 의미 있는 그림이 만들어지는 것이다. 물론 지금까지 걱정에 관한 퍼즐 조각을 꽤 많이 발견하긴 했지만 흩어져 있는 조각들을 꿰어 맞춰 큰 그림을 완성하기까지는 여전히 갈 길이 멀다.

나는 과학적으로 검증되고 또 실제로 활용할 수 있는 방법들을 추려 이 책의 워크숍에 수록해놓았다. 다음 장의 표에는 파국적 걱정의 근거리 원인과 이 원인들을 개선하고 파국적 걱정을 다스리는 훈련 방법을 정리해놓았다. 하지만 이 표만 보고 해당 걱정 완화 워크숍으로 곧장 건너뛰지는 말길 바란다. 훈련을 가장 유익하게 활용하는 방법은 워크숍이 소개되어 있는 장 맨 앞으로 돌아가

천천히 다시 읽어보는 것이다. 파국적 걱정의 메커니즘과 걱정의 맥락을 이해한 후 걱정 완화 워크숍을 실행해야 효과적이다.

걱정 증상에 따른 근거리 원인 다스리는 훈련 방법 안내

걱정 증상 / 근거리 원인	걱정 완화 워크숍
걱정이 지속되고 통제가 잘 되지 않는 경우	8장 | 워크숍 12 : 걱정을 위한 시간 만들기 3장 | 워크숍 4 : 걱정 많은 사람들을 위한 뉴스 보는 법 4장 | 워크숍 5 : 걱정꾼들을 위한 불면 다스리는 법
문제 해결에 대한 자신감이 부족하거나 해결책을 실행하지 못하는 경우	8장 | 워크숍 11 : 나의 해결 능력에 맞춰 걱정 다스리는 법 9장 | 워크숍 15 : 걱정꾼들을 위한 문제 해결 수업
부정적인 기분과 그에 따라 높아져가는 달성 기준, 아직 목표를 달성하지 못했다는 압박, 그리고 분석적이고 더 집요해지는 정보처리	6장 | 워크숍 6 : 부정적인 기분에서 빠져나오는 과학적 방법 7장 | 워크숍 8 : 나는 어떤 원칙으로 걱정을 다스릴까
좋지 않은 일이 일어나지 않게 하려면 걱정이 꼭 필요하다는 뿌리 깊은 믿음	8장 | 워크숍 12 : 걱정을 위한 시간 만들기 8장 | 워크숍 13 : 걱정을 중화시키는 마법의 문장

불확실성에 대한 인내력 부족	7장 | 워크숍 9 : 삶의 불확실성을 받아들이는 연습
불안 및 불안과 관련된 인지 편향: 위협 쪽으로 주의가 편향됨, 모호한 정보를 위협적인 것으로 해석, 적극적인 문제 해결의 차단	6장 | 워크숍 7 : 불안 관리를 위한 10가지 과학적 조언 9장 | 워크숍 15 : 걱정꾼들을 위한 문제 해결 수업
걱정하는 동안 목표지향적 중지 원칙 채택	7장 | 워크숍 8 : 나는 어떤 원칙으로 걱정을 다스리고 있을까

걱정의 속성 2. 병적인 걱정의 개별적 원인을 파악해야 특정 원인에 대처하는 방법을 찾아 훈련할 수 있다.

걱정이 깊어 병이 된 이들을 위한 치료

이 책에 소개한 모든 워크숍은 혼자서도 할 수 있도록 설계되었으며, 각 장을 다시 읽으면 걱정을 유발하거나 지속시키는 근거리 원인이 무엇인지 파악할 수 있다. 근거리 원인을 파악했다면 파국적이거나 병리적인 걱정의 원인을 다스릴 수 있도록 고안된 워크숍을 해볼 수 있다. 부적응적 걱정을 개선하려고 할 때 이 근거리

원인을 다루는 것이 인지행동치료의 첫 번째 단계다.[126]

그러나 범불안장애처럼 심각한 양상을 띠는 걱정의 경우 공인된 치료사와 대면으로 진행되는 인지행동치료를 1차로 권한다.[127] 병적 걱정을 위한 대면 인지행동치료(CBT)에는 보통 내담자가 가진 다음의 문제들을 다루는 훈련이 포함되어 있다. 불확실성을 잘 참지 못하는 내담자의 태도(7장 참조)를 다루고, 걱정이 꼭 필요하다는 신념을 재평가하며(5장 참조), 끊이지 않는 걱정과 두려움을 정면으로 마주하고 그것을 다스릴 수 있는 행동 실험에 내담자를 참여시킨다.

하지만 범불안장애는 걱정이 끊이지 않는 증상에만 멈춰 있지 않는다(4장 참조). 지속적인 초조감, 집중력 저하, 과민성, 근육의 긴장, 수면 장애 같은 증상들까지 동반하는 질환이기 때문이다. 이런 다양한 증상들이 한꺼번에 뒤섞여 있어 완치하기 어려운 경우도 많다. 인지행동치료는 범불안장애 증상을 다스리는 데 있어 여타 치료법들보다 더 효과적이다. 더는 범불안장애로 진단받지 않을 정도로 완치된 사람들이 범불안장애 치료를 받은 사람들 중 절반 이상이라고 한다.

서식스 대학교에서 진행한 리서치 과정에서 나와 나의 연구 동료 피델마 핸러핸, 앤디 필드, 퍼걸 존스는 범불안장애에 대한 인지치료의 효과성을 밝힌 연구들을 일괄 검토했던 적이 있다. 그 결과 치료를 받지 않은 대조군과 비교했을 때 인지치료가 범불안장애 증상에 훨씬 더 효과적이라는 사실을 알게 되었다. 하지만 놀랍게도 인지치료를 종결한 뒤 1년이 지나자 범불안장애 치료 참여자의 57퍼센트만이 회복된 것으로 데이터상에서 드러났다(다시 말해 57퍼센트만이 더는 범불안장애로 진단받지 않았다).[128] 이런 현상은 안타깝게도 모든 형태의 범불안장애 치료에서 심심치 않게 재현되고 있다.

57퍼센트라는 범불안장애 회복률은 정신질환 치료법 개발에 바쳐진 지난 50여 년의 세월이 아깝지 않을 정도로 충분한 수치일까? 범불안장애가 매우 끈질기고 고집스런 질환임에는 틀림없다. 범불안장애에 관한 장기 연구에 따르면, 범불안장애 진단을 받은 사람의 약 60퍼센트가 12년이 지난 후에도 (이 기간 동안 치료를 받았는지 여부와 상관없이) 여전히 주요 장애 증상을 보이는 것으로 나타났다.[129] 이를 범불안장애의 유병률에 적용하면 사는 동안 범불안장애 증상을 장기적으로 경험하는 미국인의 숫자가 1,500만 명에 달한다는 뜻이다.

그렇다면 병적으로 걱정에 시달리는 범불안장애 환자들에게 우리는 뭐라고 말해야 할까? 범불안장애 같은 정신질환은 고통을 주고 삶을 망가뜨린다. 대부분의 환자들은 치료를 받으러 갈 때 자신이 회복되리라는 희망을 갖는다. 하지만 낙관적인 관점에서 인지치료를 받은 사람의 57퍼센트가 완전히 회복될 것이라고 가정해 보자. 이는 범불안장애에 대한 인지치료나 일반적인 심리치료뿐만 아니라 약물치료까지 포함해서 얻어진 수치다. 약물치료를 통한 범불안장애의 완화 및 회복률은 60퍼센트에 달한다.[130]

하지만 이 책에서 여러 차례 언급했듯이 파국적 걱정은 선천적으로 타고난 것이 아니라 학습된 활동이다. 따라서 학습된 것은 학습으로 지울 수 있으며, 많은 연구자들이 지금 이 순간에도 병적 걱정과 범불안장애에 대한 효과적인 치료법을 개발하기 위해 노력 중이다.

런던 정신의학연구소의 콜레트 허시 연구팀이 최근에 개발한 치료법은 파국적인 걱정을 지속시키는 인지적 편향을 타깃으로 삼아 의미 있는 결과를 보여주었다. 이 치료법은 부정적인 해석 편향과 위협에 대한 주의 편향(6장 참조)처럼 은연중에 일어나는 인지적 편향을 표적으로 삼아 걱정에서 빠져나오는 능력의 손상을 복구한다. 초기 연구에 따르면 범불안장애를 가진 내담자 네 명 가운데 세 명이 치료 후 병에서 회복되었는데, 이는 초기 인지치료에서 보고되었던 회복률에 비해 크게 개선된 결과다.[131]

이 말인즉슨 왜 그토록 많은 사람들이 병리적이고 파국적인 걱정에 빠져드는지 그 이유를 찾기 위해 많은 연구들이 진행되고 있으며, 우리를 괴롭히는 활동에 대한 이해가 높아짐에 따라 우리가 이 지식을 적극적으로 활용하여 걱정꾼들의 걱정 다스리기에 도움이 될 다양한 방법을 연구하고 있다는 얘기다.

우리 같은 걱정꾼들에게 희소식이 아닐 수 없다. 그러니 이 책의 마지막은 그에 걸맞게 긍정적으로 마무리하려 한다. 걱정에도 좋은 면이 있을까? 그렇다. 많은 심리학자들은 그렇다고 믿고 있다.

걱정의 속성 3. 범불안장애처럼 좀 더 심각한 양상을 띠는 걱정병의 경우 면대면으로 진행되는 인지행동치료가 권장된다.

걱정의 속성 4. 걱정보다 훨씬 더 심각한 병리적 걱정의 회복률은 인지치료를 시행하느냐 약물치료를 시행하느냐에 상관없이 57~60퍼센트대다.

걱정을 생산적인 방향으로 활용하는 법

걱정으로 고통을 받든 받지 않든 걱정꾼들이 걱정을 하는 데는 다 그럴 만한 이유가 있다. 적극적으로 문제를 해결하고 싶어 하는 사람들이 있는가 하면, 다가올 도전적 상황에 미리 대비가 되어 있길 바라는 사람들도 있다. 걱정하는 것이 어느 정도까지는 유익하고 또 필요한 일이라는 데는 모두가 동의한다.

유익하게 걱정하는 방법이 있을까? 나는 기업 경영 컨설턴트와 기업 내 심리치료사들로부터 이메일을 자주 받는 편이다. 그들은 일부 직원들이 걱정에 쓰는 분석적 에너지를 좀 더 생산적인 방향으로 활용할 방법이 없는지 궁금해했다. 걱정하는 데 들어가는 에너지를 직장에서 요구하는 전략 수립이나 운영 업무에 쏟을 수 있으면 더 좋을 테니 말이다. 당신이 새로운 스타트업을 준비한다고 생각해보자. 걱정은 성공을 위한 강력한 동기부여가 될 수 있을 뿐만 아니라 그 걱정이 생각에 영향을 줘 비즈니스 성장을 위한 세부 전략을 준비하게 할 것이다. 걱정은 대부분 미래 지향적인 과정이지만 의사 결정과 해결 방안과 실행으로 이어질 때 진정으로 유익하고 필요한 과정이 될 수 있다.

이 책에서는 주로 걱정의 부적응적인 측면을 다루었다. 해결보다는 일어나지 않을 부정적 결과를 더 많이 생성해내고, 많은 경우 극심한 고통과 불안으로 이어졌다. 이런 걱정에서도 좋은 점을 찾을 수 있을까?

리버사이드 캘리포니아 대학의 케이트 스위니와 마이클 둘리는 걱정에도 '놀라운 장점'이 있다고 강조한다.[132] 그들은 걱정을 많이 하는 사람들이 직장과 학교에서 좋은 성과를 거두고, 스트레스가 많은 사건에 대처하기 위해 정보를 열심히 탐색하는 경향이 있다는 연구 결과에 주목했다. 연구진은 걱정의 두 가지 건설적인 측면에 주목했다. 동기부여 요인으로서의 걱정과 정서적 완충 요인으로서의 걱정이 그것이다.

첫째, 걱정은 미래의 중대한 사건들에 대해 생산적인 계획을 세울 수 있게 한다는 점에서 중요하다. 또 미래에 있을 수도 있는 위험한 결과를 예측하는 인자로서도 중요한 역할을 한다. 걱정의 이러한 측면은 가령 질병을 예방하는 행동을 하게 한다. 연구에 의하면 걱정이 많은 사람은 안전벨트를 제대로 착용하고 안전한 성관계를 가지며 일반인들에 비해 예방접종과 암 검진을 받을 확률이 더 높은 것으로 나타났다. 실제로 불안이 섞인 파국적 걱정은 건강이 악화될 수도 있다는 생각을 모락모락 피어나게 하여, 사람들로 하여금 신체를 보호하거나 질병 예방 조치를 취하게 만든다.

런던 정신의학연구소의 정신과 전문의 윌리엄 리는 1946년에 출생한 5,362명의 삶을 추적 조사했다. 그는 근심 걱정과 불안이 많았던 사람(그들이 13세 때 담임 교사가 평가한 자료를 근거로 했다)들이 불안이 적은 사람들에 비해 사고로 사망한 확률이 현저히 낮다는 사실을 발견했다.[133] 걱정과 불안이 많은 사람들은 0.1퍼센트만이 사고로 사망한 반면 불안이 별로 없는 사람들은 0.72퍼센트가 사고로 사망했다.

사고사가 아닌 전체 사망자 수에 있어서는 두 그룹 간에 차이가 없었다. 하지만 걱정꾼이 치를 대가는 생의 중후반부에 기다리고 있었다. 25세 이후로 접어들자 걱정꾼들이 그렇지 않은 사람들에 비해 질병으로 인한 사망률이 더 늘어나기 시작했다. 리 연구팀은 이 연구 결과가 "성인 초기에는 특성 불안이 높아서 얻을 수 있는 생존 이점들이 있지만, 노년기에는 질병 관련 사망으로 인해 그 이점이 상쇄될 수 있음을 시사한다"고 결론지었다. 이처럼 걱정이 신체건강에 미치는 악영향에 관해서는 이 책의 4장에서도 다룬 바가 있다.

한편 스위니와 둘리는 걱정이 감정의 완충제로 기능하기도 한다고 주장한다. 걱정이 '바닥 경험'의 역할을 함으로써 다른 감정 상태가 상대적으로 더 괜찮게 느껴지게 한다는 것이다. 미래에 덮쳐올 최악의 상황을 걱정하면서 죽고 싶을 만큼 괴롭고 불쾌했다면, 실제 결과를 접했을 때의 반응은 처음 걱정하던 때에 비해 훨씬 덜 불쾌하게 느껴진다는 것이 이들의 주장이다.

'최악의 상황을 끌어안는다'는 의미인데, 나중에 접한 소식이 나쁜 소식이라면 실망을 덜 느끼기 위해, 좋은 소식이라면 기쁨과 흥분을 만끽하기 위해 미리 최악을 적극적으로 받아들이는 것이다.[134] 이것이야말로 많은 사람들이 임박한 시험 결과나 가까운 친인척의 건강, 국제 분쟁의 영향과 같이 사실상 통제할 수 없는 미래 사건에 대해서 노심초사하는 이유일 수 있다. 최선의 상황을 가정하기보다 최악의 상황을 미리 걱정하면 좋지 않은 일이 실제로 벌어졌을 때 오히려 안도하게 되는 것이다.

파국적 걱정은 주로 부정적인 결과를 불러오지만 자세히 들여다 보면 그 안에 긍정적인 측면들이 존재한다. 그렇다면 걱정할 때 돌아가는 체계적 처리 과정을 긍정적인 결과를 만들어내는 데 활용할 수 있는 방법은 없을까?

걱정의 속성 5. 걱정에도 물론 장점이 있다. 동기를 부여해주고 감정을 완충해주는 역할을 한다.

걱정의 속성 6. 걱정은 사고사를 예방하고 건강과 관련하여 예방과 보호 조치를 하도록 동기를 부여해준다.

걱정을 실행으로 바꾸는 마법의 문장

파국적인 걱정의 가장 큰 문제점은 해결책을 거의 만들어내지 못하고 좋지 않은 결론들로만 머릿속이 가득 차게 된다는 것이다. 설령 해결책이 떠올랐다고 해도 걱정꾼의 머릿속에서 돌아가는 인지 왜곡은 해결책에 숨어 있을 수 있는 결함과 모순을 굳이 찾아보게 만든다.

파국적 걱정에 빠져드는 사람이 도출해낸 해결책을 실행에 잘 옮기지 않는 이유가 여기 있다. 결함이 있을지도 모르는 해결책을 굳이 시도해볼 이유가 있겠는가? 이런 식의 사고 과정은 문제 해결에 대한 자신감을 깎아내릴 뿐만 아니라, 삶에서 앞을 향해 성큼성큼 걸어나가야 할 때 전혀 도움이 되지 않는다.

파국적 걱정을 삶에 유용한 도구로 활용하려면 어떤 조정이 필요할까? 글쎄, 조정 작업이 없더라도 파국적 걱정은 문제를 처리할 때 위험을 인식하게 해준다. 따라서 문제가 발생했을 때, 파국적 걱정은 예상되는 부정적 결과들을 분류해주는 유용한 위험 평가 도구가 된다. 앞서 설명한 대로 위험 평가가 필요한 의사 결정 과정(건강이나 안전 또는 잠재적 비용이나 처벌이 수반되는 인생 영역)에서 걱정이라는 프로세스를 건설적으로 활용할 수 있다.

심각한 위험과 비용이 발생할 수 있는 상황에서 회피는 결코 좋은 대처법이 아니라는 점을 명심하길 바란다. 여러분이 예상한 부정적인 결론에 스스로를 노출시키는 꼴이 될 수 있기 때문이다. 파국적 걱정 대신 위험을 줄이는 해결책을 고려하는 것이 여러모로 현명한 일이다. 지금부터는 우리의 걱정스러운 생각에 해결책을 입히는 몇 가지 방법을 함께 탐색해보자.

파국적 걱정으로 두려운 결과를 예상하게 되는 순간 감정적으로 압도될 수 있기에 속도를 조금 늦출 필요가 있다. "~하면 어떡하지?"라는 질문을 "그럼 이제 뭘 하면 되지?"라는 질문으로 바꿔 이를 해결할 수 있다. 즉 예상되는 어떤 결과에 어떻게 대처할 것인지에 초점을 맞추는 것이다. 가령 세입자가 월세를 납부하지 않을까 봐 고민이 된다면 "그럼 이제 뭘 하면 되지?"라는 질문을 떠올려보자. 이 질문이 파국적 걱정에서 오는 초조함을 완화시켜주고 해결책 쪽으로 이끌어줄 수 있다. 예를 들면 이렇다.

"세입자가 이번 달에 월세를 못 낸다고 했다. 그럼 이제 뭘 하면 될까? 다음 달에 세입자에게 월세를 청구할 방법을 적극적으로 모색해본다. 그럼 그다음엔 뭘 하면 될까? 월세를 3개월에 걸쳐 납부하도록 하면 될 것이다." 이는 매번 "~하면 어떡하지?"라고 질문을 던지는 것보다 훨씬 건강한 프로세스다.

"그럼 이제 뭘 하면 되지?"라는 질문을 끌어들여 파국화 과정의 속도를 늦추면 부정적인 성격으로 가득 찼던 걱정에서 문제 해결 쪽으로 방향을 전환하는 데 더 유리한 위치에 설 수 있게 된다. 다음의 문장들은 좋지 않은 결과를 상상하며 괴로움에 빠지기 전 방향을 전환할 수 있는 질문들이다.

1. 이 결과는 현실이 될 가능성이 있는가? (일어날 가능성이 높은가?)
2. 내가 통제할 수 있는 결과인가?(해결 방안을 생각해낸다면 성공적으로 실행할 수 있는가?)
3. 이 문제에 대해 지금 내가 할 수 일이 있는가?(문제 해결에 착수하기 위해 지금 당장 할 수 있는 일은 뭘까?)

자신이 통제할 수 없거나 지금 당장 할 수 있는 게 아무것도 없는 걱정거리라면 파국적인 걱정을 지속할 이유가 없을 것이고, 그렇기 때문에 걱정에서 당장 빠져나오고 싶을 것이다. 6장의 걱정 완화 워크숍 6은 걱정에서 주의를 돌리고 기분을 전환하는 데, 8장의 걱정 완화 워크숍 13은 인지 중화 전략을 써서 걱정을 떨쳐내는 데 도움이 된다.

운동을 하거나 나중에 다시 생각해보자는 마음으로 걱정거리를 글로 적어두거나 긍정적인 이미지를 떠올려보는 등의 단순한 전략들도 도움이 된다. 런던 정신의학연구소 연구팀이 진행한 연구에서 걱정꾼들에게 현재 걱정과 상관 없이 인생이 긍정적으로 꽃피었던 상황을 시각적 이미지로 생생하게 떠올려달라고 요청하자, 부정적인 걱정의 침습이 크게 줄어들고 불안이 감소하는 결과가 나타났다.[135]

걱정은 대체로 언어 활동이기 때문에 긍정적인 이미지를 떠올리는 것은 언어 활동을 차단할 뿐만 아니라 불안을 떨어뜨리는 긍정적인 분위기를 조성한다. 살면서 일이 긍정적으로 해결되었던 장면들을 생각해두었다가 걱정에서 벗어나야 하는 순간에 떠올려보자. 대회에서 상을 받았거나 부모님을 기쁘게 했던 일, 회사에서 업적을 달성한 순간, 아이가 태어난 순간, 여행지에서의 즐거운 추억 등 긍정적인 인생 경험에 대한 이미지를 만들어 마음속에 담아두자. 이렇게 하면 대부분의 걱정 특유의 언어 활동에 빠져드는 것을 방지할 수 있다.

마지막으로 "~하면 어떡하지?"라는 상상을 통해 부정적인 결과가 떠오르더라도 "그럼 이제 뭘 하면 되지?"라는 질문으로 바꿔 파국적 걱정을 통제해보자. 그리고 문제 해결을 위해 적극적으로 뛰어들어보자. 문제 해결 과제에 어떻게 접근해야 할지 막막하다면

9장의 걱정 완화 워크숍 15를 시도해보길 바란다. 문제 해결을 위한 단계별 계획 수립 및 실행 가능한 해결책을 탐색하는 방법에 대해 안내해줄 것이다. 이 과정은 플랜 A를 제공할 뿐만 아니라 플랜 B를 생성할 수 있으며, 플랜 A로 부족하다면 플랜 C까지 생성할 수 있다.

걱정의 속성 7. 파국적 걱정을 잘 활용하면 유용한 위험 평가 도구가 될 수 있다.

걱정의 속성 8. "~하면 어떡하지?"라는 부정적 질문을 "그럼 그다음엔 어떻게 할까?"라는 긍정적 질문으로 바꿔보자. 파국적 걱정을 생산적 활동으로 변화시킬 수 있다.

따라서 걱정에는 긍정적 측면이 있더라도 걱정이 가진 이점을 충분히 누리려면 관리가 필요하다. 파국적 걱정을 그냥 내버려두면 제멋대로 날뛰는 괴물이 되어 우리의 머릿속을 점령하고 비관적인 허구의 시나리오들을 생성해내며 정신적으로 약해져 있는 사람들에게 고통과 장애를 초래할 수 있다는 사실을 누차 강조했다. 하지만 여러분이 마음을 먹고 내가 소개한 걱정 완화 워크숍을 실천해 본다면 걱정이 가진 부정성의 속도를 늦추고 문제 해결적 사고를 키워나갈 수 있을 것이다. 그것이야말로 걱정이란 행위가 원래 겨냥하고자 했던 목표이자 결과물이다.

걱정의 특징과 이점 ——

- 파국적 걱정은 부정적 결과를 초래하기도 한다. 대가를 지불하거나 불이익이 따를 수 있는 선택지 앞에서 의사 결정을 내릴 때 특히 더 그렇다.

- 걱정은 건강이나 안전과 관련된 결정을 내릴 때 보호나 예방 조치를 취하도록 이끈다.

- 불안이 많은 걱정꾼은 그렇지 않은 사람보다 인생 전반기에 사고로 사망할 확률이 낮다. 삶에서 닥쳐올 수 있는 위협과 도전을 식별하고 피하는 능력이 발달되어 있기 때문이다.

- 걱정이 많은 사람은 직장과 학교에서 좋은 성과를 내는 편이고, 스트레스가 되는 사건을 만났을 때 그것에 대처하기 위해 정보를 찾아 나설 가능성이 더 높다.

- 걱정은 감정의 완충제로 기능할 수 있다. 왜냐하면 최선의 상황을 예측하기보다 걱정을 통해 최악의 상황을 두려워하게 되면 나쁜 일이 발생하더라도 충격을 덜 받는 효과가 있기 때문이다.

걱정 대신 현재에 집중하기

인류가 삶에서 위협과 도전을 경험하는 한 걱정은 우리와 늘 함께할 것이다. 그러므로 걱정이 지구상에서 종식되리라는 희망은 품지 않는 것이 좋다. 오히려 현대사회의 다양한 영역에서 걱정거리는 늘어나고 있다.[136] 유기체가 과거를 기억하고 현재를 경험하며 미래를 계획하게 해주는 고등한 인지 능력을 발달시켜온 이래로 걱정 활동은 줄곧 지속되어왔으며, 이런 현상은 개나 고양이, 정원을 날아다니는 새나 찬장을 드나드는 쥐에게서도 발견된다.

걱정은 유기체들이 미래에 닥쳐올 위험을 파악하고 대비책을 마련할 수 있도록 진화되어왔다. 그러나 딱한 존재인 우리 인간에게 있어 이 걱정의 과정은 때로 심한 왜곡을 일으켜 심리적 고통을 주고 생산성을 저해한다. 하지만 걱정이 아무리 파국적이고 집요하며 고통스럽고 통제 불능인 것처럼 보일지라도 걱정에는 분명 유익한 점이 존재한다. 그러므로 우리는 극단적이고 부정적인 걱정이 주는 심리적 고통은 피해가면서 걱정의 이점을 취하는 법을 익혀야 한다.

걱정은 잘 쓰면 대단히 유용한 심리 과정이다. 내가 이 책에서 소개한 '걱정 완화 워크숍'은 걱정을 예방해줄 뿐만 아니라 곤혹스러운 삶의 현장에서 협상 기술을 발휘해야 할 때 걱정을 문제 해결 과정으로써 효율적으로 사용할 수 있게 해줄 것이다.

걱정은 대개 미래에 관한 것일 가능성이 크다. 인생의 나머지 시간을 보내야 하는 곳은 미래이므로 우리가 하는 걱정이 정말로 생산적인지, 그리고 고통이 되진 않는지 반드시 확인해봐야 한다. 하지만 여러분은 동시에 지금 여기, 현재를 살고 있으므로 이 순간 또한 충실히 음미하길 바란다. 이것이 긴장 완화를 돕는 마음챙김 명상으로 이 책을 마무리하는 이유다.

마지막으로 여러분이 현재에 감사하고, 미래를 긍정적으로 바라보며 더는 파국적 걱정의 노예로 살지 않길 마음 깊이 응원한다.

▼

걱정 완화 워크숍 16

Here and Now, 명상으로 현재에 집중하기

이번 워크숍은 긴장을 풀고 현재에 집중하는 데 도움을 줄 것이다. 이는 지금 이 순간 느껴지는 것에 집중하는 명상의 한 유형으로, 감정을 해석하거나 감정이 뜻하는 바를 판단하지 않고 집중하는 것이다. 명상 전문가의 가이드를 따라 해도 좋고, 혼자 호흡하면서 몸과 마음을 편안하게 하는 것도 좋다. 스트레스를 받을 때에도 긴장 이완에 도움이 되는 이 호흡법을 시도해보자.

준비물

마음

몸

조용한 공간

효과

스트레스를 받거나 초조해질 때마다 시도할 수 있다. 이 책에 소개된 다른 걱정 완화 워크숍들 가운데 하나를 적용해보고 난 직후나 걱정을 위한 시간(워크숍 12)을 마친 후에도 시도해볼 수 있다.

방법

자리에 앉거나 누워서 눈을 감고 배에 손을 얹는다. 오르내리는 배의 움직임에 집중한다.

숨을 의식하지 말고 편하게 받아들인다.

숨이 몸을 타고 내려가 양쪽 다리와 발에 전해진다고 상상해본다. 어떤 느낌인가?

숨이 발과 다리를 타고 상체로 올라간다고 상상해본다.

호흡과 복부 쪽의 감각에 집중하면서 어떤 감각이 느껴지는지 관찰해본다.

이제 가슴과 등 위쪽의 호흡을 느껴본다.

그런 다음 호흡이 양팔을 따라 손가락 끝으로 부드럽게 내려갔다가 다시 어깨로 올라오게 한다. 이 과정에서 느껴지는 어깨, 팔, 손목, 손의 감각을 관찰한다.

마지막으로 목과 머리 쪽에 의식을 집중하여 얼굴 표정, 그리고 목과 머리 쪽의 긴장을 관찰한다.

호흡에 계속 집중하면서 이완된 몸을 느껴본 뒤 천천히 부드럽게 눈을 뜬다.

먹구름에서 빠져나와 빛나는 태양을 만끽하기를

상담자로 일하다 보면 끊이지 않는 걱정 때문에 괴로움을 호소하는 내담자들과 만날 때가 있다. 몸은 축 늘어져 있고 얼굴은 수심으로 가득해 나는 이분들을 '먹구름 속에 있는 손님'이라고 이름 붙여 두곤 한다.

삶이 곧 망할 것처럼 늘 초조해하는 사람들이지만 사실 그들의 삶은 꽤 안정되어 있는 편이다. 그뿐인가. 두뇌 회전이 빠르고 흠 잡기 어려운 꼼꼼함과 완벽성을 지녔으며 자기 자리에서 두각을 드러내는 모범 학생, 모범 직장인, 모범 부모인 경우가 대부분이다. 삶에서 어려움이 닥쳤을 때도 이들은 유능한 정보탐색 능력과 문제 해결의 답을 이미 가지고 있어서, 상담에서 내가 하는 역할이라곤 '마지막에 확인도장 찍어주는 일'이라는 생각이 들 때가 많다. 하지만 이들은 살면서 마음 편했던 적이 별로 없었다고 고백한다. 먹구름이 재앙을 몰고 와 자신을 궁지에 빠뜨릴 거라는 파국적 사고에 자주 사로잡히기 때문이다.

『걱정이 많아 걱정입니다』의 주제가 바로 이 '파국적 걱정'이다. 걱정을 과대하게 부풀리고 최악의 상황이 현실에서 정말로 일어날 것처럼 느끼는 사고패턴이다. 부정적 정서와 부정적 사고가 서로 영향을 주고받으면서 일어나는 정신 현상이다. 파국적 걱정은 부지불식간에 일어나고 사소한 일로도 불붙을 수 있으며 한번 시작되면 삽시간에 번지기도 한다. 사실 워낙 흔한 인지활동이어서 누구나 파국적 걱정의 숙주가 될 수 있다.

한 내담자의 경우 무능이나 실수가 드러나 망신을 당할 것 같을 때 파국적인 상상이 활개를 치곤 했다. 자신이 만든 세계 안에서 자신은 이미 대역죄인이고, 정말로 지탄의 대상이 된 것처럼 혼자 실의에 빠져서 며칠씩 앓아눕곤 했다. 과거를 곱씹을수록 감정은 구정물이 되고 생각도 더 왜곡되면서 그의 마음 위로 셔터가 내려온다. 먹구름 감옥 안에 갇혀 있을 때 그는 사람을 만나는 등의 다양한 활동과 경험, 어렵게 찾아온 기회를 멀리했는데 이 회피가 나중에 또다시 후회와 자책의 불씨가 되기도 했다.

나는 이 책을 만난 것을 커다란 행운으로 여기고 있다. 이 책을 통해 나와 나의 내담자들, 더 나아가 인류가 가진 걱정과 불안의 속성에 확연히 눈뜨게 되었기 때문이다. 걱정과 불안이 동일한 개념이 아니라는 것, 걱정이 유전이 아닌 후천적 학습의 산물이라는 것, 걱정 습관이 자신감을 갉아먹고 의사결정 능력을 마비시키며 몸의 질병까지 불러올 수 있다는 것! 나는 매 챕터를 펼칠 때마다 새롭게 열리는 진실에 놀라지 않을 수 없었다. 과학적 근거와 임상적 데이터가 탄탄해서 더 신뢰가 갔다. 내용이 무거워질 만하면 재미있는 실험 이야기들이 등장하여 책을 덮은 뒤에도 잊지 못할 강렬한 에피소드로 남기도 했다.

이 책의 저자인 그램 데이비 교수는 오랜 세월 걱정 많은 사람들을 효과적으로 도왔던 따뜻한 임상심리학자이자 걱정 분야의 세계적 권위자다. 저자가 30년 넘게 수행해온 실험연구의 결론들, 그리고 저자 못지않게 걱정 분야의 대가라 할 수 있는 동료 심리학자들의 최신 연구성과들이 이 책을 가득 채우고 있다.

번역을 하는 동안 나는 책에 나오는 실험 내용들을 나의 내담자들과 함께 시도해보았는데 소름이 돋을 정도로 비슷한 반응을 보여준 예가 많았다. 1장에 나오는 자유의 여신상 테스트가 그랬다.

자유의 여신상이 되었을 때 걱정되는 점을 얘기해달라고 하자 한 내담자는 30초도 안 돼서 열 가지가 훌쩍 넘는 걱정거리를 줄줄 쏟아냈다. 또 7장에 등장하는 목표지향적 걱정 중지 원칙을 중단지향적 원칙으로 바꿔보았을 때 마구 들끓던 내담자의 걱정이 누그러지는 것을 목격하기도 했다.

나는 이 책의 메시지를 한 줄로 요약하라고 하면 이렇게 말하겠다. "걱정하는 마음도 습관이며, 얼마든지 조절과 변화가 가능하다." 저자는 이 캐치프레이즈에 걸맞게 파국적 걱정에서 빠져나오는 법, 불안한 기분을 다스리는 법, 자신감을 가지고 의사결정 하는 법, 삶의 불확실성을 받아들이는 법 등을 각 장 말미에 '걱정 완화 워크숍'이란 이름으로 실어놓았다. 그는 뭘 좀 아시는 피트니스 코치님처럼 멘탈습관 교정에 필요한 훈련들을 체계적으로 안내해준다. 이 방법들은 과학적으로 검증되어 치료 효과가 높고, 또 삶에서 누구나 적용해볼 수 있는 걱정 완화 전략들이니 아무쪼록 꾸준히 실행에 옮겨보기를 권한다.

워크숍에 소개된 걱정일지 쓰기, 걱정 시간 마련하기, 걱정 내용 평가하고 분류하기 등은 정신치료 및 상담 분야 전문가들이 현장에서 실제로 사용하고 있는 방법들이기도 하다. 이 과정을 쫓아가다 보면 '내가 걱정에 쩔쩔매고 휘둘리기만 했지 내 걱정에 관찰하고 알아볼 생각은 못 했구나' 하는 깨달음이 올라올 것이다.

영국의 계관시인 존 밀턴은 그의 작품 『실낙원』에서 "마음은 우리 자신의 처소이며 그 안에서 지옥을 천국으로 만들 수도, 천국을 지옥으로 만들 수도 있다"고 썼다. 걱정을 할 때 우리는 실재하는 현실을 다루고 있는 것처럼 느끼지만 실은 우리 마음속에만 존재하는 세상을 걱정하고 있을 때가 더 많다. 그래서 저자는 걱정하는 사건에 대해 보다 합리적인(현실적인) 해석이 무엇인지 질문하고 짙은 먹구름 위에 태양이 있다는 사실(긍정적 사고)을 잊지 말라고 강조한다. 그리고 걱정에 빠진 사람들의 단골 질문인 "~하면 어떡하지?"를 "그럼 이제 뭘 하면 될까?" 질문으로 바꿔보라고 한다.

만약 여러분이 누구보다 최선을 다해 사는데도 늘 자신감이 부족하고 마음에 만족과 평안이 없다면 생의 에너지가 어디로 새나가고 있는지 점검해봐야 한다. 걱정의 먹구름을 몰아내는 데 모든 에너지를 써버려 삶을 즐긴다는 것은 상상할 수도 없는 사치가 되어버린 사람들에게 이 책은 먹구름을 뚫고 들어오는 한 줄기 태양빛이 되어줄 것이다.

모든 지혜로운 조언들의 공통점이 그러하듯 걱정을 줄여가는 노력도 "아주 작은 것에서부터 시작"해보면 어떨까? 그 첫걸음이 무엇이든 시작한 것은 힘을 갖는다. 걱정에서 해방된 가볍고 홀가분한 내 마음을 향해 자, 지금 출발하자!

정신아

참고문헌

CHAPTER 1

1 K. Quindlen, "How to Tell If Your Mind Suffers from 'Catastrophizing,'" The Everygirl, October 28, 2018, https://theeverygirl.com/catastrophizing/.

2 G. Davey, The Anxiety Epidemic: *The Causes of Our Modern-Day Anxieties* (London, UK: Constable & Robinson, 2018).

3 G. C. L. Davey and S. Levy, "Catastrophic Worrying: Personal Inadequacy and a Perseverative Iterative Style as Features of the Catastrophizing Process," *Journal of Abnormal Psychology* 107 (1998): 576–586.

4 G. C. L. Davey, "The Catastrophizing Interview Procedure," in *Worry and Its Psychological Disorders: Theory, Assessment, and Treatment*, eds. G. C. L. Davey and A.Wells (New York: John Wiley & Sons, 2008).

5 H. M. Startup and G. C. L. Davey, "Mood as Input and Catastrophic Worrying," *Journal of Abnormal Psychology* 110 (2001): 83–96.

6 M. Vasey and T. D. Borkovec, "A Catastrophizing Assessment of Worrisome Thoughts," *Cognitive Therapy and Research* 16 (1992): 505–520.

7 T. Gilovich, D. Griffin, and D. Kahneman, Heuristics and Biases: *The Psychology of Intuitive Judgment* (Cambridge, UK: Cambridge University Press, 2002).

8 G. C. L. Davey, "Worrying, Social Problem-Solving Abilities, and Social Problem-Solving Confidence," *Behaviour Research & Therapy* 32 (1994): 327–330.

9 G. C. L. Davey, M. Jubb, and C. Cameron, "Catastrophic Worrying as a Function of Changes in Problem-Solving Confidence," *Cognitive Therapy & Research 20* (1996): 333–344.

10 PR Moment, "UK Tops the Charts for Negative News Stories," June 25, 2019, https:// www.prmoment.com/pr-research/uk-tops-the-charts-for-negative-news-stories.

11 W. M. Johnston and G. C. L. Davey, "The Psychological Impact of Negative TV News Bulletins," *British Journal of Psychology* 88 (1997): 85–91.

12 G. C. L. Davey, "A Mood-as-Input Account of Perseverative Worrying," in *Worry and Its Psychological Disorders: Theory, Assessment, and Treatment*, eds. G. C.

L. Davey and A. Wells (New York: John Wiley & Sons, 2006).

13 R. J. Melton, "The Role of Positive Affect in Syllogism Performance," *Personality and Social Psychology Bulletin* 21 (1995): 788–794.

14 S. R. Dash, F. Meeten, and G. C. L. Davey, "Systematic Information Processing Style and Perseverative Worrying," *Clinical Psychology Review* 33 (2013): 1041–1056.

15 F. Meeten and G. C. L. Davey, "Mood-as-Input Hypothesis and Perseverative Psychopathologies," *Clinical Psychology Review* 31 (2011): 1259–1275.

Chapter 2

16 K. L. Purves, J. R. I. Coleman, S. M. Meier, C. Rayner, K. A. S. Davis, R. Cheeseman, et al., "A Major Role for Common Genetic Variation in Anxiety Disorders," *Molecular Psychiatry* 25 (2019): 3292–3303; M. G. Gottschalk and K. Domschke, "Genetics of Generalized Anxiety Disorder and Related Traits," *Dialogues in Clinical Neuroscience* 19 (2017): 159–168.

17 S. M. Meier, K. Trontti, K. L. Purves, T. Damm, J. Grove, M. Laine, et al., "Genetic Variants Associated with Anxiety and Stress-Related Disorders: A Genome-Wide Association Study and Mouse-Model Study," JAMA Psychiatry 76 (2019): 924–932.

18 J. Bowlby, Attachment and Loss, Vol. 2, *Separation: Anxiety and Anger,* International Psycho-Analytical Library, no. 95 (London, UK: Hogarth Press, 1973).

19 A. L. Sanchez, P. C. Kendall, and J. S. Comer, "Evaluating the Intergenerational Link Between Maternal and Child Intolerance of Uncertainty: A Preliminary Cross-Sectional Examination," *Cognitive Therapy and Research* 40, no. 4 (2016): 532–539.

20 F. Meeten, S. R. Dash, A. L. S. Scarlet, and G. C. L. Davey, "Investigating the Effect of Intolerance of Uncertainty on Catastrophic Worrying and Mood," *Behaviour Research and Therapy* 50, no. 11 (2012): 690–698.

21 C. J. Wright, G. I. Clark, A. J. Rock, and W. L. Coventry, "Intolerance of Uncertainty Mediates the Relationship Between Adult Attachment and Worry," *Personality & Individual Differences* 112 (2017): 97–102.

22 A. M. Brown and S. P. Whiteside, "Relations Among Perceived Parental Rearing Behaviors, Attachment Style, and Worry in Anxious Children," *Journal of Anxiety Disorders* 22 (2008): 263–272.

23 L. Shanahan, W. Copeland, E. J. Costello, and A. Angold, "Specificity of Putative Psychosocial Risk Factors for Psychiatric Disorders in Children and Adolescents," *Journal of Child Psychology & Psychiatry* 49 (2008): 34–42.

24 S. A. Wijsbroek, W. W. Hale, Q. A. Raaijmakers, and W. H. Meeus, "The Direction of Effects Between Perceived Parental Behavioral Control and Psychological Control and Adolescents' Self-Reported GAD and SAD Symptoms," *European Child & Adolescent Psychiatry* 20 (2011): 361–371.

25 J. Cassidy, J. Lichtenstein-Phelps, N. J. Sibrava, C. L. Thomas, and T. D. Borkovec, "Generalized Anxiety Disorder: Connections with Self-Reported Attachment," *Behavior Therapy* 40 (2009): 23–38.

26 Tribune Media Wire, "Helicopter Parenting: Dad Uses Drone to Walk Daughter to School," April 22, 2015, http://whnt.com/2015/04/22/ helicopter-parenting-dad-uses-drone-to-walk-daughter-to-school/.

27 J. L. Hudson and R. M. Rapee, "Parent-Child Interactions in Clinically Anxious Children and Their Siblings," *Journal of Clinical Child & Adolescent Psychology* 31(2002): 548–555.

28 G. S. Ginsburg and M. C. Schlossberg, "Family-Based Treatment of Childhood Anxiety Disorders," *International Review of Psychiatry* 14 (2002): 143–154.

29 J. R. Cougle, K. R. Timpano, H. Sachs-Ericsson, M. E. Keough, and C. J. Riccardi, "Examining the Unique Relationships Between Anxiety Disorders and Childhood Physical and Sexual Abuse in the National Comorbidity Survey-Replication," *Psychiatry Research* 177 (2010): 150–155.

30 A. Moulton-Perkins, A. Whittington, and M. Chinery, "Working with People with Anxiety Disorders," in *Clinical Psychology*, eds. G. Davey, N. Lake, and A. Whittington (New York: Routledge, 2015).

31 E. Paulesu, E. Sambugaro, T. Torti, L. Danelli, F. Ferri, G. Scialfa, et al., "Neural Correlates of Worry in Generalized Anxiety Disorder and in Normal Controls: A Functional MRI Study," *Psychological Medicine* 40, no. 1 (2010): 117–124.

32 A. Etkin, K. Prater, F. Hoeft, V. Menon, and A. Schatzberg, "Failure of Anterior

Cingulate Activation and Connectivity with the Amygdala During Implicit Regulation of Emotional Processing in Generalized Anxiety Disorder," *American Journal of Psychiatry* 167, no. 5 (2010): 545–554.

33 J. Mohlman, R. B. Price, D. A. Eldreth, D. Chazin, D. M. Glover, et al., "The Relation of Worry to Prefrontal Cortex Volume in Older Adults with and Without Generalized Anxiety Disorder," *Psychiatry Research* 173 (2009): 121–127.

34 Flourishing Families Clinic, https://www.flourishingfamiliesclinic.nhs.uk.

35 C. Creswell and L. Willetts, *Helping Your Child with Fears and Worries* (London, UK: Robinson, 2019).

Chapter 3

36 T. A. Brown, M. M. Antony, and D. H. Barlow, "Psychometric Properties of the Penn State Worry Questionnaire in a Clinical Anxiety Sample," *Behaviour Research and Therapy* 30 (1992): 33–37.

37 R. Pintner and J. Lev, "Worries of School Children," *The Journal of Genetic Psychology* 56 (1940): 67–76.

38 P. A. Wisocki, B. Handen, and C. Morse, "The Worry Scale as a Measure of Anxiety Among Homebound and Community Active Elderly," *Behavior Therapist* 9, no. 5(1986): 91–95.

39 F. Tallis, G. C. L. Davey, and A. Bond, "The Worry Domains Questionnaire," in *Worrying: Perspectives on Theory, Assessment, and Treatment*, eds. G. C. L. Davey and F.Tallis (New York: Wiley, 1994).

40 M. Craske, R. Rapee, L. Jackel, and D. Barlow, "Qualitative Dimensions of Worry in DSM III-R Generalized Anxiety Disorder Subjects and Nonanxious Controls," *Behaviour Research & Therapy* 27 (1989): 397–402.

41 A. Reeves, D. Stuckler, M. McKee, D. Gunnell, S.-S. Chang, and S. Basu, "Increase in State Suicide Rates in the USA During Economic Recession," *Lancet* 380 (2012): 1813–1814.

42 The World Bank, "COVID-19 to Add as Many as 150 Million Extreme Poor by 2021," https://www.worldbank.org/en/news/press-release/2020/10/07/ covid-19-to-add-as-many-as-150-million-extreme-poor-by-2021.

43 M. Roser and E. Ortiz-Opsina, "Income Inequality," December 2013, https://

ourworldindata.org/income-inequality.

44 M. Paskov, K. Gërxhani, and H. G. van de Werfhorst, "Income Inequality and Status-Seeking," INET Oxford Working Paper no. 2015-03, Institute for New Economic Thinking at the Oxford Martin School.

45 The US Burden of Disease Collaborators, "The State of US Health, 1990–2016," JAMA 319, no. 14 (2018): 1444–1572.

46 R. A. Cree, C. A. Okoro, M. M. Zack, and E. Carbone, "Frequent Mental Distress Among Adults, by Disability Status, Disability Type, and Selected Characteristics–United States 2018," *Centers for Disease Control & Prevention, Morbidity & Mortality Weekly Report* 69, no. 36 (2020): 1238–1243.

47 Craske et al., "Qualitative Dimensions of Worry in DSM III-R Generalized Anxiety Disorder Subjects and Nonanxious Controls."

48 Tallis et al., "The Worry Domains Questionnaire."

49 M. Morgan, "Sleepless Nights, Being Stuck in Traffic and Running Out of Loo Roll While on the Toilet: The Top 10 Everyday Things That Brits Find Most Stressful Revealed," Daily Mail, April 10, 2015, http://www.dailymail.co.uk/femail/article-3030649/Top-10-everyday-things-stress-Brits-revealed.html.

50 Sarah Cox, "'Fearcasting' to Blame for the Stress of Everyday Emergencies," Goldsmiths University of London, April 8, 2015, http://www.gold.ac.uk/news/fearcasting---i2-media-direct-line-study/.

51 J. A. Muñiz-Velázquez, D. Gómez-Baya, and J. L. Delmar, "Exploratory Study of the Relationship Between Happiness and the Rise of Media Consumption During COVID-19 Confinement," *Frontiers in Psychology* 12 (2021), https://doi.org/10.3389/fpsyg.2021.566517.

52 A. Ayala, O. Barzilay, and M. Perchick, "The Impact of Facebook on Social Comparison and Happiness: Evidence from a Natural Experiment," SSRN (February 13, 2017), https://doi.org/10.2139/ssrn.2916158.

53 J. Campisi, P. Bynog, H. McGehee, J. C. Oakland, S. Quirk, C. Taga, and M. Taylor, "Facebook, Stress, and Incidence of Upper Respiratory Infection in Undergraduate College Students," Cyberpsychology, *Behavior and Social Networking* 15 (2012): 675–681.

54 J. K. Morin-Major, M.-F. Marin, N. Durand, N. Wan, R.-P. Juster, and S. J.

Lupien, "Facebook Behaviors Associated with Diurnal Cortisol in Adolescents: Is Befriending Stressful?" *Psychoneuroendocrinology* 63 (2016): 238–246.

55 S. Allan, "Witnessing in Crisis: Photo-Reportage of Terror Attacks in Boston and London," *Media, War & Conflict* 7, no. 2 (2014).

56 D. Altheide, Media Edge: *Media Logic and Social Reality* (New York: Peter Lang, 2014).

57 J. Butler, *Notes Toward a Performative Theory of Assembly* (Cambridge, MA: Harvard University Press, 2015).

58 American Psychological Association, "APA Stress in America Survey: US at 'Lowest Point We Can Remember;' Future of Nation Most Commonly Reported Source of Stress," November 1, 2017, https://www.apa.org/news/press/releases/2017/11/lowest-point.

59 Davey, T*he Anxiety Epidemic.*

60 Johnston and Davey, "The Psychological Impact of Negative TV News Bulletins."

Chapter 4

61 B. Verkuil, J. F. Brosschot, W. A. Gebhardt, and J. F. Thayer, "When Worries Make You Sick: A Review of Perseverative Cognition, the Default Stress Response and Somatic Health," *Journal of Experimental Psychopathology* 1 (2010): 87–118.

62 Brown et al., "Psychometric Properties of the Penn State Worry Questionnaire in a Clinical Anxiety Disorders Sample."

63 G. C. L. Davey, F. Eldridge, J. Drost, and B. A. MacDonald, "What Ends a Worry Bout? An Analysis of Changes in Mood and Stop Rule Use Across the Catastrophic Worry Interview," *Behaviour Research & Therapy* 45 (2007): 1231–1243.

64 E. A. Holman, R. Cohen Silver, M. Poulin, J. Andersen, V. Gil-Rivas, and D. N. McIntosh, "Terrorism, Acute Stress, and Cardiovascular Health," *Archives of General Psychiatry* 65 (2008): 73–80.

65 American Psychiatric Association, *Diagnostic and Statistical Manual of Mental Disorders*, Fifth Edition, DSM-5 (Washington, DC: American Psychiatric Association,2013).

66 A. M. Ruscio, L. S. Hallion, C. C. W. Lim, S. Aguilar-Gaxiola, A. Al-Hamzawi,

J. Alonso, et al., "Cross-Sectional Comparison of the Epidemiology of DSM-5 Generalized Anxiety Disorder Across the Globe," *JAMA Psychiatry* 74 (2017): 465–475.

67 H. Haller, H. Cramer, R. Lauche, F. Gass, and G. J. Dobos, "The Prevalence and Burden of Subthreshold Generalized Anxiety Disorder: A Systematic Review," BMC Psychiatry 14 (2014): 128.

68 C. Thielsch, T. Ehring, S. Nestler, J. Wolters, I. Kopei, F. Rist, and T. Andor, "Metacognitions, Worry, and Sleep in Everyday Life: Studying Bidirectional Pathways Using Ecological Momentary Assessment in GAD Patients," *Journal of Anxiety Disorders* 33 (2015): 53–61.

69 W. R. Pigeon, T. M. Bishop, and K. M. Krueger, "Insomnia as a Precipitating Factor in New Onset Mental Illness: A Systematic Review of Recent Findings," *Current Psychiatry Reports* 19, no. 4 (2017), https://doi.org/10.1007/s11920-017-0802-x.

70 A. G. Harvey, A. L. Sharpley, M. J. Ree, K. Stinson, and D. M. Clark, "An Open Trial of Cognitive Therapy for Chronic Insomnia," *Behaviour Research & Therapy* 45 (2007): 2491–2501; A. G. Harvey, L. B élanger, L. Talbot, P. Eidelman, S. Beaulieu-Bonneau, E. Fortier-Brochu et al., "Comparative Efficacy of Behavior Therapy, Cognitive Therapy, and Cognitive Behavior Therapy for Chronic Insomnia: A Randomized Controlled Trial," *Journal of Consulting & Clinical Psychology* 82 (2014) : 670–683.

71 M. Perego, V. A. Tyurin, Y. Y. Tyurina, J. Yellets, T. Nacarelli, C. Lin et al., "Reactivation of Dormant Tumor Cells by Modified Lipids Derived from Stress-Activated Neutrophils," *Science Translational Medicine* 12 (2020), https://doi.org/10.1126/scitranslmed.abb5817.

72 A. D. Kanner, J. C. Coyne, C. Schaefer, and R. S. Lazarus, "Comparison of the Two Modes of Stress Management: Daily Hassles and Uplifts Versus Major Life Events," *Journal of Behavioral Medicine* 4, no. 139 (1981).

73 A. A. Stone, B. R. Reed, and J. M. Neale, "Changes in Daily Event Frequency Precede Episodes of Physical Symptoms," *Journal of Human Stress* 13 (1987): 70–74.

74 M. Russell and G. C. L. Davey, "The Relationship Between Life Event Measures

and Anxiety and Its Cognitive Correlates," *Personality & Individual Differences* 14 (1993): 317–322.

75 M. A. Rosenkranz, D. C. Jackson, K. M. Dalton, I. Dolski, C. D. Ryff, B. H. Singer, D.Muller, N. H. Kalin, and R. J. Davidson, "Affective Style and In Vivo Immune Response: Neurobehavioral Mechanisms," PNAS 16 (2003): 11148–11152.

76 Verkuil, Brosschot, Gebhardt, and Thayer, "When Worries Make You Sick."

77 L. D. Kubzansky, I. Kawachi, A. Spiro, III, S. T. Weiss, P. S. Vokonas, and D. Sparrow, "Is Worrying Bad for Your Heart?: A Prospective Study of Worry and Coronary Heart Disease in the Normative Aging Study," *Circulation* 95 (1997): 818–824.

78 J. F. Brosschot, B. Verkuil, and J. F. Thayer, "Exposed to Events That Never Happen: Generalized Unsafety, the Default Stress Response, and Prolonged Autonomic Activity," *Neuroscience & Biobehavioral Reviews* 74 (2017): 287–296.

79 C. Ottaviani, J. F. Thayer, B. Verkuil, A. Lonigro, B. Medea, A. Couyoumdjian, and J. F. Brosschot, "Physiological Concomitants of Perseverative Cognition: A Systematic Review and Meta-Analysis," *Psychological Bulletin* 142 (2015): 231–259.

Chapter 5

80 D. J. Goeway, "85 Percent of What We Worry About Never Happens," HuffPost, August 25, 2015, https://www.huffpost.com/entry/85-of-what-we-worry-about_b_8028368

81 L. S. LaFreniere and M. G. Newman, "Exposing Worry's Deceit: Percentage of Untrue Worries in Generalized Anxiety Disorder Treatment," *Behavior Therapy* 51 (2020): 413–423.

82 L. H. Corbit, J. L. Muir, and B. W. Balleine, "The Role of Nucleus Accumbens in Instrumental Conditioning: Evidence of a Functional Dissociation Between Accumbens Core and Shell," Journal of Neuroscience 21 (2001): 3251–3260.

83 G. C. L. Davey, F. Tallis, and N. Capuzzo, "Beliefs About the Consequences of Worrying," *Cognitive Therapy & Research* 20 (1996): 499–520.

84 F. Meeten, G. C. L. Davey, E. Makovac, D. R. Watson, S. N. Garfinkel, H. D. Critchley, and C. Ottaviani, "Goal-Directed Worry Rules Are Associated with

Distinct Patterns of Amygdala Functional Connectivity and Vagal Modulation During Perseverative Cognition," *Frontiers in Human Neuroscience* 10, no. 553 (2016), https://doi.org/10.3389/fnhum.2016.00553.

85 N. J. Sibrava and T. D. Borkovec, "The Cognitive Avoidance Theory of Worry," in *Worry and Its Psychological Disorders*, eds. G. C. L Davey and A. Wells (New York: Wiley, 2006).

86 M. G. Newman and S. J. Llera, "A Novel Theory of Experiential Avoidance in Generalized Anxiety Disorder: A Review and Synthesis of Research Supporting a Contrast Avoidance Model of Worry," *Clinical Psychology Review* 31 (2011): 371–382.

87 G. C. L. Davey, F. Tallis, and N. Capuzzo, "Beliefs About the Consequences of Worrying," *Cognitive Therapy & Research* 20 (1996): 499–520

Chapter 6

88 P. A. Russell, "Fear-Evoking Stimuli," in Fear in Animals and Man, ed. W. Sluckin (New York: Van Nostrand Reinhold, 1979).

89 A. J. Ouimet, B. Gawronski, and D. J. A. Dozois, "Cognitive Vulnerability to Anxiety: A Review and Integrative Model," *Clinical Psychology Review* 29 (2009): 459–470.

90 C. MacLeod and I. L. Cohen, "Anxiety and the Interpretation of Ambiguity: A Text Comprehension Study," *Journal of Abnormal Psychology* 102 (1993): 238–247.

91 K. Mogg and B. P. Bradley, "A Cognitive-Motivational Analysis of Anxiety," *Behaviour Research and Therapy* 36 (1998): 809–848.

92 I. M. Engelhard and A. Arntz, "The Fallacy of Ex-Consequentia Reasoning and the Persistence of PTSD," *Journal of Behavior Therapy & Experimental Psychiatry* 36 (2005): 35–42.

93 G. C. L. Davey, J. Hampton, J. Farrell, and S. Davidson, "Some Characteristics of Worrying: Evidence for Worrying and Anxiety as Separate Constructs," *Personality & Individual Differences* 13 (1992): 133–147.

94 G. C. L. Davey, "Pathological Worrying as Exacerbated Problem-Solving," in *Worrying: Perspectives on Theory, Assessment, and Treatment*, eds. G. C. L. Davey and F.Tallis (New York: Wiley, 1994).

95 F. Tallis, M. Eysenck, and A. Mathews, "Elevated Evidence Requirements and Worry," *Personality and Individual Differences* 12 (1991): 21–27.

96 Davey, *The Anxiety Epidemic.*

97 Y. L. Ferguson and K. M. Sheldon, "Trying to Be Happier Really Can Work: Two Experimental Studies," *Journal of Positive Psychology* 8 (2012): 23–33.

98 M. Abreau, "Neuroscientists Calculates Feel-Good Top 10 Playlist," Boston Globe, September 25, 2015, https://www.bostonglobe.com/arts/2015/09/25/neuroscientist-calculates-feel-good-top-playlist/5SjZ0X8WvrztSiQDp1DGfP/story.html.

99 G. A. Panza, B. A. Taylor, P. D. Thompson, C. M. White, and L. S. Pescatello, "Physical Activity Intensity and Subjective Well-Being In Healthy Adults," *Journal of Health Psychology* (2017), https://doi.org/10.1177/1359105317691589.

100 A. McDermott, "The 18 Best Essential Oils for Anxiety," HealthLine, June 1, 2021, https://www.healthline.com/health/anxiety/essential-oils-for-anxiety#essential-oils-for-anxiety.

101 D. Donelli, M. Antonelli, C. Bellinazzi, G. F. Gensini, and F. Firenzuoli, "Effects of Lavender on Anxiety: A Systematic Review and Meta-Analysis," Phytomedicine 65 (2019), https://doi.org/10.1016/j.phymed.2019.153099.

102 T. W. Shin, M. Wilson, and T. W. Wilson, "Are Hot Tubs Safe for People with Treated Hypertension?" *Canadian Medical Association Journal* 169 (2003): 1265–1268.

103 Davey, *The Anxiety Epidemic.*

104 From Davey, *The Anxiety Epidemic*, chapter 12.

Chapter 7

105 G. C. L. Davey, H. M. Startup, C. B. MacDonald, D. Jenkins, and K Patterson, "The Use of 'as Many as Can' Versus 'Feel Like Continuing' Stop Rules During Worrying," *Cognitive Therapy & Research* 29 (2005): 155–169.

106 Startup and Davey, "Mood as Input and Catastrophic Worrying."

107 J. P. Forgas and R. East, "On Being Happy and Gullible: Mood Effects on Skepticism and the Detection of Deception," *Journal of Experimental Social Psychology* 44 (2008): 1362–1367.

108 Dash, Meeten, and Davey, "Systematic Information Processing Style and Perseverative Worry."

109 W. D. Scott and D. Cervone, "The Impact of Negative Affect on Performance Standards: Evidence for an Affect-as-Information Mechanism," *Cognitive Therapy & Research* 26 (2002): 19–37.

110 P. Pratt, F. Tallis, and M. Eysenck, "Information-Processing, Storage Characteristics, and Worry," *Behaviour Research and Therapy* 35, no. 11 (1997): 1015–1023.

111 G. C. L. Davey and F. Meeten, "The Perseverative Worry Bout: A Review of Cognitive, Affective, and Motivational Factors That Contribute to Worry Perseveration," *Biological Psychology* 121 (2016): 233–243.

112 J. F. Boswell, J. Thompson-Hollands, T. J. Farchione, and D. H. Barlow, "Intolerance of Uncertainty: A Common Factor in the Treatment of Emotional Disorders," *Journal of Clinical Psychology* 69 (2013), https://doi.org/10.1002/jclp.21965.

113 Julie Beck, "How Uncertainty Fuels Anxiety," The Atlantic, March 18, 2015, https://www.theatlantic.com/health/archive/2015/03/how-uncertainty-fuels-anxiety/388066/.

114 R. Jenkinson, E. Milne, and A. Thompson, "The Relationship Between Intolerance of Uncertainty and Anxiety in Autism: A Systematic Literature Review and Meta-Analysis," *Autism* 24 (2020): 1933–1944.

115 R. A. Vasa, N. L. Kreiser, A. Keefer, V. Singh, and S. H. Mostofsky, "Relationships Between Autism Spectrum Disorder and Intolerance of Uncertainty," *Autism Research* 11 (2018): 636–644.

116 C. Joyce, E. Honey, S. R. Leekam, S. L. Barrett, and J. Rodgers, "Anxiety, Intolerance of Uncertainty, and Restricted and Repetitive Behaviour: Insights Directly from Young People with ASD," *Journal of Autism Developmental Disorders* 47, no. 12 (2017): 3789–3802.

117 R. N. Carleton, M. K. Mulvogue, M. A. Thibodeau, R. E. McCabe, M. M. Antony, and G. J. Asmundson, "Increasingly Certain About Uncertainty: Intolerance of Uncertainty Across Anxiety and Depression," *Journal of Anxiety Disorders* 26, no. 3 (2012): 468–479.

Chapter 8

118 LaFreniere and Newman, "Exposing Worry's Deceit."

119 G. C. L. Davey and A. S. McDonald, "Cognitive Neutralising Strategies and Their Use Across Differing Stressor Types," *Anxiety, Stress & Coping* 13 (2000): 115–141.

120 G. C. L. Davey, "A Comparison of Three Cognitive Appraisal Strategies: The Role of Threat Devaluation in Problem-Focussed Coping," *Personality & Individual Differences* 14 (1993): 535–546.

Chapter 9

121 M. Robichaud and M. J. Dugas, "Negative Problem Orientation (Part 1): Psychometric Properties of a New Measure," *Behaviour Research and Therapy* 43, no. 3 (2005): 391–401.

122 M. J. Dugas, M. H. Freeston, and R. Ladouceur, "Intolerance of Uncertainty and Problem Orientation in Worry," *Cognitive Therapy and Research* 21 (1997): 593–606.

123 B. L. Malivoire, K. E. Stewart, K. Tallon, M. Ovanessian, E. J. Pawluk, and N. Koerner, "Negative Urgency and Generalized Anxiety Disorder Symptom Severity: The Role of Self-Reported Cognitive Processes," *Journal of Personality and Individual Differences* 145 (2019): 58–63.

124 B. L. Malivoire and N. Koerner, "Interpersonal Dysfunction in Individuals High in Chronic Worry: Relations with Interpersonal Problem-Solving," *Behavioural & Cognitive Psychotherapy* 50, no. 2 (2021), https://doi.org/10.1017/S1352465821000436.

125 T. M. Erickson, M. G. Newman, E. C. Siebert, J. A. Carlile, G. M. Scarsella, and J. L. Abelson, "Does Worrying Mean Caring Too Much? Interpersonal Prototypicality of Dimensional Worry Controlling for Social Anxiety and Depressive Symptoms," *Behavior Therapy* 47 (2016): 14–28.

Chapter 10

126 C. R. Hirsch, S. Beale, N. Grey, and S. Liness, "Approaching Cognitive Behavior Therapy for Generalized Anxiety Disorder from a Cognitive Process Perspective,"

Frontiers in Psychiatry 4 (2019), https://doi.org/10.3389/fpsyt.2019.00796.

127 National Collaborating Centre for Mental Health, Generalised Anxiety Disorder in Adults: Management in Primary, Secondary and Community Care, NICE (Leicester, UK: British Psychology Society, 2011), https://www.ncbi.nlm.nih.gov/books/NBK83459/.

128 F. Hanrahan, A. P. Field, F. W. Jones, and G. C. L. Davey, "A Meta-Analysis of Cognitive Therapy for Worry in Generalized Anxiety Disorder," *Clinical Psychology Review* 33, no. 1 (2013): 120–132.

129 P. Tyrer, H. Sievewright, and T. Johnson, "The Nottingham Study of Neurotic Disorder: Predictors of 12-Year Outcome of Dysthymic, Panic, and Generalized Anxiety Disorder," *Psychological Medicine* 34 (2004): 1385–1394.

130 D. S. Baldwin, "Efficacy of Drug Treatments for Generalized Anxiety Disorder: A Systematic Review and Meta-Analysis," *British Medical Journal* 342 (2011): d1199.

131 Hirsch et al., "Approaching Cognitive Behavior Therapy for Generalized Anxiety Disorder from a Cognitive Process Perspective."

132 K. Sweeny and M. D. Dooley, "The Surprising Upsides of Worry," *Social and Personality Psychology Compass* 11, no. 4 (2017): e12311.

133 W. E. Lee, M. E. J. Wadsworth, and M. Hotopf, "The Protective Role of Trait Anxiety: A Longitudinal Cohort Study," *Psychological Medicine* 36 (2006): 345–351.

134 K. Sweeny, P. J. Carroll, and J. A. Shepperd, "Thinking About the Future: Is Optimism Always Best?" *Current Directions in Psychological Science* 15 (2006): 302–306.

135 C. Eagleson, S. Hayes, A. Mathews, G. Perman, and C. R. Hirsch, "The Power of Positive Thinking: Pathological Worry Is Reduced by Thought Replacement in Generalized Anxiety Disorder," *Behaviour Research & Therapy* 78 (2016): 13–18.

136 G. C. L. Davey, F. Meeten, and A. P. Field, "What's Worrying Our Students? Increasing Worry Levels Over Two Decades and a New Measure of Student Worry Frequency and Domains," *Cognitive Therapy & Research* (2021): 1–4, https://doi. org/10.1007/s10608-021-10270-0.

걱정이 많아서 걱정입니다

지은이 | 그램 데이비
옮긴이 | 정신아

1판 1쇄 발행 | 2024년 1월 5일

펴낸이 | 이한나
교정교열 | 정혜주
디자인 | 민혜원
일러스트 | Deka
마케팅 | 최문섭
제작 | 류정옥
인쇄 | 두성P&L

펴낸곳 | 세이지(世利知)
등록 | 2016년 5월 16일 2016-000022호
대표전화 | 070-8115-3208
팩스 | 0303-3442-3208
메일 | sage@booksage.co.kr
ISBN | 979-11-89797-15-7 03320